Egon Larsen

Hochstapler

Die Elite der Gaunerwelt

Mit 27 Abbildungen

Ullstein Sachbuch

Ullstein Sachbuch
Ullstein Buch Nr. 34344
im Verlag Ullstein GmbH,
Frankfurt/M – Berlin

Ungekürzte Ausgabe

Umschlagentwurf:
Rita Nicolai

Mit freundlicher Genehmigung der
Ernst Kabel GmbH, Hamburg

Printed in Germany 1986
Druck und Verarbeitung:
Ebner Ulm
ISBN 3 548 34344 9

August 1986

CIP-Kurztitelaufnahme
der Deutschen Bibliothek

Larsen, Egon:
Hochstapler: d. Elite d. Gaunerwelt /
Egon Larsen. – Ungekürzte Ausg. –
Frankfurt/M; Berlin: Ullstein, 1986.
(Ullstein-Buch; Nr. 34344:
Ullstein-Sachbuch)
ISBN 3-548-34344-9
NE: GT

VORWORT

Hochstapler – die Elite der Gaunerwelt

Mundus vult decipi – ergo decipiatur

Nach Sebastian Franck: Paradoxa (1533)

Es ist ein Gemeinplatz, daß jede Gesellschaft die Gauner hat, die sie verdient – und die sie braucht, könnte man hinzufügen. Insbesondere der Hochstapler erfüllt eine heilsame Funktion, die der praktischen Gesellschaftskritik. Er entlarvt die Schwächen und Laster seiner Mitmenschen, indem er sie als Grundlage seiner Pläne benützt; so enthüllt er sie, überlebensgroß, als Charakteristikum seiner Opfer (und oft als sein eigenes). Um ein paar Beispiele zu nennen: die antike Welt hatte ihren „falschen Nero", die Personifizierung des Machthungers; das mittelalterliche England brachte seinen Lambert Simnel hervor, einen Sohn des Volkes, der sich als Prinz ausgab und, indem er seine Täuschung erfolgreich durchführte, den Irrglauben bloßstellte, daß Prinzen höhere Wesen seien. Die Quacksalber des 18., die politischen Schwindler des 19. und die Finanzgauner des frühen 20. Jahrhunderts – entlarvten sie nicht großartig die Hohlheit der Gesellschaft, in der sie wirkten, und die Leichtgläubigkeit ihrer Zeitgenossen?

Aber betrachten wir uns einmal selber, samt unseren Schwächen. Ersterben nicht auch wir vor Ehrerbietung vor einem Lord oder gar vor einem Prinzen, trotz aller unserer demokratischen Prinzipien? Wir sind gar nicht begeistert, wenn sich herausstellt, daß sie sich ihre Wappen selber zugelegt haben. Wenn man sich's überlegt, so haben sich die Hochstaplertypen im Lauf der Geschichte wenig verändert, denn auch unsere Gesellschaftsstruktur hat sich nicht so sehr gewandelt, wie wir uns einreden möchten. Vor allem hat sich die menschliche Natur nicht geändert. In Nikolai Gogols „Toten Seelen" verteidigt der Held, Tschitschikow, seinen Schwindel mit dem Namen verstorbener Leibeigener folgendermaßen:

> „Ich habe sozusagen mit blutender Geduld jede Kopeke erworben, mit Mühe und Arbeit; ich habe niemandem beraubt oder gar die Staatskasse bestohlen, wie es manche tun. Wozu habe ich aber Kopeke auf Kopeke gespart? Doch nur, um den Rest meiner Tage in Wohlstand zu verbringen, um meiner Frau und meinen Kindern, die ich zum Wohle des Vaterlandes, für den Staatsdienst hatte zeugen wollen, ein Vermögen zu hinterlassen. Nur das bewog mich, mich zu bereichern. Ich habe mich wohl vergangen, ich leugne es nicht... *Aber ich tat es nur, als ich sah, daß man auf geradem Wege nichts erreichen kann und daß der krumme Weg der kürzeste ist.* Ich habe mich jedoch bemüht, ich habe meinen Geist angestrengt. Wenn ich etwas Fremdes genommen habe, so doch nur von den Reichen."

Wie seine hervorragenden Kollegen im Leben und in der Literatur, von Till Eulenspiegel bis Felix Krull, hielt auch Gogols Schelm seinen Landsleuten und Zeitgenossen den Spiegel vor. Wenn sich die Opfer dieser Schelme die Mühe genommen hätten, hineinzuschauen, so hätten sie ihre eigenen Gesichter darin erblickt, verzerrt von Gier und Kriechertum, Egoismus und Snobismus, Eitelkeit und Aberglauben. Denen, die sehen und hören wollen, bringt der Hochstapler eine nützliche Lektion bei; er mag kein besserer Mensch sein als die Gefoppten, aber er ist zweifellos sympathischer.

Ich stimme durchaus mit dem englischen Richter Gerald Sparrow, einer Autorität auf diesem Gebiet, überein, wenn er zugibt, daß er sich einer gewissen Hochachtung vor diesen Gaunern nicht erwehren konnte. „Sie erschienen mir als durchaus anziehende, angenehme Leute, gute Gesellschafter und Menschen, die von den Umständen zu dem gemacht wurden, was sie waren ... Natürlich gäbe es keine Schwindler, wenn es im Publikum keine Raffgier gäbe: sie ist es, die den Betrug am Leben hält." Oder, wie die Herren von Scotland Yard zu sagen pflegen: „Zum Schwindel gehören immer zwei!"

Dieses Buch ist dem Hochstapler gewidmet, dem „Berufsspezialisten" der Schwindlergilde, wie ihn Richter Sparrow nennt: „Er ist es, der am schärfsten die menschlichen Schwächen erkennt und sorgfältig seine Pläne schmiedet, wie er davon profitieren könnte... Die Quintessenz der Hochstapelei besteht häufig darin, daß man einen Mann kennenlernt, der einem gefällt, der Vertrauen einflößt und sein Geld auf irgendeine leichte Art zu verdienen scheint. Man fragt ihn, ob man mitmachen darf... Der gerissene Gauner und der geldgierige Kunde haben sich gefunden. Der Augenblick zum Abschuß ist gekommen."

Der Vertrauensschwindler, der Hochstapler erscheint wie von ungefähr, wie eine gute Fee: wer auf seinem Lebensweg einen mühelosen Abstecher zum Erfolg machen möchte – der ist das geborene Opfer des Hochstaplers. „Er ist im allgemeinen kein Gewaltmensch", berichtet Sparrow aus seiner Erfahrung am Richtertisch. „Sie können ihm ohne Bedenken ihre Tochter anvertrauen. Er trägt keinen Revolver bei sich, höchstens ein paar irreführende Visitenkarten und gefälschte Briefe und vielleicht ein oder zwei Extrapässe... Er ist, in seiner Art, ein Künstler. Er studiert die Menschenseele. Er ist vertraut mit Eitelkeit und Habgier. Er amüsiert sich darüber, wie ungern seine Opfer zugeben, daß er sie an der Nase herumgeführt hat."

Einige der ergötzlichsten Schwindelkünstler erscheinen in diesem Buch. Ich habe sie aus der großen Zahl verdienstvoller Fälle ausgewählt nach dem Grad ihrer Genialität, der Abenteuerlichkeit ihres Lebens, dem Reiz ihres Charakters und dem historischen Interesse ihrer Tätigkeit. Es ist natürlich eine Auswahl nach persönlichem Geschmack; es gibt ja keinen international anerkannten Gradmesser für die Bedeutung eines Gauners, und fast jeder Hochstapler, den ich aussuchte, ist von diesem oder jenem Autor schon einmal König – oder Königin – der gesamten Schwindlergilde genannt worden. Diese Ehre wurde aber genauso auch denen zuteil, die ich nicht aufnehmen konnte, weil der Band sonst zu umfangreich geworden wäre.

Einige Kategorien habe ich jedoch absichtlich nicht berücksichtigt, da ich sie für die schwarzen Schafe ihrer Brüderschaft halte. Da sind zum Beispiel die Heiratsschwindler, diese traurigen Schmarotzer, die vom Liebeshunger und der Loyalität der Einsamen profitieren. Ich bin sorgsam um die Kunstfälscher herumgesteuert, denn nur die Fachleute können ihrer Geschicklichkeit den vollen Genuß abgewinnen. Auch die wissenschaftlichen und vor allem die archäologischen Fälscher habe ich nicht behandelt – wiederum, weil wohl nur ein kleiner Kreis von Fachleuten das herrliche Gefühl auszukosten vermag, daß man ihre Kollegen zum Narren gehalten hat. Es fehlen auch die Schwindelerfinder, von denen manche behaupteten, neue Mittel entdeckt zu haben, um ihren Mitmenschen mit größerer Leichtigkeit den Garaus zu machen, wie etwa die „Todesstrahlen"-Schwindler um 1930; ihre phantasievollsten Behauptungen klingen heute läppisch angesichts der furchtbaren Wirklichkeit, die uns die orthodoxe Wissenschaft beschert hat. Ferner habe ich die „Entdecker" von Wunderkuren und die religiösen Charlatane nicht in dieses Buch aufgenommen; es sind verwandte und besonders skrupellose Typen, nicht wert, in einem Atemzug genannt zu werden mit den echten – beinahe hätte ich gesagt: ehrlichen – Hochstaplern.

E. L.

1 DER GROSSE LÜGNER

Graf Cagliostro

Strumpfband, Seil und Pistole

Am Abend des 12. April 1777 traf ein gutgekleidetes Ehepaar, sichtlich Ausländer, in der „King's Head"-Taverne in Soho ein und fragte nach dem Versammlungsraum der Esperance-Loge. Man führte die beiden in ein kleines, leeres Hinterzimmer und bedeutete ihnen, zu warten. Nach kurzer Zeit trat ein untersetzter, grauhaariger Mann ein und stellte sich vor als Mr. Hardivilliers, Vorsitzender der Loge. Graf und Gräfin Cagliostro, sagte er mit höflicher Verbeugung, seien willkommen; die übrigen Logenbrüder seien bereits versammelt zur Zeremonie der Aufnahme. Die Gräfin werde, mit Rücksicht auf ihr Geschlecht, zuerst an die Reihe kommen. Übrigens, so fügte Mr. Hardivilliers diskret hinzu, die Gebühr sei fünf Guineen pro Person, zahlbar nach der Zeremonie – die zweifellos beweisen werde, daß die beiden erlauchten Kandidaten würdig seien, Mitglieder der Esperance-Loge zu werden, des Londoner Zweigs des Freimaurer-Ordens zur Strikten Observanz. Und mit einer weiteren Verbeugung öffnete er die Tür, durch die er hereingekommen war, und bedeutete der Gräfin, in den Nebenraum zu treten.

Der Graf, alleingelassen, begann ungeduldig auf und ab zu wandern. Warten war seinem südländischen Temperament zuwider. Er war ein Mann Mitte der Dreißig, von nicht zu großem Wuchs und einer Neigung zum Embonpoint (leicht betont durch die Offiziersuniform, die er trug); das Haupthaar war bereits ein wenig zurückgewichen aus seinem runden, olivenfarbigen Gesicht, und ein Doppelkinn zeigte sich recht deutlich. Sein Hals war kurz, seine Nase breit und fleischig, seine Lippen waren voll und sinnlich; die Zähne strahlten weiß und gesund. Aber was an diesem sonst nicht sehr auffallenden Antlitz sofort den Betrachter fesselte, das waren seine Augen: groß, dunkel, feurig und eiskalt zugleich, mit durchdringendem Blick – einem Blick, den man im Heimatland des Grafen, in Italien, vielleicht „böse" nennen mochte. Es waren die Augen eines *gettatore,* eines Zauberers, dessen Willen man sich nur widersetzen kann, indem man ihm den Zeige- und Mittelfinger entgegenspreizt.

Es dauerte nicht lange, da kehrte die junge Gräfin aus dem Nebenraum zurück. In ihrem schnellen Italienisch berichtete sie ihrem Gatten, wie sie als Mitglied der Loge zugelassen worden war. Sie hob ihre Röcke und zeigte ihm ein Strumpfband, das sie über dem Knie trug, mit den aufgestickten Worten „Einigkeit – Schweigsamkeit – Tugend". Nachdem sie den Freimaurereid des Gehorsams und der Verschwiegenheit abgelegt hatte, war ihr dieses Strumpfband überreicht worden, mit dem Auftrag, es eine Nacht lang im Bett zu tragen. Das war die ganze Zeremonie gewesen.

Hatte jedoch der Graf erwartet, daß auch seine eigene Weihe nur Formsache sein werde, so hatte er sich gründlich getäuscht. Ein Augenzeuge, dessen Bericht (wohl unter Bruch des Gelübdes der Verschwiegenheit) später im *Courier de l'Europe,* einem französischsprachigen Londoner Wochenblatt, erschien, beschrieb die Aufnahme des Grafen als ebenso komplizierte wie nervenzerrüttende Zeremonie.

Der von Kerzen erhellte Raum, den Cagliostro nun betrat, war voller Logenbrüder, zumeist Einwanderer vom Kontinent, die sich in London niedergelassen hatten: Ladenbesitzer, Zuckerbäcker, Friseure, Schuhmacher, Musiker; Mr. Hardivilliers selbst war ein Tapezierer. Vielleicht gerade weil die Mitglieder der Loge sich nicht aus den höheren Kreisen rekrutierten, bestanden sie aus Prestigegründen auf dem vollen Ritus der Weihe, samt ein paar zusätzlichen dramatischen

Programmpunkten, die sie wohl selbst erdacht hatten, um die Standhaftigkeit des Kandidaten zu prüfen. Da die englischen Kenntnisse des Grafen nur mäßig waren, wurde die Zeremonie in französischer Sprache durchgeführt, die die meisten Anwesenden gut beherrschten.

Der Kandidat wurde vorgestellt als Graf Joseph Cagliostro, Oberst im 3. Brandenburgischen Regiment. Kaum waren sein Name und Titel genannt worden, da war er bereits mit einem Seil gefesselt und zur Zimmerdecke hinaufgehißt worden, wo man ihn ein paar Sekunden hängen ließ, ehe er unsanft auf dem Boden landete! Dies, so wurde ihm erläutert, sollte die Hilflosigkeit des Menschen ohne göttliche Unterstützung versinnbildlichen.

Ehe der Graf Zeit hatte, sich von seinem eines Adligen und Offiziers unwürdigen Fall zu erholen oder sich das Handgelenk zu reiben, das er sich dabei verstaucht hatte, stürzte sich einer der Logenbrüder mit einem Dolch auf ihn – der sich allerdings als Theaterwaffe erwies, denn sobald er auf die Brust des Angegriffenen auftraf, schob sich der Stahl in den Griff des Dolches. Damit sollte das Schicksal eines Freimaurers gezeigt werden, der die Geheimnisse seines Ordens verriet.

Nun mußte Cagliostro seinen Uniformrock ausziehen, sein Hemd öffnen und sich mit gesenktem Haupt vor Mr. Hardivilliers hinknien, als Symbol der Unterwerfung unter den Meister der Loge. Dann verband man dem Kandidaten die Augen, und eine Pistole mit gespanntem Hahn wurde ihm in die Hand gedrückt. „Joseph Cagliostro", fragte ihn die Stimme des Tapezierers, „Ihr bittet um Aufnahme und Einweihung in die Mysterien dieses Ordens. Seid Ihr bereit, Euren Oberen blind zu gehorchen?"

„Ich bin es", antwortete der Graf.

„Dann werdet Ihr Euch mit dieser Pistole eine Kugel durch den Kopf jagen!"

Obwohl es dem Kandidaten höchst unwahrscheinlich erschien, daß diese braven Handwerker und Ladenbesitzer sich bei ihrer Zeremonie mit einer Leiche belasten wollten – er zögerte doch ein wenig mit der Ausführung des Befehls: immerhin bestand die Möglichkeit, daß die Waffe infolge eines Versehens wirklich geladen war. „Feigling!" riefen die versammelten Logenbrüder; auch dies war ein Teil des Ritus und diente dazu, dem Vorsitzenden das Stichwort für den nächsten Programmpunkt zu liefern.

„Um Euch Mut einzuflößen", sagte er, „werdet Ihr nun das Gelübde ablegen." Und der Kandidat mußte ihm diese Worte nachsprechen: „Ich, Joseph Cagliostro, gelobe vor dem großen Architekten des Weltalls und meinen Oberen in dieser ehrenwerten Versammlung, alle mir erteilten Befehle auszuführen. Ich verpflichte mich, meinen Oberen blindlings zu gehorchen, ohne ihre Gründe erforschen zu wollen oder die Geheimnisse der Mysterien, in die ich eingeweiht werde, durch Wort, Schrift oder Zeichen zu verraten."

Nachdem er diesen Eid des Gehorsams und der Verschwiegenheit abgelegt hatte, wurde der Kandidat, noch immer mit verbundenen Augen, von neuem angewiesen, die Pistolenmündung an seine Schläfe zu halten und die Waffe abzudrücken. Nach ein paar Sekunden des Zögerns tat er, wie ihm geheißen. Ein Schuß ertönte – aber aus einer anderen Pistole. Zugleich verspürte der Graf einen Schlag gegen seinen Kopf.

Manchem Kandidaten wären wohl vor Schreck und Erregung die Sinne vergangen in der Überzeugung, daß er sich wirklich eine Kugel ins Hirn gejagt habe. Der Graf schwankte unter dem erhaltenen Schlag, aber seine Beine hielten ihn aufrecht. Im nächsten Augenblick wurde ihm die Binde von den Augen gerissen, und die Logenbrüder gratulierten ihm, daß er die Prüfung bestanden habe. Nun war er ein vollwertiges Mitglied der Loge. Mr. Hardivilliers überreichte ihm seine Aufnahme-Urkunde, und er zog seine Geldbörse, um die Gebühr zu entrichten.

Die Gräfin wurde nun wieder hereingerufen, und beiden wurde gestattet, die Aufnahme zweier weiterer Kandidaten mit anzusehen, die sich mittlerweile im Vorraum eingefunden hatten – noch ein Italiener, der sich als Graf und Alchimist bezeichnete, und ein französischer Kammerdiener.

Beppo Balsamo, ein junger Halunke

In späteren Jahren hatten die braven Handelsleute in der Esperance-Loge noch oft Gelegenheit, sich an diesen denkwürdigen Abend zu erinnern, an dem der Mann, der sich Graf Cagliostro nannte und als preußischen Obersten ausgab, zum Freimaurer wurde. Denn in kurzer Zeit sollte dieser Name, damals noch völlig unbekannt in London, in ganz Europa berühmt werden, und der Herr, der im Hinterzimmer des „King's Head" hilflos von der Decke gebaumelt hatte, wurde einer der einflußreichsten Männer seiner Zeit. Tatsächlich war es jene erste enge Berührung mit der Freimaurerei, die seine Laufbahn entscheidend lenken sollte.

Bis zu jener Zeit in London war sein Leben recht unerfreulich verlaufen. Es war das eines typischen kleinen Abenteurers, wie sie im 18. Jahrhundert allerorts anzutreffen waren – weder berühmt noch berüchtigt genug, um jene fulminanten Schmähungen zu verdienen, mit denen Thomas Carlyle ihn ein halbes Jahrhundert später verdammte:

> „Der Charlatan aller Charlatane, der vollendetste Halunke in der Geschichte der Neuzeit ... Ein Lügner ersten Grades, versiert in allen Sparten der Verlogenheit – man könnte ihn König der Lügner nennen."

Wie gelang es ihm, solche Höhen zu erklimmen, um den hervorragenden Historiker zu einer derart leidenschaftlichen Mißbilligung anzufeuern?

Er war geboren im Jahre 1743 zu Palermo auf Sizilien als Sohn eines armen Händlers namens Pietro Balsamo; Giuseppe war sein Taufname, aber jeder nannte den Jungen, der in den schmutzigen, übervölkerten Straßen aufwuchs, Beppo. Vielleicht trieb er noch ärgeren Unfug als die übrigen Gassenjungen von Palermo, denn seine Energie schien unerschöpflich, und es gab wenig Gelegenheit, sie nützlich zu verwenden. Zudem fehlte ihm bald die lenkende Hand des Vaters, der frühzeitig starb. Die Nachbarn beschwerten sich über seine frechen Streiche, sogar die Polizei mußte hie und da gegen den Burschen einschreiten, und schließlich beschloß die Familie Balsamo, den Dreizehnjährigen in das nahe Kloster von Cartegirone zu schicken, in die Obhut der Benfratelli, der „Guten Brüder", die bereit waren, sich um seine Erziehung und Schulung zu kümmern.

Der Junge war zweifellos intelligent, und so machten ihn die Benfratelli, die ihr Leben der Fürsorge für die Kranken geweiht hatten, zum Gehilfen des Klosterapothekers. Die Schmelztiegel, Retorten, Flaschen und Phiolen faszinierten Beppo; und da gab es alte Bücher über Alchimie, die er verschlang, sobald die Mönche ihm die Kunst des Lesens beigebracht hatten. So erfuhr er vom Stein der Weisen, von den Sternen und Sternbildern, von der Panazee und dem Lebenselixier; man erlaubte ihm, mit Wünschelrute und Leydener Flasche zu experimentieren. Die Alchimie war noch sehr im Schwang, und selbst in manchen Laboratorien, wo ernsthafte Forscher ihre chemischen und physikalischen Versuche anstellten, konnte man ein seltsames Nebeneinander von alchimistischem Krimskrams und wissenschaftlichen Geräten finden.

Aber Beppo fühlte sich wenig zum gewissenhaften und mühevollen Studium der Chemie, Medizin oder Mechanik hingezogen, obwohl er sich ein wenig grundlegendes Wissen von den Naturkräften aneignete, das ihm in der Zukunft von

Nutzen sein sollte. Andererseits war es nicht so sehr Wissen und Wissenschaft, was die Benfratelli dem Jungen mitteilen wollten, als sie ihn aufnahmen; sie waren vor allem auf seine Seele aus, die sich jedoch als höchst widerspenstig und hinterlistig erwies. Gebet und stille Einkehr, Disziplin und Buße waren ihm verhaßte Dinge.

Zum offenen Bruch kam es schließlich, als man Beppo die traditionelle Strafe für junge Sünder auferlegte: statt am Mahl der Mönche teilzunehmen, mußte er, während sie es sich schmecken ließen, an einem Sondertisch sitzen und aus einem Buch über die christlichen Märtyrer vorlesen. Beppo begann brav mit seiner hohen, klaren Stimme vorzulesen. Plötzlich aber hörte das Klappern der Messer, Gabeln und Löffel auf. Beppo las noch immer aus dem frommen Buch. Aber er ersetzte die Namen der Märtyrer systematisch durch die der bekanntesten und verrufensten Freudenmädchen des Ortes!

Unter Anführung des Pater Superior fielen die Benfratelli über den unverschämten Burschen her, verabreichten ihm eine mächtige Tracht Prügel und sperrten ihn in eine Zelle ein. Es ist nicht ganz klar, ob es ihm gelang, zu entwischen, oder ob man ihn am nächsten Tag aus dem Kloster hinauswarf; jedenfalls war er bald wieder in den Straßen von Palermo auf dem Weg zum Haus eines Onkels. Dieser, ein Maler, lauschte mit Sympathie den Berichten von der grausamen Behandlung, die Beppo im Kloster erfahren hatte. Der Onkel vermochte nun seinerseits, das Herz von Beppos Mutter zu erweichen; sie erlaubte dem Jungen, bei seinem Onkel zu bleiben und dort eine neue Laufbahn zu beginnen – die eines Malers.

Beppo erwies sich als recht begabt und beschäftigte sich unter der fachmännischen Leitung des Onkels eifrig mit Zeichenstift und Pinsel – zumindest tagsüber. Des Nachts jedoch strich er durch die Straßen, meist in übelster Gesellschaft. Es wurde randaliert, gestohlen und geprügelt, und oft genug kam es zu Zusammenstößen der Bande mit der Nachtwache. Bald lernte er das Gefängnis von Palermo von innen kennen; und hätte sich seine Familie nicht mehrmals um ihn bemüht und ihn herausgeholt, so hätte er ein paar Jahre seines jungen Lebens hinter Gittern verbracht.

Er ließ sich weiter von seinem Onkel in der Technik des Zeichnens unterrichten, aber nicht aus rein künstlerischen Gründen. Er vervollkommnete sich in der Kunst der Fälschung. Sein erster Streich auf diesem Gebiet war recht erfolgreich. Er machte sich zum Botengänger zwischen seiner Schwester und ihrem geheimen Liebhaber, einem entfernten Vetter. Dabei gelang es ihm, einige wertvolle Geschenke zu ergattern, indem er seine eigenen gefälschten Briefe unterschob; darin ließ er seine Schwester den Wunsch nach einem Halsband oder Ohrringen äußern, die der Liebhaber auch prompt dem Boten aushändigte. Erst Jahre später kam der Schwindel an den Tag.

Nach ein paar weiteren Gaunerstreichen dieser Art verlegte sich Beppo auf das Fälschen von Theaterkarten, für die er reißenden Absatz fand; und als sein Talent in weiteren Kreisen bekannt wurde, stellten sich die ersten seriösen Kunden ein. Da kam zum Beispiel ein Marquis, der bei ihm ein ganzes gefälschtes Testament bestellte. Der Coup gelang glänzend; die Echtheit des Testaments wurde nie angezweifelt, und der Marquis strich seine Erbschaft ein. Auch diese Fälschung wurde erst nach längerer Zeit entdeckt.

Trotzdem war Giuseppe Balsamo noch immer nichts weiter als einer von vielen Gaunern und Fälschern in Palermos bunter Unterwelt. Aber er strebte nach Höherem. Das 18. Jahrhundert wird das Zeitalter der Aufklärung genannt – eine Epoche, in der die gebildeten Europäer der überkommenen mystischen Weltanschauung den Rücken kehrten. Zu dieser Weltanschauung gehörte der Glaube an Zauberei, an Geister und Hexen. Aufklärung mochte die intellektuelle Mode des Jahrhunderts sein, aber wenig davon war zu den abergläubischen Massen der Mittelmeerländer hinabgedrungen. Alles Okkulte, Mysteriöse und scheinbar Übernatürliche fand in Süditalien, und nicht nur dort, gläubige Anhänger. Der junge Balsamo, der sich nun dem zwanzigsten Lebensjahr näherte, hatte von manchen Dingen dieser magischen Welt im Laboratorium des Klosters gehört, und er war überzeugt davon, daß er sie mit Nutzen für seine eigenen Zwecke verwenden könne. So jung er war, er mochte bei seinen Mitbürgern das tiefe Verlangen gespürt haben, der Phantasie eher zu glauben als der Wirklichkeit: kurz, ihre Bereitschaft, betrogen zu werden – und für das Vergnügen auch noch zu zahlen.

Beppo wurde zum Hellseher. Sein Ruhm auf diesem Gebiet begann mit einem kleinen Zwischenfall. Er vermochte seinen Freunden zu verraten, was ein Mädchen, das sie alle kannten, in einem bestimmten Augenblick tat. Vielleicht hatte er sie kurz zuvor beim Tressette-Spiel auf dem Marktplatz gesehen und richtig angenommen, daß sie sich dort noch eine weitere Stunde aufhalten werde; vielleicht hatte er sie auf dem Weg zum Marktplatz getroffen, und sie hatte ihm mitgeteilt, was sie dort zu tun beabsichtigte; vielleicht hatte er auch nur richtig geraten: auf jeden Fall gab er vor, in eine Art von Trance zu versinken, wie er es den Charlatanen auf der Kirchweih abgeguckt hatte – und dann verkündete er seinen Genossen feierlich, er habe mit Hilfe seines „zweiten Gesichts" das Mädchen beim Tressette-Spiel auf dem Marktplatz „gesehen". Als die Freunde dorthin eilten und sich Beppos Behauptung als richtig erwies, war sein Ruf als Hellseher gesichert.

Dieser Ruf drang unter anderem zu einem Goldschmied namens Marano, dessen Leichtgläubigkeit so groß war wie seine Habgier. Beppo, auf der Suche nach Kunden, entschied sich für ihn als vielversprechendes Objekt seines ersten größeren Coups. Er verriet dem Mann, natürlich unter dem Siegel strengster Verschwiegenheit, daß in einer Höhle unweit Palermos ein riesiger, von Dämonen bewachter Schatz vergraben sei, und bot ihm an, ihn für das kleine Douceur von sechzig Unzen Gold hinzuführen und ihm die Stelle zu zeigen. In seinem Eifer, die Gelegenheit wahrzunehmen, kam Marano nicht auf den Gedanken, den jungen Hellseher zu fragen, warum er den Schatz denn nicht selber ausgrabe. Das vereinbarte Honorar wurde im vorhinein ausgehändigt – Beppo brauchte Geld zur Kostendeckung: vor allem mußte ein abtrünniger Priester engagiert werden, um mit schwarzer Magie die Dämonen zu vertreiben.

Marano sah und hörte mit offenem Munde zu, wie der Priester in der Höhle magische Kreise beschrieb und dazu lateinische Zaubersprüche rezitierte. Plötzlich gab es einen bläulichen Blitz, und übelriechender Rauch füllte die Höhle. Beppo wies den zitternden Goldschmied an, in einer Ecke zu graben. Aber kaum setzte Marano den Spaten an, als eine Horde von „Dämonen" mit schwarzen Gesichtern ihn mit gellenden Schreien überfiel und zu verprügeln begann. Während das bedauernswerte Opfer, fast von Sinnen vor Angst, sich zu verteidigen suchte, verschwanden Beppo und der Priester.

Sobald Marano sich erholt hatte, ging er zur Polizei und berichtete dort, was ihm widerfahren war. Die Beamten schüttelten sich vor Lachen, als sie von den „Dämonen" hörten – in Wirklichkeit ein paar arme Ziegenhirten, die sich für wenige Soldi die Gesichter mit rußigen Korken eingerieben und den Schatzgräber durchgebläut hatten. Marano zog wütend sein Stilett und stürzte auf die Straße. Der abtrünnige Priester sah ihn zufällig und rannte zu Balsamo, um ihn zu warnen. Beppo hatte den Goldschmied falsch eingeschätzt: er hatte damit gerechnet, das Opfer würde sich genieren, ganz Palermo von seiner Blamage wissen zu lassen. Aber Maranos Rachedurst war größer.

Es galt, keinen Augenblick zu verlieren. Beppo steckte ein, was von den sechzig Unzen Gold übrig war, lief zum Hafen und kletterte auf ein segelfertiges Schiff, das bald darauf nach Messina abfuhr. So flüchtete er aus seiner Geburtsstadt, die – hätte er gezögert – leicht auch zum Ort seines vorzeitigen Ablebens hätte werden können.

Laufbahn eines Abenteurers: Dichtung und Wahrheit

An diesem Punkt unseres Berichts mag es von Interesse sein, die Wahrheit über die frühen Jahre des Giuseppe Balsamo mit der wundervollen Fabel zu vergleichen, die er viele Jahre später – erst in seinen eigenen Erzählungen und dann sogar gedruckt als Autobiographie des „Grafen Cagliostro" – der Mitwelt auftischte.

Danach war er auf Malta als Sohn eines Edelmannes geboren, wurde jedoch schon mit drei Monaten zum Waisenkind. Freunde seiner verstorbenen Eltern brachten ihn nach Medina in Arabien, wo er vom Mufti Salahaym, dem „Haupt des mohammedanischen Glaubens", in dessen Palast erzogen wurde. Man gab dem Knaben den Namen Acharat und vier Bedienstete: einen weißen Kammerdiener, zwei Negersklaven und „einen Lehrer namens Althotas, dessen Namen ich nicht ohne die zärtlichsten Gefühle aussprechen kann, und der mich mit all der Sorgfalt und Zuneigung eines Vaters behandelte ... Wir kleideten uns beide wie Mohammedaner, aber in unseren Herzen waren wir dem christlichen Glauben treu."

Erstaunlicherweise gab es diesen Althotas tatsächlich, und Balsamo dürfte ihn in Messina, bald nach seiner Flucht aus Palermo, kennengelernt haben. Man hat ihn identifiziert als einen vom rechten Weg abgekommenen Kaufmann aus Jütland namens Kölmer, der eine zeitlang in Memphis lebte und dann ganz Europa bereiste, wobei er vorgab, geeignete (das heißt gut zahlende) Schüler in die uralten Geheimnisse Ägyptens einzuweihen. Althotas-Kölmer teilte seinem Freund Balsamo manches aus seinem Schatz okkulter Kenntnisse mit – einschließlich der Geheimkunst, sich zu „entmaterialisieren": eine Fähigkeit, die ihm immer dann von besonderem Nutzen war, wenn die Polizei sich zu sehr für sein Tun und Treiben interessierte. Balsamo erkannte wohl, daß er in Althotas einen Meister auf dem Gebiet der okkulten Hochstapelei gefunden hatte, und bemühte sich, von ihm so viel wie möglich zu lernen.

In Graf Cagliostros Version klingt diese Freundschaft allerdings wesentlich romantischer: „Mein Erzieher unterrichtete mich in den meisten Sprachen des Ostens. Er pflegte oft von den ägyptischen Pyramiden zu mir zu sprechen, jenen Schatzkammern menschlichen Wissens, die das ihnen anvertraute kostbare Gut vor dem Zahn der Zeit schützen ...

Als ich mich in meinem zwölften Lebensjahr befand, teilte mir Althotas mit, daß wir uns nun auf die Wanderschaft begeben würden. Eine Karawane wurde ausgerichtet, wir nahmen Abschied vom Mufti und begannen unsere Reise."

Mekka war das erste Ziel. Hier blieben die beiden drei Jahre lang als Ehrengäste des Scherifs. Schließlich gab es jedoch eine mysteriöse Komplikation, die dem ferneren Bleiben des Knaben Acharat ein Ende bereitete, und wieder wurde eine Karawane ausgerichtet, um ihn und seinen Erzieher von dannen zu tragen. Zum Abschied kam der Scherif in Acharats Gemach, umarmte ihn mit Tränen in den Augen und sprach die geheimnisvollen Worte: „Unglückliches Kind der Natur, adieu!"

Nun ging die Reise nach Ägypten, zu den Pyramiden; dann begaben sich die beiden auf eine dreijährige Tour in die „bedeutendsten Königreiche Afrikas und Asiens". Im

Jahre 1766 trafen sie auf der Insel Rhodos ein, von wo aus sie sich nach Malta einschifften. Dort nahm sie der Großmeister des Johanniterordens in seinem Palast auf, und der junge Mann sah mit Erstaunen, daß Althotas nun ein geistliches Gewand anlegte, mit den Insignien eines Malteserritters – seine Muslimtracht war also nichts anderes gewesen als die Verkleidung eines christlichen Geheimagenten unter den Ungläubigen!

Als der Jüngling Acharat den Großmeister über seine verstorbenen Eltern befragte, wurde ihm bedeutet, daß er in Wirklichkeit nicht der Sohn des maltesischen Edelmannes sei, der als sein Vater galt, sondern – und diese Mitteilung wurde in höchst unbestimmten Worten vorgebracht – wahrscheinlich der Sprößling des „letzten Königs von Trapezunt".

Laut Cagliostros weiterem Bericht starb Althotas auf Malta, und der junge Mann nahm seine Reisetätigkeit wieder auf, nun mit dem Chevalier d'Aquino als Begleiter. Diesen neapolitanischen Adligen gab es wohl ebenfalls in Wirklichkeit; er tauchte als Marquis d'Agliata bald im realen Leben unseres Helden auf. In Rom, so setzt Cagliostro seine autobiographische Fabel fort, wurde er von Kardinal Orsini zum Diner eingeladen und einem Dutzend Prinzen und hoher geistlicher Würdenträger vorgestellt; und er hatte „zahlreiche Privataudienzen bei Seiner Heiligkeit Papst Klemens XIV.".

„Ich stand in meinem zweiundzwanzigsten Jahr", fährt er fort (und hier deckt sich seine Geschichte ein wenig mit der Wahrheit), „als ich zufällig eine junge Dame von Rang kennenlernte, Signorina Serafina Feliciani, deren jungfräulichen Reize in meiner Brust eine Flamme enzündeten, die viele Jahre der Ehe sogar noch stärker angefacht haben."

Aber nehmen wir nun wieder den Faden der tatsächlichen Abenteuer des Giuseppe Balsamo in Messina auf. Er und „Althotas", die beiden Gauner, beschlossen, sich nach

Alexandria einzuschiffen. Der Meister hatte leere Taschen, aber Giuseppe besaß noch etwas von Maranos Gold und zahlte für die Reise. Man weiß nicht viel von ihrem Aufenthalt in der reichen ägyptischen Stadt, außer daß sie vierzig Tage dort verbrachten und ein paar Leute fanden, die bereit waren, Geld in alchimistischen Experimenten anzulegen. Aber als die versprochene Verwandlung von unedlen in edle Metalle ausblieb, entmaterialisierten sich die Besucher in größter Eile unter Mitnahme ihres stattlichen Gewinns. Zweifellos lernte Balsamo viel von Althotas, der plötzlich auf Malta starb.

Wieder allein, trieb sich Balsamo eine Zeit lang zwischen Malta, Sizilien und Neapel herum. Kein größerer Fisch schwamm in sein Netz, aber in Neapel stieß er wieder auf den abtrünnigen Priester, der ihm geholfen hatte, den Goldschmied zu düpieren. Sie eröffneten ein Spielkasino mit dem Zweck, reiche Reisende hochzunehmen. Dies gelang ihnen so gut, daß ein paar der Gerupften sich bei der Polizei beschwerten, weil man sie ihrer ganzen Barschaft beraubt hatte.

Die Partner flohen in den Kirchenstaat und trennten sich dort.

Balsamo ging nach Rom, das ihn schon lange verlockt hatte. Die grandiose Schönheit der Heiligen Stadt machte wohl Eindruck auf den kleinen Gauner, und in einem Anfall von Selbstverachtung spielte er sogar mit dem Gedanken, sein gottloses Leben ganz aufzugeben und Priester zu werden. Der Teufel hätte sich vielleicht wirklich diese sündige Seele entschlüpfen lassen müssen, hätte sich Giuseppe nicht gerade damals verliebt – mit all der Glut seiner fünfundzwanzig Jahre.

Lorenza Feliciani war knapp fünfzehn Jahre alt, blond und blauäugig; sie war die Tochter eines Kupferschmelzers (andere Quellen wollen wissen, er sei ein Gürtelmacher gewesen), der seine Werkstatt in einem armen Bezirk Roms betrieb. Lorenzas Züge waren zart; sie hatte eine schmale, leicht gebogene Nase und einen kleinen, weichen Mund. Ihre Figur, mit modisch enger Taille, aber vollem Busen, war trotz ihrer Jugend die eines reifen, gesunden Mädchens.

Balsamo verlor wirklich sein Herz an das reizvolle junge Ding und warb um das ihre mit all seinem Elan und all seiner Beredsamkeit. Er war kein Adonis, aber seine feurigen schwarzen Augen faszinierten sie. Es gelang ihm, ihren Vater von der Aufrichtigkeit seiner Gefühle und von seinen guten Aussichten als Maler zu überzeugen. Nach kurzer Verlobungszeit wurden sie im April 1769 in der Kirche von San Salvatore in Campo getraut und zogen zu den Felicianis.

Eine Weile lang sah es so aus, als wäre Giuseppe Balsamos Laufbahn tatsächlich an einem Wendepunkt zum Guten angelangt. Hatte die Liebe, dieser mächtige Zauberer, einen ehrlichen, frommen, gesetzestreuen Bürger aus ihm gemacht, der sich froh und ergeben in seine neue, bescheidene Existenz schickte? Er hatte begonnen, Zeichenstunden zu erteilen und kleine Federskizzen von Rom herzustellen, die ihm ein wenig Geld einbrachten; es wurde sogar davon gesprochen, daß er als Geselle in die Werkstatt seines Schwiegervaters eintreten solle, um vielleicht später einmal das Geschäft übernehmen zu können.

Wir wissen nicht, wie es der Teufel fertigbrachte, sich wieder der schwankenden Seele Balsamos zu versichern. Überkam ihn wieder die Abenteuerlust? Oder – nicht minder wahrscheinlich – spornte ihn die blonde, blauäugige, kleine Lorenza mit ihrem eigenen Drang nach oben an, sein sündiges Leben fortzusetzen? Er hatte ihr von seiner Vergangenheit erzählt, von seinen Betrügereien und Fälschungen: Hochstapeleien, die Lorenzas Phantasie beflügelt haben mochten und vielleicht den Traum eines Daseins in Fülle und Luxus, die Sehnsucht nach Abenteuern in großem Stil heraufbeschworen. Es scheint, daß sie ihm ihre volle Partnerschaft als Gattin und Helferin anbot, ja sogar die Bereitschaft, ihre eigenen Reize zu Geschäftszwecken auszunutzen.

Sei dem, wie ihm wolle – bald nach der Hochzeit verwendete Giuseppe schon wieder seine Feder zu einkömmlicheren Zwecken als dem Zeichnen von römischen Skizzen. Er und Lorenza taten sich mit einem erfahrenen Fälscher zusammen, dem Marquis d'Agliata (so nannte er sich jedenfalls selbst); als Beweis seiner Kunst stellte der Marquis für Balsamo das eindrucksvoll aussehende Patent eines preußischen Obersten her, und Balsamo ging sofort zu einem Schneider, um sich für die entsprechende Uniform Maß nehmen zu lassen.

Das Trio arbeitete bei einer Reihe erfolgreicher Fälschungen zusammen. Als Rom für sie zu unsicher zu werden drohte, verlegten sie den Schauplatz ihrer Tätigkeit nach Loretto und schließlich nach Bergamo, wo der Marquis sich als Rekrutierungsagent des Königs von Preußen ausgab. Auch hier wurden die Behörden bald mißtrauisch, und der Marquis verschwand – leider ohne vorherige Benachrichtigung seiner beiden Partner. Er nahm auch das gemeinsame Kapital mit. Die Polizei fand auf der Suche nach dem Marquis nur die beiden Balsamos und verhaftete sie; aber da keine Beweise gegen sie vorgebracht werden konnten, wurden sie wieder freigelassen unter der Bedingung, daß sie unverzüglich Bergamo verließen.

Sie hielten schnell einen Kriegsrat ab. Die Rückkehr nach Rom wäre zu riskant gewesen. Sie beschlossen, nach Norden zu wandern und sich als Pilger auszugeben – das heißt, sich von einem Heiligenschrein zum andern durchzubetteln. Das taten sie denn auch mit viel Erfolg. Sie wanderten nach Mailand, dann nach Genua, die Riviera entlang und nach Aix-en-Provence auf dem Weg zu dem berühmten Schrein des Heiligen Jakob von Compostela in La Coruña. In Aix übernachtete ein Herr mit Namen Giovanni Giacomo Casanova Chevalier de Seingalt im selben Gasthaus wie Giuseppe und Lorenza. In seinen Memoiren schrieb er:

„Ich fand die Pilgerin auf einem Stuhl sitzend, sichtlich erschöpft vor Müdigkeit, aber interessant wegen ihrer Jugend und Schönheit, besonders betont durch einen Hauch von Melancholie und ein sechs Zoll langes Kruzifix aus gelbem Metall, das sie in der Hand hielt. Ihr Begleiter, mit den Knöpfen an seiner schwarzen Baumwolljacke beschäftigt, machte keine Bewegung – doch mit den Blicken, die er seiner Gattin zuwarf, schien er anzudeuten, daß sie sich mit mir allein abgeben solle ..."

Es fiel Casanova auf, daß die beiden „Pilger" eine Menge Geld ausgaben, und er fing ein Gespräch mit Lorenza an, um mehr über sie in Erfahrung zu bringen. „Wir wandern zu Fuß", sagte sie, „und leben von Almosen, um die Barmherzigkeit Gottes, gegen den ich mich so oft versündigte, zu erringen. Obwohl ich stes nur um einen Sou bitte, geben mir die Menschen immer Silber- und Goldstücke, so daß wir alles, was wir übrighaben, bei unserer Ankunft in den Städten sofort an die Armen verteilen müssen – sonst würden wir ja die Sünde begehen, der göttlichen Vorsehung nicht mehr zu vertrauen ..."

Eifersucht und Schönheitswasser

Man hat keinen Anhaltspunkt dafür, ob der Mann, den die Legende und sein eigenes Schürzenjägerlatein als den großen Liebhaber schildern, wirklich der stummen Aufforderung Giuseppes folgte und sich eingehender mit dessen Gattin abgab. Wir wissen nur, daß dies eine der bevorzugten Methoden war, mit der die beiden „Pilger" ihre Gold- und Silberstücke sammelten: ein Erpressungstrick, der zu jener Zeit weit verbreitet war und vielleicht auch heute noch nicht unmodern ist.

Die hübsche junge Lorenza pflegte die Augen offen und nach reichen Männern Ausschau zu halten, die nicht abgeneigt schienen, mit ihr in amouröse Beziehungen zu treten. Giuseppe verschwand diskret, wenn es so weit war, daß seine Gattin ein Rendezvous mit dem Interessenten zu vereinbaren hatte. Die treue Lorenza ließ sich jedoch nie so weit hinreißen, ihrem Liebhaber zu Willen zu sein; im geeigneten Moment stieß sie immer einen Schrei aus, worauf die Tür aufsprang und der „wutschnaubende" Ehemann hereinstürzte, vorsichtshalber gefolgt von einem Augenzeugen. Kaum eines der Opfer weigerte sich, zum Säckel zu greifen, um sich aus dieser kompromittierenden Lage herauszukaufen.

Einer der wenigen, die nicht darauf hereinfielen, war der Vizekönig von Katalonien in Barcelona, wo sich das Paar ein halbes Jahr aufhielt. Statt den eifersüchtigen Gatten mit Geld zu beschwichtigen, ließ er sie beide aus der Stadt ausweisen.

Sie setzten ihre Tournee nach Madrid und Lissabon fort. Das Geschäft war recht flau, und sie beschlossen, auf der Suche nach neuen Abenteuern die Reise nach England anzutreten. Sie trafen dort im Jahre 1771 mit leerem Beutel ein. Erst mieteten sie ein Zimmer in der City und dann im billigeren Soho. Balsamo fand Arbeit als Dekorationsmaler, aber er machte es nicht gut und wurde entlassen. Ein Quäker, den der Teufel auf Irrwege geführt hatte, kam ihnen zu Hilfe und händigte Giuseppe hundert Pfund aus, nachdem er mit Lorenza im tête-à-tête überrascht worden war. Als auch dieses Geld zu Ende war, mußte Lorenza auf der Straße nach Kunden suchen.

Das war also nun von ihrem schönen Traum von Reichtum und Luxus übriggeblieben! Giuseppe konnte die Miete nicht mehr zahlen und wanderte ins Schuldgefängnis. Lorenza machte die Runde durch die Londoner Kirchen auf der Suche nach irgendeiner frommen Seele, die sich vielleicht von ihrem traurigen Los rühren ließ. Tatsächlich wurde sie auf diese Weise mit Sir Edward Hales bekannt, den sie dazu brachte, Giuseppes Schulden zu zahlen und ihn mit der Anfertigung von Wandbildern auf dem Hales'schen Herrensitz bei Canterbury zu beauftragen. Nachdem Balsamo die Decken und Wände des Hauses mit seinem mangelhaften Talent ruiniert hatte, schnappte man ihn überdies noch, wie er Sir Edwards Tochter küßte. Die beiden Abenteurer mußten das gastliche Haus verlassen. Sie hatten kein Glück gehabt in England und reisten ab so arm, wie sie gekommen waren, mit dem Postschiff nach Calais.

Aber nun hatten sie wieder Glück.

Auf dem Schiff machten sie die Bekanntschaft des wohlhabenden Monsieur Duplessis, und es gelang Lorenza, ihm den Kopf zu verdrehen – und zwar so gründlich, daß er ihr einen Platz in seiner Kutsche von Calais bis Paris anbot, während der arme Giuseppe zu Pferd hinterdreintraben mußte. In der Hauptstadt lud Duplessis dann allerdings beide ein, bei ihm zu wohnen. Sie blieben drei Monate, und Duplessis versuchte während dieser Zeit, Lorenza zum Verlassen ihres Mannes zu bewegen. Ihres armseligen Daseins müde, nahm sie schließlich das Angebot an.

Das ging jedoch weit über Giuseppes Geschäftmethoden hinaus: statt von Lorenzas Verbindung mit einem reichen Mann zu profitieren, sah er sich hinausgeworfen. In seiner Wut und Verzweiflung richtete er eine Petition an den König und ging vor Gericht; er gewann seinen Prozeß, und Lorenza wanderte in das berüchtigte Frauenzuchthaus von Sainte Pélagie. Jetzt tat Giuseppe leid, was er ihr angetan hatte, und er versuchte, sie freizubekommen. Das erwies sich als schwieriger, als er erwartet hatte; jeder Schritt zu ihrer Entlassung dauerte endlose Zeit. Indessen zermarterte sich Giuseppe, seiner Geschäfts- und Ehepartnerin beraubt, das Hirn, was er nun anfangen solle.

Es war ein heißer Sommer, und die Pariserinnen litten darunter am meisten; die trockene Hitze verdarb ihnen den Teint. Dies gab Balsamo eine gute Idee ein: aus seiner Apothekerzeit im Kloster erinnerte er sich, daß Borax ein gutes Mittel gegen trockene Haut war. Er stellte also ein „Schönheitswasser" her, das Borax enthielt, und bot es den Pariserinnen an. Er hattte großen Erfolg damit, und als Lorenza nach vielen Monaten endlich aus dem Gefängnis entlassen wurde, kehrte sie zu einem Gatten mit florierendem Geschäft zurück. Sie hatte ihre Lektion erhalten und schwor, ihn nie wieder zu verlassen.

Auch Giuseppe hatte etwas für sein künftiges Leben gelernt – aus dem Borax-Geschäft: nämlich, daß die Menschen Schönheit, ewige Jugend, sexuelle Attraktion – kurz, alles, was Eitelkeit und Liebe betrifft – noch höher schätzen als Geld und daß sie bereit sind, letzteres herzugeben, um damit ersteres zu erwerben. Geschickt verwandelte er daher Lorenza und sich selbst in zwei reisende Schönheitsexperten, mit einem reizvollen Sortiment von Wässerchen und Salben, Elixieren und Pillen, alles natürlich nach Repezten aus dem geheimnisvollen Orient.

So sehen wir sie denn Paris verlassen, um eine neue Tournée durch Europa anzutreten – diesmal aber in ihrer eigenen, komfortablen Equipage und begleitet von einem Kammerdiener. Giuseppe war mit seinem bescheidenen Nachnamen nicht mehr zufrieden; er nannte sich nun Marchese Pellegrini (nach einer Kirche unweit Lorenzas Elternhaus). Oft wanderten seine Gedanken zurück nach Palermo; er empfand das verständliche Bedürfnis, sich in all seinem neuen Glanz in der Stadt zu zeigen, die er unter so schmählichen Umständen hatte verlassen müssen. Die Equipage wandte sich also nach Süden, und Giuseppe war höchst gespannt auf die dummen Gesichter seiner ehemaligen Mitbürger, wenn sie ihren Beppo nun in vollem Staat und mit seiner schönen Gattin sahen. Die Polizei? Bah! Man würde es nicht wagen, einen so feinen Herrn anzutasten.

Der Besuch Palermos entsprach seinen höchsten Erwartungen, zumindest ein paar Tage lang. Alle Beteiligten spielten die ihnen zugedachten Rollen: einerseits der strahlende Giuseppe mit seiner reizenden Lorenza, andererseits die guten alten Onkels und Tanten und die Genossen aus Beppos liederlicher Jugendzeit, die mit offenen Mündern und Augen auf den eindrucksvollen Herrn aus der großen Welt starrten. Seine Mutter weinte vor Stolz. Fast dachte er daran, sein ruheloses Leben aufzugeben und sich wieder in Palermo niederzulassen.

Plötzlich fiel jedoch der Vorhang vor diesem rührenden und glanzvollen Bild. Ein dicker, kleiner Mann – kein anderer als der betrogene Goldschmied Marano – erkannte Giuseppe, wie er durch die Stadt stolzierte, und lief zur Polizei. Vergebens behauptete Balsamo, er sei der Marchese Pellegrini; man kannte ihn nur zu gut als Beppo, den Halunken. Ohne viel Federlesens wurde er ins Gefängnis gesteckt.

Was dann geschah, wissen wir von keinem Geringeren als Goethe, der die Geschichte im Jahre 1787 im Verlauf seiner italienischen Reise in Palermo erfuhr; dort war sie noch immer ein beliebtes Gesprächsthema:

> „Der Sohn eines sizilianischen Prinzen und großen Güterbesitzers, eines Mannes, der an dem neapolitanischen Hofe ansehnliche Stellen bekleidete, verband mit einem starken Körper und einer unbändigen Gemütsart allen Übermut, zu dem sich der Reiche und Große ohne Bildung berechtigt glaubt.
> Donna Lorenza wußte ihn zu gewinnen, und auf ihn baute der verstellte Marchese Pellegrini seine Sicherheit. Der Prinz zeigte öffentlich, daß er dies angekommene Paar beschütze; aber in welche Wut geriet er, als Joseph Balsamo auf Anrufen der Partei, welche durch seinen Betrug Schaden gelitten, abermals ins Gefängnis gebracht wurde! Er versuchte verschiedene Mittel, ihn zu befreien, und da sie ihm nicht gelingen wollten, drohte er

im Vorzimmer des Präsidenten, den Advokaten der Gegenpartei aufs grimmigste zu mißhandeln, wenn er nicht sogleich die Verhaftung des Balsamo wieder aufhöbe. Als der gegenseitige Sachwalter sich weigerte, ergriff er ihn, schlug ihn, warf ihn auf die Erde, trat ihn mit den Füßen und war kaum von mehreren Mißhandlungen abzuhalten, als der Präsident selbst auf den Lärm herauseilte und Frieden gebot.
Dieser, ein schwacher, abhängiger Mann, wagte nicht, den Beleidiger zu bestrafen; die Gegenpartei und ihre Sachwalter wurden kleinmütig, und Balsamo ward in Freiheit gesetzt, ohne daß bei den Akten sich eine Registratur über seine Loslassung befindet, weder wer sie verfügt, noch wie sie geschehen.
Bald darauf entfernte er sich von Palermo und tat verschiedene Reisen, von welchen der Verfasser * nur unvollständige Nachrichten geben konnte."

Balsamo wird Cagliostro

Nicht nur Goethe war außerstande, Genaueres über die Reisen des Ehepaares Balsamo nach ihrem unvermittelten Abschied von Palermo zu erfahren; keinem der Biographen unseres Helden gelang es. Wir finden hier eine Lücke von mehreren Monaten in seiner Lebensgeschichte, fast einen Bruch – und zwar so auffällig, daß der eine oder andere Biograph an der Identität des Giuseppe Balsamo, alias Marchese Pellegrini, mit dem Italiener, der im Juli 1776 in London eintraf, zweifelt. Dieser Herr, der mit seiner Gattin eine möblierte Wohnung in Whitcomb Street mietete, nannte sich Graf Cagliostro, Oberst im 3. Brandenburgischen Regiment.

* Es handelt sich um den Verfasser eines „Memoires", einen Juristen aus Palermo, der im Auftrag der französischen Behörden zur Zeit des Halsbandprozesses (1786) Recherchen über das Vorleben Balsamo-Cagliostros anstellte. Goethe lernte auf seiner Reise diesen Juristen kennen und besuchte auch Balsamos Familie. Die Figur des Cagliostro interessierte ihn so sehr, daß er sie später in seinem Schauspiel „Der Großkophta" verwendete, das er 1791 für sein Weimarer Theater schrieb.

Aber wenn es ernsthafte Zweifel daran gäbe, daß die beiden ein und dieselbe Person waren, so würden sie durch die Geschäftsmethoden des Grafen in London und andernorts widerlegt. Die Methoden waren die gleichen wie die des Giuseppe Balsamo, nur der Maßstab ihrer Anwendung war etwas grandioser geworden, die Intrigen raffinierter, die Einsätze größer. Und warum sollte ein Hochstapler nicht wie jeder andere Mann von Ehrgeiz und Ideenreichtum den Drang verspüren, in der Welt vorwärtszukommen und seine Ziele höher und höher zu stecken?

Überdies war der Name Cagliostro, obwohl wesentlich phantasievoller als Balsamo, keineswegs erfunden: Giuseppe hatte einen Großonkel dieses Namens, seines Zeichens Glokkengießer, in La Noava bei Messina. Zunächst behielt der neue „Graf" seinen prosaischen Vornamen Giuseppe bei und anglisierte ihn in London zu „Joseph", was leichter auszusprechen war; später jedoch bevorzugte er den eindrucksvolleren Vornamen Allessandro. Auch Lorenza wurde in geeigneter Weise umgetauft: schon in Whitcomb Street erschien sie als „Gräfin Serafina". England hatte Balsamo kein Glück gebracht; nun sollte es von Cagliostro erobert werden – das hatte er sich gelobt.

So waren denn die Hauptfiguren benannt, die Rollen verteilt, die Kulissen aufgestellt für das große Spiel vom Grafen Cagliostro. Es begann mit der Verwandlung eines der gemieteten Zimmer in ein Laboratorium für die Herstellung von Schönheitswassern, Elixieren und Liebestränken. Geheimnisvoll deutete der Graf allen, die er kennenlernte, an, daß seine Serafina, dieses Bild jugendlicher Frische, in Wirklichkeit sechzig Jahre alt sei und den Umstand, daß sie so gut erhalten sei, lediglich einem wunderwirkenden „ägyptischen Wein" verdanke. Dieses Elixier, das die beiden Schwindler tropfenweise zu phantastischen Preisen verkauften, bestand vor allem aus Kanthariden oder „spanischer

Fliege", bekannt als stimulierendes und blasenziehendes Mittel – und als Aphrodisiakum.

Unter den verschiedenen Dingen, die der Graf angeblich in seinem Laboratorium unternahm, war natürlich auch die Suche nach der *materia prima,* dem „Stein der Weisen", mit dessen Hilfe man unedle Metalle in Gold verwandeln konnte; und da der Graf über magische Kräfte und die Gabe des Hellsehens verfügte, gab es keinen Zweifel, daß ihm das große Geheimnis bald enthüllt werden würde. Erleichtert wurde ihm seine Suche durch ein „kabbalistisches Manuskript", das er irgendwo auf dem Kontinent entdeckt und mitgebracht hatte.

Es war nur logisch, daß ein Mann, der mit allem Mysteriösen vertraut zu sein vorgab, Verbindung zur „ältesten Bruderschaft der Welt" suchte – zur Freimaurerei.

> „Dieser Quacksalber aller Quacksalber", schrieb Thomas Carlyle in seiner amüsanten, aber von Vorurteilen strotzenden Lebensgeschichte Cagliostros, „mit seinem primitiven Hang zu allem Übersinnlich-Mystifizierenden hatte wohl schon lange nach der Freimaurerei geschielt, die ihm – mit ihrer Symbolik und ihrem Mummenschanz, ihren Schärpen, gezogenen Degen, ‚furchtbaren' und ‚ehrwürdigen' Brüdern (alles so eindrucksvoll bei Kerzenschein) – die vortrefflichste Folie bot. Alle Menschen profitieren von *Einigkeit,* der Quacksalber genauso wie jeder andere; und findet er nicht schon in dem Begriff *Eid der Verschwiegenheit* allein einen wahren Talisman! So entschließt sich denn Cagliostro, Freimaurer zu werden."

Er suchte und fand also Aufnahme in die Esperance-Loge – keine Loge von sehr hohem Status, aber sie ließ Ausländer zu, ohne ihre Personalien einer allzu strengen Untersuchung zu unterziehen. Wir haben zu Beginn unseres Berichts das Aufnahmezeremoniell beschrieben; es scheint auf Cagliostro tiefen Eindruck gemacht zu haben. Carlyle hat wohl recht, wenn er annimmt, daß dieser Neophyt damals noch keine bestimmten Pläne hatte, wie er seine Zugehörigkeit zu jener Bruderschaft gewinnbringend auswerten könne; hatte er jedoch solche Pläne, so wurden sie von den Ereignissen zumindest vorläufig vereitelt. Daran schuld war ein Mann, der sich als ihm ebenbürtig, wenn nicht überlegen erwies in der Kunst des Düpierens.

Dieser Mann wurde Cagliostro als Lord Scott und seine rothaarige Begleiterin als Lady Scott vorgestellt; die Dame gab sofort zu, daß sie eine leidenschaftliche Spielerin sei. Sie baten Cagliostro, ihnen für das Lotteriespiel eine Gewinnummer zu nennen, und er nannte ihnen eine Nummer, nachdem er sein „kabbalistisches Manuskript" konsultiert hatte. An diesem Abend gewann Lady Scott hundert Pfund mit Cagliostros Nummer. Das Paar besuchte ihn wieder am nächsten Tag und bat um weitere Gewinnummern. Cagliostro wußte recht wohl, daß er sich nicht ein zweites Mal auf solch einen glücklichen Zufall verlassen konnte, ohne sein Prestige aufs Spiel zu setzen; er lehnte ab, indem er erklärte, er könne in seinem Manuskript keine neue Gewinnnummer entdecken. Im übrigen war Cagliostro ein Gegner des Glücksspiels, das er für eine ebenso unwürdige wie riskante Methode hielt, seinen Mitmenschen ihr Geld abzunehmen. Als Lord Scott und seine rothaarige Begleiterin allzu aufdringlich wurden, warf er sie hinaus.

Ein paar Tage später machte sich „Lady Scott" an Lorenza-Serafina heran und beichtete ihr, was sie für ihre wahre Lebensgeschichte ausgab. Scott, so enthüllte sie, war gar kein Lord, sondern ein gemeiner Abenteurer, und sie selbst war keine Lady, sondern eine bescheidene Miß Fry. Scott, von dem sie drei Kinder hatte, sei ihr soeben davongelaufen, unter Mitnahme des ganzen Lotteriegewinns; nun stehe sie mit ihren drei Kindern mittellos da. Ihre einzige Hoffnung sei es, mit Cagliostros gütiger Hilfe ein paar Pfund am Spieltisch zu gewinnen.

Serafina fiel auf die Geschichte herein und erzählte sie ihrem Gatten; auch er, der gewiß kein heuriger Hase war, ließ sich davon beeindrucken. Er sandte Miß Fry eine „Gewinnummer" und eine Guinee. Die Nummer zog tatsächlich; Miß Fry und Scott, der sie natürlich keineswegs verlassen hatte, hatten alles Geld darauf gesetzt, das sie zusammenkratzen konnten, und verließen den Spielsaal mit fünfzehnhundert Pfund!

Kein Wunder, daß die beiden Abenteurer, die nun Blut geleckt hatten, alles daransetzten, um jenes wunderbare „kabbalistische Manuskript" in ihre Hände zu bekommen. Miß Frys erster Schritt war, daß sie Serafina ihren ganzen Gewinn dafür anbot; aber Cagliostro war nun auf seiner Hut, weigerte sich, das Manuskript zu verkaufen, und riet Miß Fry, sich mit ihren Kindern aufs Land zurückzuziehen und dort von den Zinsen ihres Gewinns zu leben.

Nun schlug das Spielerpaar eine andere Taktik ein. Sie kauften von einem Pfandleiher ein Diamantenhalsband für 94 Pfund und besorgten sich eine Schnupftabaksdose mit doppeltem Boden. Unten legten sie das Halsband hinein; den oberen Teil füllten sie mit Cagliostros bevorzugtem Schnupftabak. Serafina nahm das scheinbar harmlose Geschenk mit Dank an. Als Cagliostro jedoch das Halsband sah, wollte er es sofort zurückgeben; aber Serafina überredete ihn, es ihr zu lassen. Die Folge war, daß die Cagliostros nun wieder mit Scotts Freundin verkehrten, und als die ersteren in eine neue Wohnung in Suffolk Street umzogen, mietete sich Miß Fry im selben Haus ein und nahm jede Gelegenheit wahr, Cagliostro zu drängen, ihr wieder eine „Gewinnummer" zu nennen. Er blieb standhaft, und die beiden Abenteurer heckten einen neuen Plan aus. Dieser beruhte auf Cagliostros mangelhafter Vertrautheit mit der englischen Sprache und seiner noch mangelhafteren Kenntnis des englischen Justizwesens.

Der Plan lief darauf hinaus, den Grafen wegen eines angeblichen Vergehens verhaften zu lassen und das Manuskript zu stehlen, während er im Gefängnis saß. Ein Anwalt von zweifelhaftem Ruf, Mr. Reynolds, wurde zu diesem Zweck ins Vertrauen gezogen.

Alles verlief programmäßig. Miß Fry erstattete Anzeige gegen Cagliostro, weil er sich angeblich weigere, die Summe von 190 Pfund, die sie ihm geliehen habe, zurückzuerstatten. Reynolds bestach einen Polizeidiener, einen Iren namens Saunders, den Haftbefehl auszustellen; Reynolds selbst brachte ihn zu Cagliostro, der natürlich keine Ahnung hatte, worum es sich handelte, und nicht wußte, daß ein Anwalt keinen Haftbefehl vollziehen kann. Nach längeren Auseinandersetzungen ging Cagliostro schließlich mit zum „sponging-house", dem einstweiligen Schuldgefängnis, wo Saunders ihn bereits erwartete.

Cagliostro und Saunders freundeten sich an und verbrachten eine lustige Nacht; sie zechten bis zum Morgengrauen. Dann erschien Serafina mit dem Halsband und ein paar anderen Schmuckstücken; sie wurden bei Mr. Saunders als Sicherheit deponiert, und Cagliostro war frei.

Inzwischen waren die beiden Abenteurer in sein Laboratorium eingebrochen und hatten das „kabbalistische Manuskript" gestohlen. Sie waren jedoch außerstande, es zu lesen oder gar zu verstehen. Nun galt es, sich die Hilfe des Grafen mit allen Mitteln zu sichern. Reynolds wurde ausgesandt, um ihn zur Zusammenarbeit mit den beiden Spielern zu überreden; Cagliostro wies ihm die Tür. Auf dieses „Stichwort" hin drang Scott, eine Pistole in der Hand, ins Zimmer, und drohte, sie abzufeuern, wenn der Graf ihm nicht seine Geheimnisse enthülle.

Cagliostro lachte nur. Wie konnte dieser kleine Gauner es

wagen, mit so einem kindlichen Bluff einen Mann, der in den Slums von Palermo aufgewachsen war, einschüchtern zu wollen? Mit einer nachlässigen Handbewegung schob er die Pistole zur Seite. Er habe keine Lust, erklärte er, sich weiter mit Scott und seiner Freundin abzugeben; man solle ihn gefälligst in Ruhe lassen. Das Halsband und die paar anderen Schmuckstücke, die bei Saunders deponiert waren, konnten sie haben. Nach einigem Zögern erklärte sich Scott einverstanden.

Aber als der Graf Mr. Saunders anwies, an Scott den Schmuck auszuhändigen, begann dem Iren das Blut zu kochen. Nie und nimmer, rief er, werde er solch eine Großzügigkeit am falschen Platz zulassen! Seit er mit dem Grafen die Nacht durchzecht hatte, war er völlig auf Seiten Cagliostros. Saunders überredete ihn sogar, Scott, Reynolds und Miß Fry anzuzeigen.

Mit den nötigen Haftbefehlen bewaffnet, begab sich der Polizeidiener auf die Suche nach ihnen. Die Männer waren nicht aufzufinden, aber Miß Fry war zurückgeblieben. Sie wußte sehr wohl, daß man ihr nichts vorwerfen konnte und daß der Polizeirichter sie freilassen mußte. Und so geschah es auch am nächsten Tag. Nun lauerte sie Cagliostro unaufhörlich in Suffolk Street auf; ihre Drohungen und Beschimpfungen machten ihm das Leben unerträglich.

Saunders machte ihm einen neuen Vorschlag, und Cagliostro nahm ihn an: Umzug ins Schuldgefängnis! Dort wohnte er, geschützt vor der zudringlichen Rothaarigen, anderthalb Monate lang in aller Bequemlichkeit. Er und Saunders aßen und tranken wie in einem erstklassigen Gasthaus, und wer immer zu Besuch kam, wurde zum Mahl eingeladen. Serafina erholte sich indessen auf dem Land.

Cagliostro hatte gehofft, Miß Fry würde sich inzwischen beruhigen, aber sie sann auf Rache. Sie verlangte vom Gericht, es solle ihr zu der Geldsumme verhelfen, die der

Graf ihr angeblich schuldete. So kam es zu einer Verhandlung, aber Miß Frys Klage wurde abgewiesen, da sie keine Beweise vorbringen konnte. Nun verlangte sie Rückgabe des Halsbands, das sie angeblich Serafina geliehen hatte. Ihr Anwalt, Reynolds, wandte alle möglichen Tricks, die das englische Rechtswesen zuließ, gegen die Italiener an, um sie zu verwirren. Bald wußte Cagliostro nicht mehr aus noch ein, und überdies hatte er noch das besondere Pech, daß ihn ein Gläubiger aus der Zeit seines ersten Londoner Aufenthalts als Giuseppe Balsamo erkannte. Um es kurz zu machen: er hatte schließlich keine andere Wahl, als sich von seinen verschiedenen Feinden loszukaufen. Er war zwar wieder ein freier Mann, aber um dreitausend Guineen ärmer.

England, das er hatte „erobern" wollen, hatte sich so ungastlich gezeigt wie zuvor, und er hatte keinen anderen Wunsch, als der Insel, die ihn so teuer zu stehen gekommen war, schleunigst den Rücken zu kehren, ehe man ihm von neuem die Taschen auszuleeren versuchte. Und doch nahm er etwas mit aus dem Land – einen Schatz, der sich bald als wertvoller erweisen sollte als all der Schmuck und die Goldstücke, die er eingebüßt hatte.

Als er zum letzten Mal das Gerichtsgebäude verlassen hatte, führte ihn der Weg zufällig an einem Buchladen vorbei. Er trat ein und kramte ein wenig in den alten Manuskripten, die zum Verkauf auslagen – vielleicht in der Hoffnung, irgend etwas zu finden, was ihm seine gestohlenen kabbalistischen Geheimnisse ersetzen könnte. Dabei stieß er auf ein Bündel loser Seiten unbekannter Herkunft (die Titelseite nannte als Autor einen Mann namens George Cofton, dessen Identität jedoch nie festgestellt werden konnte). Auch dieses Manuskript befaßte sich mit kabbalistischen Dingen, und zwar berichtete es von alten okkulten Riten unter den Ägyptern. Cagliostro folgte einer plötzlichen Eingebung und kaufte es.

Ob die grandiose Idee, die ihm Weltruhm einbringen sollte, in jenem Londoner Buchladen geboren wurde, oder ob er sie erst auf der Überfahrt zum Kontinent konzipierte, läßt sich nicht sagen. Wir wissen auch nicht, *was* jenes Manuskript eigentlich enthielt. Aber da es etwas mit Ägypten und okkulten Riten zu tun hatte und da Cagliostro selbst nun ein Freimaurer war, erscheint uns die Ideenverbindung im Hirn eines genialen Hochstaplers nur logisch, ja gewissermaßen unvermeidlich. So entstand denn der Gedanke der „ägyptischen Freimaurerei".

Diese phantastische Mischung aus Okkultismus, Aberglauben und Hokuspokus, zum Teil an die alten Freimaurertraditionen angelehnt, aber ausgeschmückt mit effektvollen Einzelheiten, legte Cagliostro in der „Bibel" seiner neuen Bewegung fest, im sogenannten Ordensbuch. Dieses Werk, erklärte er, habe er geschaffen auf Grund der Enthüllungen, die er während seiner Orientreisen erfahren habe. Man hat oft daran gezweifelt, ob er selbst gebildet genug war, um solch ein Buch zu verfassen; es ist durchaus möglich, daß er einen berufsmäßigen Literaten mit der Arbeit beauftragte. Aber auch dann stammte natürlich der Plan des ganzen eindrucksvollen Bauwerks, dieses Tempels der Charlatanerie, von ihm selbst – kein anderer hätte das Zeug gehabt zu diesem genialen, gigantischen Bluff zum Zwecke des Gimpelfangs.

Die ägyptische Freimaurerei, so stellte das Ordensbuch fest, hatte kein geringeres Ziel als die moralische Wiedergeburt der Menschheit. Die Gründer waren Enoch und Elias, die mystischsten unter den biblischen Propheten – eine geschickte Wahl, denn keiner von ihnen hatte eigene Schriften hinterlassen. So hatte Cagliostro freie Hand, ihre Glaubenssätze „nach mündlicher Tradition" niederzulegen.

Als Mitglieder des neuen Ordens waren beide Geschlechter zugelassen, aber männliche Kandidaten mußten bereits

Mitglieder einer bestehenden Freimaurerloge sein. Es gab drei Grade: Lehrlinge, Gesellen und Meister. Das Haupt des Ordens war der Großkophta oder Großmeister, genannt Enoch; natürlich legte sich Cagliostro selbst diesen Rang und Namen zu. Die Leiterin der weiblichen Abteilung war die Großmeisterin, genannt Königin von Saba, alias Gräfin Serafina.

Es würde zu weit führen, wenn man die Einzelheiten der „ägyptischen Riten", wie sie im Ordensbuch niedergelegt waren, beschriebe; es mag genügen, zu erwähnen, daß bei den Zeremonien der Aufnahme und des Aufstiegs von Grad zu Grad die Kandidaten feierlich „angeatmet" werden mußten (ein Gedanke, den Cagliostro wohl von Dr. Mesmer übernahm, dessen „tierischer Magnetismus" damals große Mode in Paris war); daß Kinder „im Stande der Unschuld" in eine Art hellseherischer Trance versetzt wurden; und daß bei allen Zeremonien viel Symbolisches gefaselt wurde von Sonne und Mond und Planeten, von Tetragrammaton und Pentagon, von Urstoff und Erbsünde, vom Elixier ewiger Jugend, von Wein und Rosen. Durch das ganze Ordensbuch zog sich die immer wiederkehrende Andeutung, daß das Geheimnis der Goldmacherei dem Großkophta von höheren Wesen enthüllt worden sei.

Der Zorn der katholischen Kirche, die jede Art von Freimaurerei als Sakrileg und Ketzerei verurteilte, ergoß sich auch über den „ägyptischen Orden", der Gebete, Hymnen, Beschwörungen, Läuterungen und Fußfälle vorschrieb: kurz, der neue Kult enthielt genügend semireligiöse Elemente und okkulte Riten, um alle die anzuziehen, die zum Glauben an das Übernatürliche und zum Obskurantismus neigten. Unnötig zu betonen, daß die Aufnahmegebühren recht beträchtlich waren.

Von jenem Tag im November 1777 an, als die Cagliostros England verließen (mit einem Barkapital von insgesamt fünfzig Guineen), bis zum März 1779, als sie von den höchsten Gesellschaftskreisen in Kurland willkommen geheißen wurden, wissen wir wenig von ihrem Tun und Treiben. In diesen Monaten scheint Cagliostro seinen merkwürdigen Orden in ganz Europa eingeführt zu haben; Brüssel, Den Haag, Venedig, Nürnberg, Leipzig und Berlin waren die Städte, in denen sich die beiden längere Zeit aufhielten, und stets nahmen sie zuerst Fühlung mit den örtlichen Logen des Ordens zur Strikten Observanz, dem auch die Londoner Esperance-Loge angehörte und der auf dem Kontinent viel Einfluß hatte. Und stets verdammte Cagliostro die herkömmliche Freimaurerei als „Satanskult", um dann die verwirrten Brüder zur Gründung neuer Logen seiner ägyptischen Freimaurerei aufzufordern. Seine Überredungskunst war so groß, daß er tatsächlich eine Kette von ägyptischen Logen zurückließ, alle dem Großkophta untertan und natürlich tributpflichtig.

Das Endziel der Tour sollte St. Petersburg sein, das er auf dem Weg über Danzig und Königsberg anstrebte. Aber auf halbem Weg durch die baltischen Länder errang er seine größten Erfolge in Mitau (heute Jelgava), damals Hauptstadt des Herzogtums Kurland (heute ein Teil Lettlands). Hier sehen wir den „großen Cagliostro", wie er bald genannt werden sollte, bei der Arbeit – mit seinem genialen Instinkt für die Ausbeutung günstiger Umstände und mit seinen meisterhaften Methoden der Hochstapelei und Täuschung, die er bereits zu einer regelrechten Kunst entwickelt hatte.

Gräfin Elise und der „Geisterseher"

Bis dahin war er meist von Freimaurerlogen aufgenommen worden, die sich aus der Bourgeoisie rekrutierten. In Mitau fand er zum ersten Mal eine Loge vor, zu der die herrschenden Kreise des Landes gehörten, mit Marschall von Medem als Meister an der Spitze. Der Marschall und sein Bruder, Graf Medem, hatten sich seit früher Jugend für okkulte Dinge interessiert. Der Graf hatte zwei schöne Töchter, von denen eine mit dem regierenden Herzog von Kurland verheiratet war; aber es war die andere, Gräfin Elise von der Recke, in der Cagliostro seine treueste Verehrerin fand.

Elise war eine Jüngerin Swedenborgs, des schwedischen Bergbauingenieurs und religiösen Mystikers. Sie war nach einer unglücklichen Ehe geschieden worden, und kurz vor Cagliostros Ankunft war ihr geliebter jüngerer Bruder gestorben. In ihrer tiefen Verzweiflung erblickte sie in dem Italiener den Wundermann, der sie vielleicht in Verbindung mit dem Jenseits bringen konnte, mit dem Geist ihres toten Bruders.

Cagliostro versuchte ihr diesen Gefallen zu tun. Er versprach Elise einen „magischen Traum", in dem ihr der verstorbene Bruder erscheinen werde. Die ganze Familie von Medem wurde angewiesen, ihre Gedanken auf den Abgeschiedenen zu konzentrieren, während er, Cagliostro, sich mit „Hanachiel", seinem „Vorgesetzten" in der Geisterwelt, beraten werde. Aber Elise hatte niemals diesen „magischen Traum"; statt dessen hatte sie einen Nervenzusammenbruch und verlangte von ihm Trost und Hilfe, die er ihr auch in vollem Maß zuteil werden ließ.

Während der vielen Wochen, die Cagliostro in Mitau zubrachte, waren er und Elise unzertrennlich. Serafina wurde immer eifersüchtiger – mit gutem Grund, denn er stellte Elise allerhand Anträge, die sie jedoch abwies.

Cagliostro arrangierte eine Reihe von Séancen nach seinem „ägyptischen Ritus", wobei der fünfjährige Sohn des Marschalls als Medium mitwirkte. Cagliostro (wohl in Erinnerung an den Streich, den er Marano mit einigem Erfolg gespielt hatte) sprach auch viel von einem vergrabenen Schatz, den seine „Vorgesetzten" ihm zu suchen befohlen hätten. Aber eine allgemeine Schatzsuche, mit Wünschelrute und kindlichem Medium, verlief ergebnislos. Cagliostro erklärte der leichtgläubigen Familie, daß die Geister, die den Schatz bewachten, noch starken Widerstand leisteten, aber wenn man ihm nur genügend Zeit lasse, würde er schon mit ihnen fertigwerden.

In ihrem Tagebuch, das neun Jahre später im Druck erschien, beschreibt Gräfin Elise eine von Cagliostros Séancen, bei der Geister zitiert wurden, und auf Umwegen hat ihr Bericht Eingang in die Weltliteratur gefunden. Schiller, auf der Suche nach einem geeigneten Stoff für einen Fortsetzungsroman für die literarische Zeitschrift „Thalia", stieß auf Elises Tagebuch und wählte Cagliostro als eine der Hauptfiguren. Um jene Zeit – 1785 – war der Name des Grafen in ganz Europa berühmt und berüchtigt: gewiß ein faszinierendes Sujet für einen Autor. Schiller schrieb den Roman, dem er den sensationell klingenden Titel „Der Geisterseher" gab, um den heimischen Topf am Kochen zu halten; und obwohl er von diesem Werk, das er nur aus Geldmangel unternahm, nie viel hielt (er schrieb es nicht einmal fertig), so wurde es dennoch zu einem der am besten geschriebenen „Thriller" der neuzeitlichen Literatur.

Schiller ließ sich von Elises Bericht anregen. Sicherlich waren die Séancen, die Cagliostro in Mitau abhielt, nicht ganz so dramatisch und raffiniert wie die, die Schiller im „Geisterseher" beschreibt, aber die wesentlichen Elemente sind die gleichen. Der „Magier" (auch Schiller macht ihn zum Sizilianer) braucht einige Zeit, um seine Vorbereitungen in dem Saal, in dem die Séance stattfinden soll, zu treffen; die Teilnehmer werden schließlich ersucht, vor dem Eintritt die Schuhe auszuziehen und in bloßem Hemde, Strümpfen und Unterkleidern zu erscheinen. Hinter ihnen wird die Tür verriegelt:

„Wir fanden, als wir in den Saal zurückkamen, mit einer Kohle einen weiten Kreis beschrieben, der uns alle zehn bequem fassen konnte. Ringsherum an allen vier Wänden des Zimmers waren die Dielen weggehoben, daß wir gleichsam auf einer Insel standen. Ein Altar, mit schwarzem Tuch behangen, stand mitten im Kreis errichtet, unter welchen ein Teppich von rotem Atlas gebreitet war. Eine chaldäische Bibel lag bei einem Totenkopf aufgeschlagen auf dem Altar, und ein silbernes Kruzifix war darauf festgemacht. Statt der Kerzen brannte Spiritus in einer silbernen Kapsel. Ein dicker Rauch von Olibanum verfinsterte den Saal, davon das Licht beinahe erstickte. Der Beschwörer war entkleidet wie wir, aber barfuß; um den bloßen Hals trug er ein Amulett an einer Kette von Menschenhaaren, um die Lenden hatte er eine weiße Schürze geschlagen, die mit geheimen Chiffern und symbolischen Figuren bezeichnet war. Er hieß uns einander die Hände reichen und eine tiefe Stille beobachten; vorzüglich empfahl er uns, ja keine Frage an die Erscheinung zu tun ..."

Nun sprengt der „Magier" Weihwasser nach allen Richtungen, neigt sich dreimal gegen die Bibel und beginnt mit unverständlichen Beschwörungen. Dann müssen ihn seine Helfer bei den Haaren fassen, und er scheint unter Zuckungen in eine Trance zu verfallen, in der er den Namen des Verstorbenen ruft, dessen Geist zitiert werden soll.

„Auf einmal empfanden wir alle zugleich einen Streich wie vom Blitze, daß unsere Hände auseinanderflogen; ein plötzlicher Donnerschlag erschütterte das Haus, alle Schlösser klangen, alle Türen schlugen zusammen, der Deckel an der Kapsel fiel zu, das Licht löschte aus, und an der entgegenstehenden Wand über dem Kamine zeigte sich eine menschliche Figur, in blutigem Hemde, bleich und mit dem Gesicht eines Sterbenden. ‚Wer ruft mich?' sagte eine hohle, kaum hörbare Stimme. ‚Dein Freund', antwortete der Beschwörer, ‚der dein Andenken ehret und für deine Seele betete ...'"

Eine neue, vom Magier nicht eingeladene Erscheinung – ein „Geist", dessen Identität Schiller erst später enthüllt – gibt der Séance eine unerwartete Wendung. Der Magier fällt vor Schrecken in Ohnmacht, nachdem er eine Pistole auf das „Gespenst" abgefeuert hat, was aber ohne Wirkung bleibt. Schließlich dringt die Polizei ein, der Sizilianer wird verhaftet, und es beginnt eine Haussuchung. Dabei wird eine Laterna magica entdeckt, die das Geisterbild an die Wand geworfen hat; aus dem Kamin taucht ein Helfer auf, der die hohle Geisterstimme imitiert hat – er ist verwundet, denn eine echte, von einem Häscher abgefeuerte Kugel hat sein Bein getroffen; man findet eine Elektrisiermaschine sowie Pulver und ein paar Trommeln, die für „Blitz" und „Donner" verantwortlich waren.

Schiller erklärt also die scheinbar übersinnlichen Phänomene der Séance auf rationale Weise; wenn Cagliostro jedoch die gleichen Tricks in Mitau anwendete, so blieb ihm dort die Entlarvung erspart. Er reiste mit Serafina ab, ehe Gräfin Elise ernsthaft an seiner Aufrichtigkeit zu zweifeln begann. Die Familie von Medem überhäufte die Scheidenden mit Geschenken: einer gab ihnen 800 Goldstücke, ein anderer einen wertvollen Diamantring. Doch weit wichtiger als dieser materielle Gewinn war für Cagliostro das Prestige, das er sich in Mitau als Wundermann erworben hatte, und das sich schnell nach allen Hauptstädten Europas verbreitete. Sein Ruf war nun gefestigt und eilte ihm voraus, wohin er sich auch wandte.

Es dauerte ein paar Jahre, ehe Gräfin Elise einsah, daß sie tatsächlich einem Schwindler aufgesessen war; ein führender Freimaurer vom Orden der Strikten Observanz, der Cagliostros Laufbahn mit steigendem Unmut verfolgt hatte, öffnete ihr schließlich die Augen und bestätigte ihren Verdacht. Inzwischen hatte man allerdings schon in ganz Europa an der Wunderkraft und Aufrichtigkeit des Großkophta zu zweifeln begonnen.

Cagliostro hatte Elise eingeladen, ihn und Serafina nach St. Petersburg zu begleiten, wohin er im Herbst 1779 abreiste; glücklicherweise – und sehr zu Serafinas Erleichterung – lehnte sie ab: Cagliostro hätte sie unfehlbar in seine Hochstapeleien verwickelt.

Für Serafina brachte die russische Hauptstadt süße Rache, wenn man dem zeitgenössischen Klatsch Glauben schenkt. Der große Potemkin persönlich, die Macht hinter dem Thron der Zarin Katharina, machte ihr mit Erfolg den Hof. Cagliostro mußte gute Miene zum bösen Spiel machen; in jedem anderen Land hätte er solch eine goldene Chance, einen verliebten Fürsten zu erpressen, nach allen Regeln der Kunst auszubeuten vermocht – in Rußland hätte der Versuch ihn wahrscheinlich die Freiheit und möglicherweise das Leben gekostet.

Seine Lage in Katharinas Hauptstadt war ohnedies etwas prekär geworden. Das Prestige, das er sich in Mitau errungen hatte, öffnete ihm zwar alle Türen, von denen des Zarenpalasts bis zur Freimaurerloge, wo man ihn zur Abhaltung von Séancen nach „ägyptischem Ritus" einlud; wie üblich brachte er ein Kind als „Medium" mit. Aber ein skeptischer Logenbruder nahm das kleine Mädchen nachher ins Gebet, und sie gestand, daß Cagliostro vor der Séance ihre Rolle sorgfältig mit ihr geprobt habe. Die Folge war, daß er in St. Petersburg als einziger bedeutender Stadt auf seinen Reisen außerstande war, eine ägyptische Loge zu gründen.

Geschickt, wie er war, verlegte er nun das Schwergewicht seiner Aktivitäten in Rußland auf die Heilkunde. Daß ihm die eine oder andere „Wunderkur" gelang, die seinen Ruf als Heilkünstler untermauerte, ist keineswegs erstaunlich; wahrscheinlich glaubte er sogar bis zu einem gewissen Grad selber an seine magischen Kräfte. Dr. Mesmer und andere hatten nicht weniger Erfolge zu verzeichnen als Cagliostro.

Heute wissen wir, wie viele Leiden psychosomatischen Ursprungs sein können; wir wissen, daß selbst ein leicht neurotischer Mensch körperliche Krankheitssymptome recht wirkungsvoll produzieren kann; und daß daher der Glaube an die Macht des Heilkünstlers diese Symptome wieder verschwinden lassen kann. Zumindest vermag der Wundermann im Patienten ein subjektives Gefühl des Wohlbefindens hervorzurufen, selbst in hoffnungslosen Fällen organischer Krankheiten – zumindest auf kurze Zeit. Seit Anbeginn der Zivilisation haben Priester und Propheten, Medizinmänner und Quacksalber instinktiv psychosomatische Methoden verwendet, um Heilungen zu erzielen, wirkliche oder imaginäre – aus Nächstenliebe oder Gewinnsucht, in religiösem Eifer oder im Streben nach Macht über ihre Mitmenschen.

Cagliostros Heilgeschäft florierte in St. Petersburg. Seine Pillen und Elixiere verkaufte er zu höchsten Preisen, und seine „magischen" Heilkräfte waren das Tagesgespräch unter den Höflingen. Seine „spagirische Nahrung" – wie er die Flüssigkeit nannte, die angeblich die „Geheimingredienzien ewiger Jugend" enthielt – war von allen begehrt, die ihre Körperkräfte und erotischen Reize schwinden fühlten. Die Berufsärzte waren wütend über Cagliostros Quacksalbereien; der schottische Leibarzt der Zarin erklärte, die „spagirische Nahrung" sei selbst zum Hundefutter ungeeignet.

Auf den Flügeln seines Erfolgs schwebend, ließ sich Cagliostro dazu verleiten, seinem Glück allzusehr zu trauen. Es kam zu einem peinlichen Zwischenfall, der wohl der Grund seiner plötzlichen Abreise aus St. Petersburg war. Er verlangte und erhielt fünftausend Louisdor von einer adligen Dame, deren kranken Säugling er zu heilen versprach. Er nahm das Kind zu sich, aber es starb, und er brachte der Mutter einen untergeschobenen, gesunden Säugling zurück. Der Schwindel kam natürlich auf – wie konnte er hoffen, eine Mutter würde ein anderes Kind als ihr eigenes akzeptieren? – und er wurde aufgefordert, das Geld zurückzuzahlen. Er bot Wechsel auf einen Bankier in Preußen an; schließlich war er ja „Oberst im 3. Brandenburgischen Regiment". Als die Wechsel uneingelöst zurückkamen, berieten sich die Hofbeamten mit dem preußischen Gesandten. Er empfahl, den „Obersten" verhaften zu lassen, aber dies hätte zu allerhand unangenehmen Enthüllungen führen können, und so bedeutete man ihm nur, schleunigst abzureisen. Nach einem Aufenthalt von insgesamt einem halben Jahr in der russischen Hauptstadt machte er sich auf den Weg nach Warschau.

Auch hier öffneten ihm die aus Mitau mitgebrachten Empfehlungsbriefe die Türen der höchsten Gesellschaftskreise. Er wurde bei Hofe vorgestellt, und König Stanislaus schien sehr von ihm beeindruckt. Die Warschauer Freimaurer allerdings, wahrscheinlich gewarnt von ihren Brüdern in St. Petersburg, reagierten mit Vorsicht, als er sie zur Gründung einer ägyptischen Loge bewegen wollte; sie verlangten Beweise für seine Behauptung, er kenne das Geheimnis des Steins der Weisen. „Nun, dann können Sie also Gold machen", sagte man ihm. „Bitte, zeigen Sie's uns!" Ein Adliger unter den Logenbrüdern bot Cagliostro die Benutzung seines Schlosses an, und man lud den König zu der Vorführung ein. Dem Italiener wurde es wohl ein wenig unbehaglich, aber er sah keinen anderen Weg als den, wirklich Gold zu „machen" – mit einem Taschenspielertrick.

Ein Höfling vom Gefolge des Königs packte Cagliostros Handgelenk, als ein Klümpchen Gold mit hörbarem „pink" in den Schmelztiegel fiel. „Sire, haben sie das gehört?" fragte der Höfling den König. Das Goldklümpchen wurde im Schmelztiegel gefunden, und man warf Cagliostro ohne viel Federlesens aus dem Schloß. An einen weiteren Aufenthalt in der polnischen Hauptstadt war nun nicht mehr zu denken.

Graf und Gräfin Cagliostro, deren Dienerschaft nun bereits eine ganz ansehnliche Zahl erreicht hatte, verließen

Warschau Ende Januar 1780. Frankfurt am Main war ihr nächstes Ziel. Hier trat der Graf einem neuen Freimaurerorden bei, den „Illuminaten" oder Aufgeklärten Brüdern. Dieser für die politische und philosophische Entwicklung des späten 18. Jahrhunderts wichtige Bund war von Adam Weishaupt gegründet worden, einem bayerischen Professor des Kirchenrechts, der sich vom Jesuiten zum Freidenker gewandelt hatte. Obwohl die Illuminaten das Zeremoniell des Freimaurertums großenteils übernommen hatten, waren sie ihrem Wesen nach eine politische Geheimgesellschaft mit liberalen und republikanischen Idealen. Manche Chronisten wollen wissen, daß Cagliostro von den Aufgeklärten Brüdern eine größere Geldsumme erhielt – für „Spesen" bei der Rekrutierung einflußreicher neuer Mitglieder in Frankreich, wo sie den ersten Schlag gegen den Monarchismus zu führen hofften. Seine Instruktionen waren, sich zu diesem Zweck in Straßburg niederzulassen, und dort traf er im September 1780 ein.

Die Vorreklame für die Cagliostros muß recht wirkungsvoll gewesen sein, denn ihr Empfang in Straßburg war geradezu enthusiastisch. Als die Kutsche, von Kehl kommend, über die Rheinbrücke rollte, wurde sie schon von einer ansehnlichen Menge von Straßburgern erwartet, die den berühmten wundertätigen Italiener mit Hochrufen begrüßten. Und die glänzende Schau, die ihnen da geboten wurde, überstieg alle Erwartungen der guten Elsässer: in einer von sechs Pferden gezogenen, von herrlich livrierten Vorreitern begleiteten Equipage saß der große Mann in einem blauen Rock, verziert mit Goldlitzen und blitzenden Juwelen, neben seiner schönen Gattin in ihrem gelben, mit Diamanten besäten Seidenkleid.

Cagliostro enttäuschte seine Bewunderer nicht. Von seinem ersten Tag in Straßburg an vollbrachte er eine gute Tat nach der andern. Er besuchte die Kranken und Alten in den Hospitälern und Armenhäusern, verabfolgte den Notleidenden seine Heilmittel umsonst, schenkte denen, die um Hilfe baten, Geld. Er befreite einen italienischen Landsmann aus dem Schuldgefängnis, indem er aus eigener Tasche zweihundert Livres zahlte. Mit gut gespieltem Zögern fing er erst allmählich an, die reichen Leute, die sich nun zu ihm drängten, zu behandeln. Es dauerte nicht lang, da sprach man allenthalben von der Sammlung von Stöcken und Krücken, die von den Geheilten bei ihm zurückgelassen worden waren; seinem „ägyptischen Wein", seinem „Universal-Elixier" und seinem „Saturn-Extrakt", die er in einem geheimnisvollen schwarzen Kasten aufbewahrte. Innerhalb von drei Wochen nach seiner Ankunft in der Stadt hatte er bereits eine ägyptische Loge gegründet, und nun wurden häufig Séancen mit „hellseherischen Kindern" veranstaltet.

Cagliostros Ruhm erreichte die Ohren des großen Kardinals de Rohan – Louis René Édouard Fürst von Rohan-Guémenée, Grand Aumônier von Frankreich, Fürstbischof von Straßburg und Landgraf des Elsaß, um nur einige seiner Titel zu nennen. Er stammte aus einer der ersten Familien des Landes, war phantastisch reich und überdies ein ungewöhnlich gut aussehender Mann. Königin Marie Antoinette hatte ihn als Botschafter zum Hof ihrer Mutter, der Kaiserin Maria Theresia, nach Wien geschickt; aber sein unmoralischer Lebenswandel hatte so viel Staub aufgewirbelt, daß die Kaiserin ihre Tochter bat, ihn abzuberufen.

Rohan war fasziniert von der Alchimie, der er in seinem Bischofspalast von Saverne bei Straßburg viel Zeit widmete. Er war natürlich höchst neugierig, den mysteriösen Italiener kennenzulernen, der behauptete, das Geheimnis des Steins der Weisen zu kennen. Er sandte seinen Oberjäger zu Cagliostro und lud ihn zu einem Besuch von Saverne ein. Der Kardinal war der weitaus größte Fisch, den der Graf jemals in seinem Netz gefangen hatte – die wichtigste „Verbindung", die er sich in ganz Frankreich hätte schaffen können. Aber er spielte seine Karten schlau und geschickt aus: so einfach war es denn doch nicht, den großen Cagliostro herbeizuzitieren! Er schickte den Oberjäger zurück mit der Antwort: „Wenn der Kardinal krank ist, soll er zu mir kommen, und ich werde ihn heilen; ist er jedoch gesund, so braucht er mich nicht."

Wie Cagliostro erwartet hatte, erhöhte diese arrogante Antwort nur das Verlangen des Kardinals, ihn kennenzulernen, und schließlich war Cagliostro so freundlich, sich zu einem Besuch von Saverne herbeizulassen. Die zwei Männer führten lange Gespräche über Alchimie, man experimentierte in Rohans Laboratorium, und bald war der Kardinal davon überzeugt, daß „dieser höchst ungewöhnliche, dieser ganz großartige Mann, dessen Wissen so unermeßlich ist wie seine Güte", tatsächlich fähig sei, Gold zu machen. Außerdem begann er, den Rat Cagliostros in persönlichen Fragen zu suchen, und betrachtete ihn bald als sein privates Orakel. Auch Serafina half mit, die Gunst des Kardinals zu gewinnen, dessen hohes Amt in der Kirchenhierarchie ihn nie vom Genuß weltlicher Freuden abgehalten hatte.

Ein Vetter Rohans in Paris, der Fürst von Soubise, war längere Zeit krank gewesen, und als sein Befinden sich verschlechterte, bat der Kardinal den Grafen, in die Hauptstadt zu reisen und zu versuchen, dem Leidenden zu helfen. Zur Zeit der Ankunft Cagliostros in Paris war Soubise bereits von den Ärzten aufgegeben worden; sie hatten sich nicht über das Wesen seiner Krankheit einig werden können, geschweige denn über ihre Behandlung. Cagliostro blieb eine Weile bei dem Fürsten; dann ließ er den Kardinal wissen, daß er seinem Vetter gewisse Tropfen verabreichen werde, und daß der Patient innerhalb einer Woche vom Bett aufstehen könne.

Tatsächlich erholte sich der Kranke, genau so, wie Cagliostro es vorausgesagt hatte. Solange der Wunderdoktor in

Paris blieb, wurde sein Name geheimgehalten; erst nach seiner Abreise nach Straßburg erfuhr man, wer Soubise geheilt hatte. Dann allerdings war der Name des geheimnisvollen Italieners, des Freundes des Kardinals, in aller Munde. Warum, so fragten sich die Pariser, versteckte sich dieser Mann in einer Provinzstadt? Paris wartete auf ihn, auf den großen Cagliostro.

Die Halsbandaffäre

Verweilen wir an diesem Punkt unserer Geschichte, gerade ehe unser Held die letzte Sprosse zur höchsten Turmspitze seines Erfolgs erklimmt, ein wenig, um uns darüber klar zu werden, was für eine Art Mensch er nun geworden war – dieser kleine Beppo Balsamo, der die unglaubliche, einmalige Figur des Grafen Alessandro Cagliostro selbst erfunden hatte und in sie allmählich hineingeschlüpft war. Wir haben seine wechselvolle Laufbahn, seinen unsteten Aufstieg verfolgt von den Slums von Palermo zum Kardinalspalast von Saverne. Aber wie stand es um den Mann, der in jenem goldverzierten Rock steckte?

Es gibt manche Anhaltspunkte dafür, wie sich sein Charakter im Lauf seiner Erlebnisse entwickelte. Anscheinend hegten er und Lorenza-Serafina lange Zeit hindurch, wohl bis zum Ende ihres zweiten Aufenthalts in England, keine höheren Ambitionen als die, erfolgreiche Abenteurer und Hochstapler zu sein. Dann jedoch dürfte eine subtile Ändederung ihrer Einstellung zum Leben begonnen haben. Gewiß, sie arbeiteten bei ihren Séancen mit allerhand Tricks, sie verkauften Medizinen, deren Wirkungslosigkeit sie nur allzu gut kannten; aber hie und da ereignete sich tatsächlich ein „Wunder": Kranke schienen geheilt zu werden, deprimierte Menschen faßten neue Hoffnung, Trauer wandelte sich in Freude – und all dies durch ein bißchen Hokuspokus. Cagliostro, Kind des 18. Jahrhunderts und des abergläubischen Italien, war wohl beeindruckt von seinen eigenen magischen Kräften, die über alle Tricks hinaus ihre Wirkung zu erzielen schienen. Nur ein psychologisches Genie hätte vielleicht vage die Entdeckungen späterer Generationen vorauszuahnen, das Wesen der Hysterie und der Neurose zu verstehen und diese Erkenntnisse bewußt durch Hypnose oder Suggestion auszubeuten versucht. Aber solch ein Genie war er nicht; viel näher liegt die Annahme, daß er tatsächlich glaubte, das Medium irgendeiner geheimnisvollen Kraft zu sein, die durch seine Hände, seine „magnetischen" dunklen Augen auf die Mitmenschen wirkte.

Wie sollte man ihn anders sehen als in der ein wenig grotesken Rolle des kleinen Gauners, der zu rasch gewachsen war – der selbst ein wenig verwirrt war von den erstaunlichen Dingen, die um ihn her und durch sein eigenes Wirken geschahen? Und da sie sich nun einmal begaben, so nützte er sie weidlich aus, schlau und geschickt, wie einst Beppo Balsamo die Schwächen seiner Opfer in Palermo ausgenützt hatte. Überzeugt von seiner mystischen Kraft und doch ein mit allen Wassern gewaschener Halunke; ehrlich bemüht, seinen Mitmenschen zu helfen, und doch jederzeit bereit, ein paar Taschenspielertricks anzuwenden, wenn's nicht anders ging – so versuchte er, der Figur, die er erfunden hatte, möglichst zu gleichen. Am Ende glaubte er wohl wirklich, daß es diesen großen Cagliostro gäbe, und daß er selbst es sei; und Serafina wurde nicht müde, ihn darin zu bestärken.

Sie blieben insgesamt drei Jahre in Straßburg. Während dieser Zeit unternahm Cagliostro häufige kurze Reisen über die Schweizer Grenze, wahrscheinlich im geheimen Auftrag der Illuminaten. Sein Entschluß, Straßburg den Rücken zu kehren, war nicht zuletzt auf die wachsende Feindschaft der Berufsärzte zurückzuführen, deren Praxis durch seine Wunderkuren stark beeinträchtigt wurde. Böse Zungen nannten ihn den „Antichrist" oder den „Ewigen Juden". Die Krankheit eines Freundes in Neapel diente ihm als passendes Stichwort für seinen Abgang. Bei seiner Ankunft in Neapel erfuhr er allerdings, daß er zu spät kam; der Kranke war gestorben. Aber ein Zufall wollte es, daß die neapolitanische Regierung gerade das Verbot der Freimaurerei aufgehoben hatte. Er versuchte, eine ägyptische Loge zu gründen. Es gelang ihm jedoch nicht, und er wandte sich nach Bordeaux.

Diese Stadt hatte ihn angezogen wegen ihrer berühmten „Schule" der magischen und mystischen Theologie und ihrer starken Freimaurerbewegung. Er blieb dort fast ein Jahr, bis ihn auch die Freimaurer von Lyon aufforderten, zu ihnen zu kommen und eine ägyptische Loge zu gründen. Offensichtlich wollte er in der französischen Provinz abwarten, bis man ihn genügend dringend nach Paris rufen würde. Es war schließlich Kardinal de Rohan selbst, der ihn zu Beginn des Jahres 1785 in die Hauptstadt bat.

Man hatte ihn tatsächlich mit Ungeduld erwartet. Kaum war er in das luxuriöse Haus eingezogen, das er sich gemietet hatte, da wurde es auch schon belagert von Kranken aus allen Schichten der Bevölkerung. Livrierte Diener klopften bei Tag und Nacht ans Tor und versuchten, ihn mitzunehmen zu ihren leidenden Herren. Bald hatte er seine ägyptische Loge gegründet; ihre Séancen wurden in Cagliostros Haus abgehalten – in einem Raum, den er eigens für diesen Zweck ausgeschmückt hatte: die Wände waren mit Hieroglyphen bedeckt, Statuetten ägyptischer Götter standen herum, und selbst die Diener trugen altägyptische Trachten.

Der Kardinal war nun ebenfalls in der Hauptstadt und zeichnete Cagliostro und Serafina weiterhin durch seine Freundschaftsbeweise aus; vor allem führte er sie in den ihm nahestehenden Kreisen ein. Rohan hatte einen Schützling adoptiert, die charmante junge Gräfin Jeanne de Lamotte-

Valois. Sie stammte aus einer alten, aber in tiefste Not geratene Familie; ihr Vater war nichts weiter als ein gewöhnlicher Wilddieb, und als Kind hatte sie auf der Landstraße barfuß um Almosen betteln müssen. Sie hatte einen ehemaligen Unteroffizier geheiratet, der sich ohne jede Berechtigung den Grafentitel zugelegt hatte; das Paar ließ sich in Paris nieder und schaute sich nach einem reichen Beschützer um. Jeanne fand ihn in der Person des Kardinals, der seine Gunst keiner hübschen Frau verwehren konnte.

Rohan führte sie bei Hofe ein, und die Königin nahm sie in ihre Dienste (manchen Quellen zufolge war Jeanne jedoch gar nicht bei Hofe angestellt). Zwischen Marie Antoinette und Rohan hatte keinerlei Verbindung bestanden, seit er sich am Wiener Hof so skandalös benommen hatte; aber im Frühling und Sommer 1784, mehrere Monate vor Cagliostros Ankunft in Paris, brachte Jeanne dem Kardinal eine Anzahl von Briefen, sichtlich geschrieben von der Hand der Königin und mit der violetten Tinte, die sie zu verwenden pflegte – Briefe, aus denen hervorging, daß die Königin ihm vergeben hatte ... mehr noch, daß sie zu ihm als Mann eine gewisse Zuneigung gefaßt hatte. Als sie ihn in diesen Schreiben um Geld für den einen oder anderen wohltätigen Zweck zu bitten begann, reagierte er prompt und schickte ihr aus seinem Fonds, den er als Grand Aumônier verwaltete, mehrere Summen zum Château Petit Trianon. Das Geld gab er, wie es in den Briefen vorgeschlagen wurde, der „vertrauten Freundin" der Königin – Jeanne de Lamotte.

Der Kardinal, sonst gewiß nicht unerfahren auf dem Gebiet höfischer Intrigen, zweifelte keinen Augenblick an der Echtheit der violetten Handschrift. In Wirklichkeit waren die „Briefe der Königin" Fälschungen, ausgeführt von einem Mann namens de Villette in Jeannes Auftrag; er war mindestens so geschickt wie einst Beppo Balsamo. Mit ihm teilte Jeanne das Geld des Kardinals.

Als die Bitten um Spenden nicht aufhörten, wurde es Rohan zu bunt – aber noch immer schöpfte er keinen Verdacht. Im Gegenteil, er zog seinen Schützling Jeanne ins Vertrauen. Wenn die Königin ihn nun wirklich so gern mochte, wie sie in ihren Briefen andeutete, so solle sie es ihm durch die Tat beweisen, sonst würde er ihre weiteren Bitten ablehnen: diese mündliche Bestellung an die Königin trug er Jeanne auf. Sie kam zurück mit der freudigen Botschaft, daß ein *tête-à-tête* arrangiert werden würde.

Die Schwindler fanden eine Dame, die Marie Antoinettes Figur hatte, und trichterten ihr ein, was sie zu tun hatte. Der Kardinal, als Musketier verkleidet, traf sich mit ihr, geleitet von der Gräfin de Lamotte, nachts im Park von Versailles. Aber er hatte kaum Zeit, der „Königin" die Hand zu küssen, da unterbrach Jeanne das Stelldichein mit der Warnung, sie habe Schritte gehört. Die „Königin" warf dem Kardinal eine Rose zu als Zeichen ihrer Zuneigung und verschwand im Gebüsch.

Noch hegte der Kardinal keinen Argwohn. „Ich war völlig verblendet von meinem leidenschaftlichen Begehren, die Gunst Ihrer Majestät von neuem zu erringen", erklärte er später. In Wirklichkeit war sein leidenschaftliches Begehren nicht nur die Gunst der Königin, sondern nicht minder der Posten des Ersten Staatsministers, den er nun fast in Reichweite glaubte.

Das Stelldichein war jedoch nach Jeannes großem Plan lediglich der Auftakt zu ihrem eigentlichen Coup. Sie hatte bei Hofe erfahren, daß Herr Böhmer, der sächsische Juwelier der Königin, und sein Partner Monsieur Bassange seit Jahren Diamanten und andere kostbare Steine gesammelt hatten, um daraus für die Königin ein Halsband herzustellen, das die phantastische Summe von 1,6 Millionen Livres kosten würde. Sie hatten Marie Antoinette davon berichtet, aber der Schmuck erschien ihr denn doch etwas zu extravagant. Das war Madame de Lamottes große Chance. Sie informierte den Kardinal, der mittlerweile nach Saverne zurückgekehrt war, daß es einen unbezahlbaren Dienst gebe, den er der Königin erweisen könne. Rohan eilte sofort nach Paris, ungeachtet der Schneestürme des bitteren Winters 1784–85. Jeanne berichtete ihm, die Königin habe nun tatsächlich das Halsband gekauft; es solle in vier Raten bezahlt werden, und der König dürfe nichts davon erfahren. Marie Antoinette bitte ihn herzlich, Bürgschaft für die Zahlung der Raten zu leisten. Er habe nichts weiter zu tun, als ein paar Schriftstücke zu unterzeichnen. Jeanne brachte sie ihm. Er unterschrieb, und das „einzigartige Kleinod", wie Böhmer seine Schöpfung nannte, wurde von Jeanne de Lamotte in ihrer Rolle als Vertraute der Königin abgeholt. Die von Rohan signierten Dokumente und eine gefälschte Bevollmächtigung Ihrer Majestät genügten dem Juwelier zur Aushändigung des kostbaren Schmuckstücks. Jeanne stemmte die Diamanten und Edelsteine mit einem Messer aus ihren Fassungen und schickte ihren Gatten damit nach London, um sie dort zu verkaufen.

Trotz all ihrer Raffiniertheit beging sie nun einen Fehler, der sich bitter rächen sollte: statt ebenfalls schleunigst zu verschwinden, blieb sie in Frankreich. Die kaltblütige Frau kalkulierte, daß der reiche Kardinal stillschweigend in die Tasche greifen würde, ohne sie zu verraten – denn einen Skandal hätte er sich nicht leisten können. Aber ihre Kalkulationen erwiesen sich als falsch.

Am 15. August 1785, zu Mariä Himmelfahrt, brach der große Skandal los. An diesem Tag war die erste Rate fällig, und als Böhmer sie nicht erhielt, begab er sich zur Gräfin de Lamotte. Sie empfahl ihm, den Kardinal aufzusuchen, der für die Zahlung garantiert hatte. Aber Böhmer ging statt dessen direkt zum König und berichtete ihm vom Ankauf des Halsbandes, von Jeanne de Lamottes Rolle und von der

Garantie Rohans. Der König forderte Böhmer auf, seinen Bericht in Anwesenheit der Königin zu wiederholen. Marie Antoinette, die in Wirklichkeit ihre schlechte Meinung von Rohan nie revidiert hatte, verlangte seine sofortige Verhaftung. Er wurde aus der Kapelle von St. Louis, wo er den feierlichen Gottesdienst leitete, herausgeholt und sofort – noch im vollen Schmuck seiner Pontifikalien – in die Bastille gebracht.

Jeanne de Lamotte, der Fälscher de Villette und die Dame, die im Park von Versailles die Königin gespielt hatte – die Bastille „öffnete ihnen allen ihren eisernen Busen", wie Carlyle es formulierte. Eine Woche lang fanden keine weiteren Verhaftungen statt. Dann, eines Morgens um halb acht, betraten „ein Kommissar, ein Offizier der Leibwache und acht Polizeischergen mein Haus", wie Cagliostro in seinen Memoiren berichtet. „Nachdem sie in meinen Schreibtischen herumgekramt hatten, zerrten sie mich zu Fuß in höchst beschämender Weise aus dem Haus, bis zufällig eine Mietkutsche vorbeikam, und so wurde ich in die Bastille gebracht." Bald darauf ging auch Serafina den gleichen Weg.

Der Gefangene der Inquisition

Es war eine grausame Ironie des Schicksals, die den plötzlichen Fall des „großen Cagliostro" verursachte – als Folge eines Betrugs, an dem er selbst völlig schuldlos war. Der Kardinal hatte ihm vertraulich von seiner Garantie für die Halsband-Raten erzählt – zwei Wochen vor Mariä Himmelfahrt. Der Hochstapler, der sonst nie eine Gelegenheit versäumte, seine Taschen zu füllen, verdiente nicht einen Sou an Madame de Lamottes Coup. Gewiß, da waren Gerüchte, daß er eine Affäre mit ihr gehabt habe, als sie ihm verriet, Serafina habe ihn betrogen; daß sie ihn in ihr Bett lockte, weil sie sich davon einen gewissen Schutz vor dem Zorn des

Kardinals erhoffte, wenn er von ihrem Schwindel erführe. Aber die Halsbandangelegenheit platzte, noch ehe Rohan erkannte, daß er von ihr hintergangen worden war, und Cagliostro mußte ihm in die Bastille folgen aus einem einzigen Grund: weil er der Freund des Kardinals gewesen war.

Der Prozeß gegen Rohan, Cagliostro, Jeanne de Lamotte und ihre Helfershelfer im Frühjahr 1786 – manche Historiker nennen ihn das Vorspiel zur Französischen Revolution – wurde mit unerwarteter Fairness geführt; aber die Verhandlung vermochte nicht, die Zweifel des breiten Publikums an der Schuldlosigkeit der Königin in der Sache des Halsbandkaufs zu zerstreuen. Jeanne versuchte sich zu retten, indem sie sämtliche Beteiligten beschuldigte: den Kardinal, Cagliostro, die Königin selbst – sie alle, behauptete sie, hätten unter einer Decke gesteckt, um Böhmer seines „einzigartigen Kleinods" zu berauben. Bis an ihr Lebensende blieb Marie Antoinettes Rolle in der Angelegenheit in den Augen des Volkes zweideutig; hier lag einer der Gründe für ihre wachsende Unbeliebtheit. Das offensichtliche Vergnügen, mit dem man sie acht Jahre später zur Guillotine schleppte, war wohl zum Teil auf den weitverbreiteten Verdacht zurückzuführen, daß die Königin tatsächlich das Halsband erworben und dann versucht hätte, sich durch Intrigen aus der Affäre zu ziehen.

Das Parlament, das als Gerichtshof in diesem Staatsprozeß fungierte, sprach den Kardinal frei, aber der König entkleidete ihn aller Ehren und Hofämter und verbannte ihn in eine Abtei in der Auvergne. Jeanne de Lamotte wurde dazu verurteilt, vom Scharfrichter nackt ausgepeitscht zu werden; dann wurde sie auf beiden Schultern mit dem Buchstaben „V" – *voleuse* – gebrandmarkt. Nach Vollziehung des Urteils war sie reif für die Salpêtrière, das Pariser Frauenirrenhaus; aber nach zehn Monaten gelang es ihr, auszubrechen und nach England zu fliehen, wo sie 1791 starb.

Cagliostro hatte es nicht schwer, seine und Serafinas Unschuld zu beweisen. Das Halsband war gekauft worden, während er sich noch in Bordeaux und Lyon befand, und Jeanne de Lamotte hatte es von Böhmer zwei Tage nach Cagliostros und Serafinas Ankunft in Paris abgeholt. Sie konnten also unmöglich etwas mit dem Betrug zu tun gehabt haben. Aber Cagliostro ließ es sich nicht nehmen, das großartige Forum des Parlamentsgericht auszunutzen, um sich gehörig an die Rampe zu spielen, bombastische Reden zu halten und seine selbsterfundene Lebensgeschichte zu erzählen; mit Hilfe seines Verteidigers schrieb er sie dann nieder und ließ sie auf eigene Kosten drucken.

Er wurde freigesprochen; als er in sein Haus zurückkehrte, wartete bereits eine begeisterte Menge auf ihn und ließ ihn hochleben. Aber wenn er gehofft hatte, nun seine frühere Tätigkeit wieder aufnehmen zu können, wurde er schwer enttäuscht. Der König, der seine Hauptstadt und das Land möglichst von Rohans ausländischen Freunden säubern wollte, befahl ihm, Frankreich innerhalb von drei Wochen zu verlassen.

Wohin sollte sich das Paar nun wenden? England, das traditionelle Asyl aller Vertriebenen, steckte für die beiden voll unangenehmer Erinnerungen, aber unter den gegebenen Umständen war es wohl am praktischsten, dort Unterschlupf zu suchen. In London versuchte Cagliostro sein Geschäft von neuem aufzubauen; in seiner Mietwohnung am Sloane Square verkaufte er „ägyptische Pillen" zu dreißig Shilling die Drachme (1,8 Gramm). Obwohl sein Name in England so bekannt war wie auf dem Kontinent, blieben ihm doch die höheren Kreise verschlossen: man wollte nichts mit dem Italiener zu tun haben, der stets von Skandalen umwittert war, mit oder ohne Schuld. Sein Lebensstil in London war daher recht bescheiden; aber das war kein Grund für seine alten und neuen Feinde, ihn in Ruhe zu lassen. Eine Anzahl von Leuten, die mit ihm während seiner früheren Aufenthalte in London zu tun gehabt hatten, tauchten nun wieder auf und versuchten, Geld aus ihm herauszuschlagen. Der Redakteur des *Courier de l'Europe,* im Nebenberuf Agent des französischen Hofes, begann eine boshafte Kampagne gegen ihn; eine Nummer seiner Zeitschrift nach der anderen brachte Enthüllungen über Cagliostros Vergangenheit, der man mit Hilfe des von Goethe erwähnten Juristen bis ins Palermo seiner Jugendzeit nachgespürt hatte. Er verteidigte sich geschickt und brachte es sogar gelegentlich fertig, seinen Angreifer als Narr und Lügner bloßzustellen.

Cagliostros Triumph war jedoch nur kurzlebig; schließlich siegte das gedruckte Wort über ihn, und er stand vor den Londonern da als lächerlicher Quacksalber. Die tiefste Schmach tat man ihm in der „Antiquity"-Freimaurerloge an: man lud ihn zu einem Besuch ein, behandelte ihn als Ehrengast – und nach dem Diner verulkte ihn einer der Logenbrüder, indem er einen Marktschreier mit italienischem Akzent nachmachte. Die Anwesenden bogen sich vor Lachen und stimmten in den allgemeinen Spaß ein. Cagliostro stürmte wütend aus dem Haus. Und nicht genug damit, der berühmte Karikaturist Gillray hielt die erniedrigende Szene im Bild fest; es fand reißenden Absatz als Flugblatt, mit einem langen Gedicht als Text. Der Titel lautete „Auszug aus den Memoiren des arabischen Grafen", und da hieß es u. a.:

„Geboren weiß Gott wo, lebt er weiß Gott wovon...
Sein Grafentitel stammt von eigner Hand:
so ward den Logenbrüdern er bekannt...
‚Ihr seht in mir den Sprößling der Natur',
spricht er, ‚und meine Seele strebt ja nur
nach Gutem, wie schon Acharat als Kind.
Ich weiß, wo man den Stein der Weisen find't;
den Kranken helf' ich gern mit Trank und Pillen
und kann den Wunsch nach Manneskraft erfüllen.
So spielt der schlaue Gauner seine Rolle,
auf daß der Dumme ihm sein Scherflein zolle..."

Genug! Er hielt es nicht länger als ein Jahr in London aus. Ohne viel Aufhebens zu machen, reiste er mit Serafina nach der Schweiz ab.

Basel war ihr erstes Ziel. Die Dinge schienen hier günstig zu stehen, und der Großkophta wählte die Stadt zum Sitz der „Ägyptischen Mutterloge der Schweizer Kantone". Aber es war nicht mehr als das letzte Aufflackern einer verlöschenden Flamme. Das Paar wandte sich nach Tirol und versuchte, auch hier die eine oder andere Loge zu gründen; es wurde auf speziellen Befehl des Kaisers Joseph ausgewiesen. Was nun?

Die italienische Grenze war verlockend nahe. Serafina sehnte sich danach, das elterliche Haus wiederzusehen, wo sie einst als die kleine Lorenza aufgewachsen war; sie wußte nicht einmal, wer von ihrer Familie noch am Leben war. Ihrem Gatten war nicht sonderlich wohl bei dem Gedanken der Rückkehr; doch man mußte schließlich leben, und für einen Italiener war es leichter, sich in Italien durchzuschlagen. Die Freimaurerei war noch immer eine Todsünde in den Augen der Heiligen Kirche; aber Cagliostro wußte, daß es in Rom mindestens eine oder zwei geheime Logen gab. Vielleicht ... mit ein bißchen Glück und viel Vorsicht ...

Er war sich im klaren darüber, daß er durch seine Rückkehr nach Italien alle Brücken zum übrigen Europa abbrach; aber für den Mann, dessen einst so berühmter Name nun im ganzen Abendland berüchtigt war, gab es kaum eine Alternative. Arm, vorzeitig gealtert, gehetzt von seinen Gegnern, so kam er im Mai 1789 in Rom an. Es fiel ihm schwer, den äußeren Schein der Wohlhabenheit aufrechtzuerhalten; aber er hätte sich lieber in eine Ecke verkrochen, als seine Landsleute erkennen zu lassen, wie es wirklich um ihn stand.

Wir wissen nicht, ob Serafina-Lorenza ihre Eltern noch lebend antraf; wahrscheinlich nicht, sonst hätte sie mit ihrem Mann wohl im Haus der Felicianis Unterkunft gefunden wie in alten Zeiten. Statt dessen zogen der „Graf" und die „Gräfin", die den Glanz der Paläste kennengelernt hatten, in eine armselige und melancholische Dachstube.

Vielleicht gelang es ihm, irgendwo eine schäbige, versteckte „ägyptische Loge" zu gründen; wahrscheinlicher ist es, daß die Unbekannten, die sich an ihn um Auskunft über seine ägyptische Freimaurerei wandten, *agents provocateurs* der Inquisition waren. Als er schließlich Verdacht schöpfte, daß ihn die päpstliche Polizei beobachte, ergriff ihn die Panik, und er ging beichten. Es half ihm nichts. Am 27. Dezember 1789 wurden er und seine Frau verhaftet und auf die Engelsburg gebracht.

Für seinen verzweifelten und dreisten Versuch, mitten im Herzen der katholischen Welt die Freimaurerei zu betreiben, hatte die Inquisition keine mildere Definition als Ketzerei, mit dem Tod zu büßen. Schuldbeweise gab es in Fülle; die päpstliche Polizei hatte das ganze „Ordensbuch" der ägyptischen Freimaurerlogen in seinem Zimmer gefunden, und es gab zahlreiche Zeugen für die Anklage. Bei jedem Verhör des Giuseppe Balsamo – das Untersuchungsgericht ignorierte sein Pseudonym – und seiner armen, verängstigten, aber noch immer schönen Lorenza wurden die Foltergeräte vorgeführt, für den Fall, daß die beiden Sünder nicht verstehen wollten, was ihnen drohte.

Und doch steckte auch jetzt noch ein wenig Feuer in diesem hartnäckigen Hochstapler. Mutig, wenn auch nicht immer in logischer Rede, verteidigte er sich, indem er seine Feinde anklagte. Der französische Hof war das spezielle Ziel seiner Wut; das ganze Mißgeschick der letzten Jahre führte er auf die Versailler Intrigen und italienfeindliche Machinationen zurück. Er beschimpfte gegnerische Zeugen und verdammte sogar Lorenza als Verräterin, als er erfuhr, sie habe unter Androhung der Folter „alles gestanden". Dann wieder gab er zwar zu, daß sein „ägyptischer Ritus" dem katholischen Glauben widersprach, aber im gleichen Atemzug verlangte er eine Audienz beim Papst, der, wie er versicherte, sein „alter Freund" sei.

Am Ende brach er zusammen. „Ich will gestehen, was ihr verlangt", murmelte er im Schatten der Foltergeräte. Am 21. März 1791 kam der lange Prozeß zum Abschluß mit diesem Urteil:

„Giuseppe Balsamo, vieler Verbrechen beschuldigt und überführt, hat sich die für Ketzer und Verbreiter der Zauberei und des Aberglaubens ausgesetzte Strafe zugezogen auf Grund der apostolischen Gesetze, erlassen von Klemens XII. und Benedikt XIV. gegen alle der Begünstigung der Freimaurerei überführten Personen; nichtsdestoweniger wird die Todesstrafe, mit der dieses Verbrechen gesühnt wird, durch besondere Gnadenbezeigung hierdurch umgewandelt in lebenslängliche Festungshaft unter strikter Bewachung bei Ausschluß jeder Möglichkeit des Straferlasses ..."

Als Mitschuldige der Verbrechen ihres Mannes wurde die bedauernswerte Lorenza zu lebenslänglicher Haft im Kloster Sta. Apollonia in Rom – einem Frauenzuchthaus – verurteilt. Das „Ordensbuch" der ägyptischen Freimaurerei, verdammt als ketzerisches und gotteslästerliches Dokument, wurde vom Scharfrichter verbrannt. Die Regierung des Vatikans betrachtete den Fall als so wichtig, daß ein Mitglied der Inquisition mit der Abfassung eines „Lebenslaufs des Giuseppe Balsamo" beauftragt wurde – ein Werk, das jedoch weit mehr zu einer Streitschrift gegen die Freimaurerei wurde als zur Biographie des Verurteilten.

War der Gefangene in der Engelsburg ein gebrochener Mann ohne Hoffnung, die seelenlose Hülle des großen Cagliostro? Man weiß wenig von seinen letzten Lebensjahren, aber es wird berichtet, daß er zumindest *einen* Fluchtversuch unternahm: er bat um einen Beichtvater und versuchte den Kapuziner, den man ihn schickte, mit dessen eigener

Kordel zu erwürgen. Aber Cagliostros Kräfte reichten dazu nicht mehr aus, und nach kurzem Kampf wurde er übermannt.

Eine andere Anekdote will wissen, daß er fest daran glaubte, das Volk von Rom würde, wie zuvor das von Paris, aufstehen, die Regierung stürzen und die Gefangenen befreien; und als einmal ein schweres Gewitter losbrach, hielt er den Donner für Kanonendonner und den Tag der Befreiung für gekommen. Er hämmerte mit den Fäusten gegen die Zellentür und rief: *„Me voici! A moi! Me voici!"*

Um jeden Ausbruchsversuch zu verhindern, transportierte man ihn nachts und in aller Heimlichkeit auf die Bergfestung San Leone bei Montefeltre. Und hier suchten die siegreichen französischen Armeen, unter Führung von General Bonaparte, tatsächlich nach Cagliostro, als sie 1797 im Kirchenstaat einmarschierten und das Fort San Leone erstürmten. Aber sie fanden nur das Verließ, in dem er geschmachtet hatte und gestorben war, und ein paar Inschriften von seiner Hand an der Mauer; die letzte trug das Datum des 6. Mai 1795. Der genaue Tag seines Todes konnte nicht festgestellt werden. Schon im Jahre 1794 hieß es, Lorenza sei in ihrem Klostergefängnis gestorben; sie konnte nicht älter gewesen sein als 40 Jahre, während er zur Zeit seines Todes etwa 52 Jahre zählte.

Man hätte ihm ein weniger grausames Ende gewünscht, einen gelassenen Abschied vom Leben inmitten seiner Bewunderer, deren Leichtgläubigkeit er mit größtem Vergnügen bis zu seinem letzten Atemzug ausgebeutet hätte. Es wurde ihm zum Verhängnis, daß er es vorzog, gefährlicher zu leben und um größere Einsätze zu spielen als die vielen Abenteurer des 18. Jahrhunderts, einer Epoche, die mit ihrem Mystizismus und Aberglauben der Hochstapelei mancher Art ein besonders günstiges Klima bot. Goethe ärgerte sich über Cagliostro, weil der „Vernünftige" da mit Verdruß ansehen mußte, „daß Betrogene, Halbbetrogene und Betrüger diesen Menschen und seine Possenspiele jahrelang verehrten, sich durch die Gemeinschaft mit ihm über einander erhaben fühlten und von der Höhe ihres gläubigen Dünkels den gesunden Menschenverstand bedauerten, wo nicht gering schätzten. Wer schwieg nicht gern während jener Zeit?"

Aber fühlen auch wir uns nicht erhaben über jene; hören wir Carlyles noch immer aktuelles Nachwort zum Thema Cagliostro:

„Denke nach", ermahnt er den Leser, „ob du keine öffentlichen Quacksalber kennst, von weit größerer Statur als dieser – Quacksalber, die von keinem St. Angelo erfaßt wurden; wie sie als Kaiser oder Kanzler (mit entsprechend raffinierter Ausrüstung) ihre Quacksalber-Karriere machten, ganze Königreiche und Kontinente in gigantische ägyptische Logen verwandelten und daraus Geld oder Blut nach Belieben preßten. Und denke nach, ob du nicht auch private Quacksalber kennst, zahllos wie der Sand am Meer, alles halbe Cagliostros – aber nur unvollkommene Möchtegern-Quacksalber, dem unerreichbaren Ideal und Musterbeispiel Cagliostro nachstrebend. So ist eben unsere Welt."

2 DIE FALSCHEN PRINZESSINNEN

Sarah Wilson, die „Schwester der Königin" – Carabu aus Javasu

Verkauf einer Sklavin

„Aus einem Brief aus *New York,* datiert vom 13. Mai 1773: Vor einiger Zeit befand sich eine gewisse Sarah Wilson als Zofe im Dienst von Miß Vernon, Hofdame der Königin und Schwester der Lady Grosvenor. Besagter Sarah Wilson gelang es, sich Zutritt zu einem der königlichen Gemächer zu verschaffen, wo sie Gelegenheit fand, einen Sekretär aufzubrechen, den sie mehrerer wertvoller Kleinodien beraubte. Wegen dieser Tat wurde sie festgenommen, vor Gericht gestellt und zum Tode verurteilt ..."

Wäre dieses Urteil vollstreckt worden, so hätte die Londoner Zeitschrift *Annual Register* niemals einen Bericht ihres New Yorker Korrespondenten über Sarah Wilson erhalten, und das wäre schade gewesen. Denn hier haben wir den klassischen Fall der „feudalen" Hochstapelei – im vergangenen und in unserem eigenen Jahrhundert oft kopiert, aber nie erreicht –, deren Erfolg lediglich auf dem Snobismus, der Eitelkeit und der Liebedienerei der Menschen beruht.

Die junge Sarah war von einigem Ehrgeiz besessen, in der Welt voranzukommen; sonst wäre sie wohl in dem Städtchen in der Grafschaft Staffordshire in England geblieben, in dem sie geboren war und wo ihr Vater das bescheidene Amt eines Gerichtsvollziehers versah. Als Sechzehnjährige begab sie sich nach London und versuchte in einer der zahllosen adligen Familien der Hauptstadt Stellung zu finden. Sie hatte großes Glück; Caroline Vernon, eine Hofdame der Königin, fand Gefallen an dem fleißigen und gewandten Mädchen und nahm es in ihren eigenen Dienst. So zog Sarah zu Beginn des Jahres 1771 in die geheiligten Räume des „Queen's House" ein – des Londoner Schlosses der Königin, das an der Stelle des heutigen Buckingham-Palastes stand.

Für das kleine Mädchen vom Land war das Hofleben, das sie nun aus nächster Nähe beobachten konnte, ungeheuer faszinierend. Charlotte, die Gattin König Georgs III., eine gebürtige Prinzessin von Mecklenburg-Strelitz, war zwar keine besonders glanzvolle Königin; aber ihr Milieu war eine Welt von Reichtum und Macht, von exquisitem Geschmack, kostbarem Schmuck und herrlichen Kleidern. Sarah war oft in unmittelbarer Nähe der Königin, die zumeist entweder schwanger war oder sich gerade von ihrer jüngsten Geburt erholte – insgesamt brachte sie fünfzehn Kinder zur Welt. Die junge Zofe hörte natürlich auch viel Klatsch über interne Angelegenheiten der Königsfamilie und erfuhr von manchen Skandalen (wie etwa von dem der Lady Grosvenor, Caroline Vernons Schwester, die eine Affäre mit dem Herzog von Cumberland hatte); und da Sarah ein gescheites Mädchen war, so fragte sie sich wohl manchmal, wie man diese intimen Kenntnisse nutzbringend verwenden könne. Aber ihr mächtigstes Gefühl war Neid – brennender Neid auf diese Höflinge, die das schönste Leben genossen, ohne einen Streich tun zu müssen, und die nichts Besseres waren als sie selbst – kaum gebildeter und gewiß nicht intelligenter.

Eines Tages, als alles zum Lever des Königs im Palast von St. James gegangen und das Boudoir der Königin unbeaufsichtigt war, entschloß sich Sarah, die günstige Gelegenheit wahrzunehmen. Sie öffnete die Schubladen des königlichen Toilettentisches und nahm sich hier ein Halsband und dort eine Brosche, ein Paar Ohrringe, einen Anhänger, einen Goldring mit kostbarem Stein – und ein Miniaturporträt der Königin selbst, vielleicht schon mit der vagen Idee, was man damit anfangen könnte. Außerdem nahm sie eines der vielen Kleider der Königin.

Es war so leicht gegangen, und die Königin hatte so viel Schmuck, daß der Diebstahl wohl eine ganze Weile unbemerkt bleiben würde ... so nahm Sarah jedenfalls an. Aber Charlotte hatte die Gewohnheit, von Zeit zu Zeit ihre besonders kostbaren Schmuckstücke zu zählen. Sie entdeckte, daß dies und das fehlte, und befahl den Dienern, ihr Boudoir zu beobachten. Ein paar Tage darauf ging Sarah wieder an die Schubladen und wurde auf frischer Tat ertappt. Ihre kurze Dienstzeit im „Queen's House" war zu Ende.

Der Arm des Gesetzes erfaßte sie schnell, und die Strafe war schwer. Anklage wurde erhoben wegen Diebstahls und „Verletzung des königlichen Hausfriedens", und sie wurde zum Tode verurteilt.

Ihrer Arbeitgeberin Caroline Vernon tat das Mädchen leid; sie bat die Königin, Sarah zu begnadigen – schließlich war sie erst siebzehn Jahre alt. Die Strafe wurde in Verschickung nach Englands Kolonien in Nordamerika umgewandelt – und das war schlimm genug für die junge Sünderin, denn das bedeutete Sklaverei. Im Juli 1771 wurde sie auf einem Gefängnisschiff nach Baltimore in Maryland gebracht, „wo sie zum Verkauf ausgestellt und von einem Mr. W. Devall aus Bush-Creek im Frederick County erworben wurde", wie das *Annual Register* in seinem Bericht fortfuhr. „Nach kurzem Aufenthalt an diesem Orte machte sie sich jedoch höchst geheim aus dem Staube und entfloh nach Virginia."

Königstreue Amerikaner

Merkwürdigerweise hatte niemand daran gedacht, einen Blick in das Bündel zu werfen, in dem Sarah ihre Habseligkeiten verstaut hatte. Darin befanden sich nämlich das Kleid der Königin, ein oder zwei gestohlene Ringe und das Miniaturporträt Charlottes. Mit diesen Requisiten begann Sarah nun eine neue Rolle zu spielen – die einer „Prinzessin

Susanna Caroline Matilda, Schwester der Königin Charlotte", die sich angeblich mit ihrer Familie verzankt hatte und wegen irgendeines Skandals ins Exil nach Amerika gegangen war. Das Kleid, die Juwelen und vor allem das Porträt der Königin halfen bei dieser Hochstapelei; nicht minder tat es die Art zu sprechen und sich zu benehmen, die das Mädchen im „Queen's House" beobachtet und gelernt hatte. Dazu kam ihre intime Kenntnis der Hofangelegenheiten. Daß sie kein Geld hatte, war nicht zu verwundern bei einer Prinzessin, die in Ungnade gefallen war.

Kein Zweifel, Sarah hatte großen Erfolg in ihrer selbstgewählten Rolle. Ein reicher Landbesitzer namens Smyth, der Plantagen in Virginia besaß, lud sie ein, bei seiner Familie zu wohnen. Das dunkelhaarige, helläugige, lebhafte Mädchen, dem man die aristokratische Zartheit ansah, machte großen Eindruck auf die Damen und nicht minder auf die Herren. Man brauchte sie nur ein wenig auszufragen, und schon unterhielt ihre Königliche Hoheit die Gesellschaft mit Hofklatsch, Geschichten von Skandalen in allerhöchsten Kreisen und bildhaften Schilderungen der Menschen und Orte in der alten Heimat, auf die manche Siedler in den Kolonien noch mit sentimentalen Gedanken zurückblickten. Vor allem die älteren Männer, unter denen viele selbst aus England ausgewandert waren, hingen an ihren Lippen mit atemloser Aufmerksamkeit.

Bei den Smyths blieb Sarah ein paar Monate, dann nahm sie Einladungen zu anderen reichen Familien in Virginia an – man riß sich förmlich um die Ehre, eine echte Prinzessin beherbergen zu dürfen. „Sie reiste von einem vornehmen Haus zum andern", schrieb das *Annual Register*, „und machte sich vielerorts erstaunlich beliebt; sie ahmte das königliche Gebahren so unübertrefflich nach, daß man sich die Ehre streitig machte, ihr die Hand zu küssen."

So kam sie von Virginia nach Nord-Carolina und von

dort nach Süd-Carolina. Jeder Gentleman, der etwas auf sich hielt, bestand darauf, Prinzessin Susanna in seinem Haus zu sehen, und sie tat auch ihr Möglichstes, um recht vielen Familien das Vergnügen ihrer Anwesenheit zu gewähren. Schließlich galt es in der feinen Gesellschaft der Südprovinzen geradezu als Schande, die Prinzessin nicht beherbergt zu haben.

Bedenkt man, daß sich Sarah Wilsons Abenteuer unmittelbar vor dem Beginn des amerikanischen Unabhängigkeitskrieges abspielten, so erscheint die Treue zum angestammten Königshaus, wie sie die Siedler der englischen „Prinzessin" bewiesen, um so erstaunlicher. Gewiß, die nördlichen Kolonien waren rebellischer als die südlichen, aber Virginia und Carolina waren unter den dreizehn, die bald ihre Unabhängigkeit vom König jenseits des Atlantik erklären sollten. Doch von diesem republikanischen Geist war wenig zu spüren in den weißgetünchten großen Herrenhäusern, in denen Prinzessin Susanna Hof hielt.

Sie brauchte kaum anzudeuten, daß ihr kleiner Zwist mit der Königsfamilie wohl eines Tages beigelegt werden und sie dann wieder *persona grata* im Machtzentrum des britischen Weltreichs sein würde – es galt als ausgemacht, daß sie noch immer Einfluß in London ausübte, und die Reihe der Leute, die ihr Geld und Geschenke als Entgelt für ein Wort der Empfehlung an entsprechendem Ort anboten, war endlos.

Sarah tat ihnen den Gefallen, ihren Anliegen mit verständnisvollem und huldvollem Lächeln zu lauschen und ihnen zu versichern, sie werde alles tun, um ihren Wünschen Gehör zu verschaffen. „Manchen versprach sie Regierungsposten, anderen den Befehl über Regimenter, Stellungen im Schatzamt und Offizierspatente in der Armee oder Flotte", berichtete das *Annual Register*. „Kurz, sie spielte ihre Rolle so überzeugend, daß man nicht auf den Gedanken kam, sie sei eine Hochstaplerin." Und doch scheint es einige mißtrauische Leute gegeben zu haben: „Vergebens bemühten sich manche vernünftige Herren, eine genauere Nachprüfung ihrer Personalien durchzusetzen – sie hatte beträchtliche Beträge aus den Taschen von Personen höchsten Ranges in den südlichen Kolonien herausgeholt."

Mr. Devall inseriert

War es nicht eigenartig – so mochte der eine oder andere sich überlegt haben – daß man noch nie etwas von einer jüngeren Schwester der Königin Charlotte gehört hatte? Daß sie eine ältere hatte, war allgemein bekannt: sie war Anfang der Vierzig und lebte irgendwo in Norddeutschland. Außerdem war Prinzessin Susannas Englisch erstaunlich gut für eine gebürtige Mecklenburg-Strelitzerin, und wenn jemand sie auf Deutsch anredete, so weigerte sie sich stets, in dieser Sprache zu antworten. Sie sei eine englische Prinzessin, erklärte sie, und habe ihre Muttersprache schon fast vergessen.

Inzwischen war Sarahs Eigentümer, Mr. Devall, den die Sklavin eine hübsche Summe gekostet hatte, nicht müßig gewesen. Er hatte versucht, ihre Spur zu finden und sie zurückzubekommen. Zunächst schien sie wie vom Erdboden verschwunden. Dann aber erfuhr er zufällig, daß sich ein Mädchen, dessen Beschreibung auf seine Sarah paßte, auf einer Tournee durch die Kolonien in der Rolle einer Prinzessin befinde. Im Herbst 1773 gab er in den Zeitungen mehrerer südlicher Städte diese Anzeige auf:

> *Dem Unterzeichneten entflohen:* ein Dienstmädchen namens Sarah Wilson, das seinen Namen in Lady Susanna Caroline Matilda geändert hat und vorgibt, die Schwester Ihrer Majestät zu sein; sie hat einen Makel im rechten Auge, schwarzes gerolltes Haar, vorgebeugte Schultern und pflegt ihre Kleidung mit eine Krone zu

markieren. Wer diese Dienerin festnimmt oder wiederbringt, erhält fünf Pistolen nebst allen Kosten und Auslagen.

Bush-Creek William Devall

P. S. Ich bevollmächtige Mr. Michael Dalton, in der Stadt Philadelphia und anschließend in Charles-Town nach der besagten weiblichen Person zu suchen.

Michael Dalton, ein energischer junger Angestellter des Mr. Devall, fand auch tatsächlich Sarahs Spuren unweit von Charlestown „und machte große Jagd auf Ihre Durchlauchtigste Hoheit", wie das *Annual Register* schrieb. Aber aus dem Haus, in dem er sie zu fassen hoffte, war sie gerade auf eine benachbarte Plantage umgezogen. Er reiste ihr nach – und da war sie und hielt Hof, erlaubte den Herren, ihre Hand zu küssen, und nahm gnädigst Geschenke in Empfang, wofür sie allerlei Ämter und Würden versprach.

Ihre Entlarvung dürfte wohl recht schmerzlich gewesen sein, nicht nur für Sarah, sondern noch mehr für die düpierten Opportunisten. Michael Dalton zückte seine Pistole, und sie ergab sich widerstandslos. Schweren Herzens folgte sie ihm nach Bush-Creek – zurück in die Sklaverei. „Wie peinlich, eine Dame von so hoher Anmaßung in die Hände ihrer erbarmungslosen Rächer fallen zu sehen!" meinte der Redakteur des *Annual Register* in seinem Kommentar zu diesem Bericht. Er hätte sich die Tinte für seine mitleidigen Worte sparen können. Aber er kannte Sarah nicht persönlich und hatte keine Ahnung von ihren Fähigkeiten.

Zwei Jahre lang widmete sie sich nun ohne Klage den niedrigen Aufgaben, die sie in Mr. Devalls Haushalt zu erfüllen hatte. Dann aber kamen ihr zwei günstige Umstände zu Hilfe, und sie nützte sie eifrig und geschickt aus. Der Zufall wollte es, daß eine andere Sklavin mit Namen Sarah Wilson aus England in Maryland eintraf, und um die gleiche Zeit trat William Devall der Miliz von Maryland bei, um mit der Waffe in der Hand seine Pflicht für die Sache der amerikanischen Freiheit zu tun. Man hat nie erfahren, wie sie den Trick vollbrachte – aber eines Tages war die Sarah Wilson, die im Hause Devall als Dienstmädchen arbeitete, nicht mehr identisch mit der Heldin unserer Geschichte! Irgendwie hatte sie es verstanden, den Neuankömmling an ihre eigene Stelle zu setzen und selber zu verschwinden – diesmal nach Norden und auf Nimmerwiederkehr. Amerika war ein riesiges Land, und schließlich gab Mr. Devall es auf, nach der Ausreißerin zu suchen.

Trotz ihres „Makels im rechten Auge" fand sie einen guten Ehemann, einen jungen königlichen Soldaten mit Namen William Talbot, der als Fähnrich bei den Leichten Dragonern diente. Sie folgte ihm auf den vielen Feldzügen des Unabhängigkeitskrieges. Als er zu Ende war, entschloß sich Talbot, in den neuen Vereinigten Staaten zu bleiben – vielleicht überredete ihn Sarah dazu, denn sie hätte nicht nach England heimkehren können, ohne verhaftet und wieder vor Gericht gestellt zu werden. Zudem hatte sie noch viel von ihrem unehrlich erworbenen Geld übrig, genug, um ihrem Gatten die Etablierung als Geschäftsmann zu ermöglichen. Soviel man weiß, hatte er damit viel Erfolg. Sarah bescherte ihm eine zahlreiche Familie und war eine gute Ehefrau und Mutter. Sie wohnten in der Bowery, die damals noch ein respektabler Stadtteil von New York war. Unrecht Gut gedieh – zumindest im Fall der falschen Prinzessin.

Die geheimnisvolle Fremde

Spät an einem Aprilabend des Jahres 1817 wurde Mr. Samuel Worrall, Friedensrichter des Städtchens Almondsbury in der südwestenglischen Grafschaft Gloucestershire, aus seinem Lehnstuhl vor dem Kaminfeuer, wo er ein wenig gedöst hatte, aufgestört. Der Armenaufseher des Ortes suchte seinen Rat in einer dringenden und schwierigen Angelegenheit. Eine junge Frau von beträchtlichen persönlichen Reizen war – scheinbar aus dem Nichts – plötzlich im Ort aufgetaucht: ein weibliches Wesen, das sich in einer Sprache ausdrückte, die niemand in Almondsbury identifizieren, geschweige denn verstehen konnte. Sie hatte an die Tür eines Bauernhauses geklopft und durch Zeichen zu verstehen gegeben, daß sie ein Dach über dem Kopf benötige. Die Bewohner, verwirrt und etwas erregt, hatten den Armenaufseher gerufen, aber auch ihm war es nicht gelungen, irgendeinen sprachlichen Kontakt mit der geheimnisvollen Fremden herzustellen.

Mr. Worrall, ein freundlicher, aber auch neugieriger Mann, bat den Armenaufseher, die Fremde in sein Haus zu bringen, in der Hoffnung, daß entweder er selbst, seine Frau oder sein Diener – ein Grieche, der mehrere Sprachen beherrschte – sich mit ihr verständigen und erfahren könne, wer sie war, woher sie kam und was sie wollte.

Nach vielem Gestikulieren ging die Fremde mit dem Armenaufseher und wurde von dem Friedensrichter und seiner Frau empfangen. Zwei Stunden lang versuchten die beiden und der Grieche, sich ihr verständlich zu machen oder herauszubekommen, was sie in ihrer nicht zu identifizierenden Sprache sagte. Durch Zeichen befragt, ob sie denn keine Ausweispapiere habe, holte sie aus ihrer Tasche ihr „Vermögen" heraus: einige Halfpenny-Stücke und eine abgenützte Sixpenny-Münze.

Sie war ein recht hübsches Mädchen Anfang der Zwanzig, mit dunklen Haaren und großen schwarzen Augen. Sie trug ein schwarzes Kleid mit einer Musselinkrause um den Hals, einen schwarzen Schal auf dem Kopf und einen anderen um die Schultern, beide lose und geschmackvoll nach orientalischer Art drapiert; die Füße steckten in offenen Sandalen mit hölzernen Sohlen. Ihre Gesichtsfarbe war gelblich, ihre Zähne sehr weiß und ihre Lippen voll. Sie war nicht groß, aber von guten Proportionen; sie hielt sich grade und schien selbstsicher und gelassen, aber ziemlich müde.

Das Ehepaar Worrall brachte sie im Haus eines Freundes im Ort unter, wo sie nächtigen sollte, und dorthin sandte man sie in Begleitung des Griechen und einer Bedienerin. Im Wohnzimmer dieses Hauses hing an einer Wand ein Buntdruck, der eine orientalische Szene darstellte, und die Bananen, die da zu sehen waren, schienen die Fremde lebhaft zu interessieren; sie versuchte zu erklären, daß sie diese Frucht von ihrer Heimat her gut kenne.

Eine gewisse Schwierigkeit ergab sich, als sie zu Bett gehen sollte. Anscheinend hätte sie es vorgezogen, auf dem Boden zu schlafen, aber die kleine Tochter ihrer Gastgeberin machte ihr vor, wie bequem solch ein Möbelstück war, und schließlich war sie zu bewegen, sich daraufzulegen, nachdem sie erst eine fremdländische Art von Gebet verrichtet hatte.

Am nächsten Morgen kam die Frau des Friedensrichters in Begleitung des Ortspfarrers, der einige illustrierte Reisebücher mitgebracht hatte – vielleicht würde sie beim Anblick der Bilder dieses oder jenes Landes Erkennungszeichen von sich zu geben. Tatsächlich schien sie Bilder aus China zu erkennen, auf denen Boote zu sehen waren; aber sie gab zu verstehen, daß das Schiff, mit dem sie nach England gekommen war, viel größer gewesen sei.

Schließlich entschied sich Mrs. Worrall dazu, das Mädchen wieder in ihr eigenes Haus zu bringen. Hier machte man ihr klar, daß sie ihren Namen auf ein Stück Papier schreiben solle; sie schüttelte jedoch nur den Kopf und wiederholte mehrmals das Wort „Carabu", wobei sie auf sich selbst zeigte. Nun wußte man wenigstens, wie sie sich nannte. Bei Tisch weigerte sie sich, Fleisch zu essen oder etwas anderes zu trinken als Wasser.

Am folgenden Tag fuhren die Worralls mit ihr nach Bristol, wo sie dem Bürgermeister vorgestellt wurde; die Verständigung mit ihr machte jedoch keine Fortschritte, und man brachte sie ins Armenhaus. Dort gefiel es ihr offensichtlich ganz und gar nicht, obwohl es nicht an Bemühungen fehlte, ihr den Aufenthalt angenehm zu machen. Sie aß und trank so gut wie nichts, bestand darauf, auf dem Boden zu schlafen, und machte einen höchst deprimierten Eindruck. Nach zwei Tagen schlug den Worralls, die davon hörten, das Gewissen, und sie holten das arme Mädchen zurück, um es bei sich wohnen zu lassen. Die Versuche, zu einer Verständigung mit ihr zu kommen, wurden wiederholt, aber ohne besseres Ergebnis als zuvor. Doch das Mädchen war angenehm, freundlich und sauber, und schließlich akzeptierte man es als Mitglied der Familie, wenn auch ein eigenartiges.

So vergingen ein paar Wochen, bis eines Tages der Friedensrichter erfuhr, daß ein Portugiese mit Namen Manuel Eynesso, der in Malaia gelebt hatte, unweit von Almondsbury aufgetaucht sei. Er wurde eingeladen und Carabu vorgestellt. Und da geschah das Wunder – sie begannen sich zu unterhalten!

Nach einem langen Spaziergang durch die Umgebung mit Carabu erklärte der Portugiese, ihre Sprache sei eine Mischung von Dialekten, wie sie an der Küste von Sumatra und den benachbarten Inseln in Gebrauch seien. Von nun an hörte man die beiden viele angeregte Gespräche führen, und schließlich konnte Eynesso Carabus Geschichte zusammenstücken.

Es war eine höchst erstaunliche Geschichte. Carabu war die Tochter eines Fürsten von chinesischer Herkunft; ihre Mutter war Malaiin. Ihr Vater hatte drei weitere Frauen. Er reiste durch sein Reich, indem er von „Makratus", Männern aus dem Volk, in einer Art Sänfte oder Palankin auf den Schultern getragen wurde. Er trug einen Goldknopf in seiner Mütze, drei Pfauenfedern an der rechten Seite des Kopfes und um den Hals eine Goldkette, an der ein großes Ornament von goldgefaßtem Bernstein hing. Carabus Mutter malte sich die Zähne schwarz, wie es die Mode des Landes war, und trug in einem ihrer Nasenflügel einen Edelstein, von dem eine feine Goldkette zu ihrer Stirn führte; Gesicht und Arme waren in verschiedenen Farben geschminkt. Carabu selber trug meistens sieben Pfauenfedern an der linken Kopfseite. Das Land, in dem ihr Vater herrschte und wo die Familie wohnte, trug den Namen Javasu.

Man lebte glücklich und zufrieden, bis ein Krieg ausbrach zwischen den „Bugus", den Kannibalen, und den „Maudins", den Malaien. Carabus Mutter kam dabei um. Eines Tages erging sich das Mädchen mit drei ihrer „Sammens" oder Dienerinnen im Garten, als sie plötzlich von Piraten ergriffen, geknebelt, an Händen und Füßen gefesselt und zum Strand hinuntergeschleppt wurde. Samt ihren drei Begleiterinnen wurde sie in ein Boot geworfen. Ihr Vater, der Fürst, schwamm ihr nach und schoß einen Pfeil auf das Boot ab, aber er traf nur eine der Dienerinnen.

An Bord des Piratenschiffs löste man die Fesseln der Prinzessin. Es gelang ihr, den Kris herauszuziehen, den sie im Gewand verborgen hatte; einen Piraten erstach sie, ein anderer wurde verwundet. Vielleicht betrachteten – oder bewunderten sogar – die Seeräuber diesen plötzlichen Wutausbruch Carabus als berechtigten Ausdruck ihrer Empörung; jedenfalls wurde sie nicht dafür bestraft.

Nach einer elftägigen Reise wurde sie an den Kapitän einer Brigg verkauft, einen dunkelhäutigen Mann mit Zopf namens Tappa Bu. Die Brigg segelte vier Wochen lang durch das Meer und ging dann in einem Hafen vor Anker (möglicherweise Batavia, meinte Eynesso); hier blieb man zwei Tage, und vier Frauen wurden als Passagiere an Bord genommen. Dann ging die Fahrt weiter, und nach fünf Wochen kam die Brigg in einem afrikanischen Hafen an (Kapstadt?), wo die vier Frauen ausstiegen. Carabu mußte an Bord bleiben. Nach drei Tagen Aufenthalt fuhr das Schiff wieder ab – nach Europa.

Während der ganzen Reise, so berichtete Carabu, wurde sie von Tappa Bu mißhandelt, bis sie es nicht länger aushalten konnte und beschloß, über Bord zu springen, sobald Land in Sicht käme. Das tat sie auch; es gelang ihr, ans Ufer zu schwimmen, und nun war sie auf englischem Boden.

Ihr Kleid und ihr Schal, beides goldgewirkt, waren natürlich naß, und sie tauschte sie gegen das schwarze Kleid und die Schals einer Engländerin um; diese Kleidung trug sie, als man sie in Almondsbury fand. Sechs Wochen lang, so erzählte sie, war sie bereits durch das Land geirrt. Sie konnte keine Auskunft darüber geben, wie sie sich die ganze Zeit hindurch ernährt und wo sie Unterkunft gefunden hatte, und warum ihr Auftauchen in England nicht schon früher bemerkt worden war.

Carabu tanzt

Dies also war die Geschichte der „Prinzessin Carabu aus Javasu“, wiedergegeben von Manuel Eynesso. Mr. und Mrs. Worrall waren nun höchst geschmeichelt, daß solch eine vornehme Dame geruhte, mit ihnen unter einem Dach zu wohnen. Ihre seltsamen fernöstlichen Gewohnheiten wurden jetzt mit ganz neuen Augen bestaunt – war es nicht alles faszinierend? Als man ihr das Bild eines malaiischen Götzen zeigte, drückte sie Abscheu aus und gab zu verstehen, ihr Gott sei „Allah Tallah“. Man gab ihr ein Stück Kaliko, und sie schneiderte daraus ein Gewand im Stil ihres Heimatlandes Javasu, mit viel Stickerei verziert. Sie blieb bei ihrer Diät: Fleisch aß sie nicht, aber Reis hatte sie gern und kochte ausgezeichnete indische Gerichte; sie trank nur Tee oder Wasser.

Sie bastelte sich einen Bogen mit Pfeilen und übte damit häufig. Ihren Gastgebern und deren Freunden – meist aus Bath, wo die Kunde von Carabu die Herren und Damen der vornehmen Welt neugierig gemacht hatte – führte sie gern ihre Tänze vor. Sie tanzte höchst graziös: ihr gutgeformter Körper bog sich nach allen Seiten, dann wieder beugte sie das Knie, sprang behende auf und wirbelte in einer Art Walzer mit schnellen Drehungen und Wendungen umher.

Carabu ließ sich dazu bewegen, eine ungefähre Karte ihrer Reisen zu zeichnen, wobei ihr der Portugiese half. Darauf sah man auch ein Land, das sie „Congi" nannte – so hieß China in ihrer Sprache; überraschenderweise zeichnete sie auch St. Helena ein. Sie hatte, wie sie erzählte, auf der Reise die Tage gezählt, indem sie täglich einen Knoten in eine Schnur machte; sie hatte diese Gewohnheit beibehalten und zählte damit weiterhin die Tage.

Natürlich wollte man Genaueres über die Sprache und Schrift von Javasu erfahren. Sie zeichnete die Buchstaben sorgfältig mit Tinte und Feder auf; sie sahen aus wie ein Zwischending zwischen chinesischer und arabischer Schrift. Dann schrieb sie die Zahlen von 1 bis 15 nieder, und Eynesso fügte den phonetischen Wortklang in lateinischer Schrift hinzu: 1 war „ihs", 5 = „sennih", 10 = „taschman", 15 = „fissmen". Allmählich lernte man ein wenig von dem verstehen, was sie sagte, unterstützt von lebhaften Gesten und Grimassen; aber sie brachte es nicht fertig, sich auf Englisch auszudrücken.

Unter den Besuchern aus Bath befand sich auch ein Arzt, Dr. Wilkinson, der sich vom wissenschaftlichen Standpunkt aus sehr für die fernöstliche Prinzessin interessierte – er wollte sich unter den Gelehrten einen Namen machen, indem er Carabus Geheimnisse enträtselte. Zunächst schrieb er ausführlich über sie in der Ortszeitung von Bath.

Dieser Artikel des Arztes hatte ein merkwürdiges Ergebnis. Eine Mrs. Neale aus Bristol wandte sich an ihn und behauptete, Carabu sei dasselbe Mädchen, das vor ein paar Monaten bei ihr als Untermieterin gewohnt habe! Sie beschrieb sie dem Arzt mit soviel zutreffenden Einzelheiten, daß an Carabus Identität mit jener Mieterin wenig Zweifel bestehen konnte. Nur in einem Punkt gab es einen wichtigen Unterschied: das Mädchen, von dem Mrs. Neale sprach, war alles andere gewesen als eine orientalische Prinzessin ...

Dr. Wilkinson zog das Ehepaar Worrall ins Vertrauen und erstattete Bericht. Mrs. Worrall, die an Carabu großes Gefallen gefunden hatte, wollte einfach nicht glauben, daß es sich um eine Schwindlerin handelte, und beschloß, die Probe aufs Exempel zu machen.

Ein bekannter Maler namens Bird, Mitglied der Königlichen Akademie, der in Bristol lebte, hatte begonnen, Carabus Porträt zu malen, und Mrs. Worrall teilte ihr mit Hilfe des Portugiesen mit, daß sie nach Bristol fahren müsse, um dem Maler Modell zu stehen. In der Stadt angekommen, brachte Mrs. Worrall das Mädchen jedoch nicht zu Mr. Bird, sondern ins Haus der Mrs. Neale. Erst setzte sich Mrs. Worrall mit ihr allein in ein Zimmer und erklärte ihr auf gut Englisch, daß es gewisse Zweifel an ihrer Identität gebe, und daß es für sie am besten sei, wenn sie selber mit der Wahrheit herausrücke.

Aber so leicht gab sich Carabu nicht geschlagen. Sie machte eine letzte Anstrengung, die Täuschung aufrechtzuerhalten, und antwortete mit einer Flut von „Javasu"-Kauderwelsch; doch Mrs. Worrall gab nicht nach, und schließlich brach das Mädchen zusammen und weinte bitterlich. Ja, gestand sie in ihrer Muttersprache – nämlich Englisch: sie sei ein schlechter Mensch und eine Hochstaplerin, aber man möge sie doch bitte nicht fortschicken oder gar ihre Familie wissen lassen, was sie angestellt hatte. Mrs. Worrall versprach es ihr, aber unter der Bedingung, daß das Mädchen ihr auf der Stelle ehrlich mitteilte, wie ihr wirklicher Name sei und was sie bewogen habe, die Rolle einer orientalischen Prinzessin zu spielen. Als Zeugen wurden Mrs. Neale und ihre Töchter hereingebeten, und „Carabu" gab zu, daß sie eigentlich Mary Baker hieß und zu Beginn des Jahres 1817 in diesem Haus gewohnt hatte.

Die Beichte

Und dann erfuhren die Damen ihre wirkliche Lebensgeschichte, die nicht weniger dramatisch war als die der Prinzessin aus Javasu. Marys Geburtsname war Wilcox, und sie war die Tochter eines Flickschusters aus Witheridge, einem Dorf in der Grafschaft Devonshire. 1795 geboren, war sie schon als Kind etwas „schwierig" gewesen; man hatte es nicht fertiggebracht, sie zur Schule zu schicken. Sie blieb Analphabetin. Im Alter von sechzehn Jahren gaben die Eltern sie in Dienst als Magd zu einer Familie im Ort; zwei Jahre lang hielt sie es dort aus, dann kehrte sie zu ihren Eltern zurück, ohne lang um Erlaubnis zu fragen. Es gab eine Familienszene, und der Vater verdrosch sie. Nun rannte sie fort, nach der nächsten Stadt, Exeter, wo sie eine Stelle zu finden hoffte.

Es gelang ihr nicht, und sie machte sich auf die Wanderschaft in Richtung Bristol. Unterwegs packte sie das heulende Elend, und sie versuchte sich aufzuhängen; ein Herr, der zufällig vorbeikam, entdeckte den Ast mit der Schlinge und dem Mädchen darin, schnitt den Strick durch und gab Mary fünf Shilling und ein paar gute Ratschläge. Sie setzte ihren Weg nach Bristol fort, aber auch hier fand sie nichts, was ihr zusagte. So entschloß sie sich, zu Fuß bis nach London zu wandern.

Sie war noch etwa dreißig Meilen von der Hauptstadt entfernt, als sie völlig erschöpft am Straßenrand niedersank. Ein mitleidiger Fuhrmann nahm sie mit und brachte sie in London ins Krankenhaus. Dort erholte sie sich nach ein paar Tagen, und man verschaffte ihr eine Stelle bei einer Londoner Familie. Hier blieb sie drei Jahre und lernte auch lesen und schreiben.

Mary hätte allen Grund gehabt, dieser Familie dankbar zu sein, aber sie ließ sich zu einer kleinen Unehrlichkeit hinreißen und wurde fristlos entlassen. Nun wollte sie wieder nach Witheridge zurückwandern. Da sie aber bereits erfahren hatte, daß die Landstraßen für ein weibliches Wesen ohne Begleitung unsicher waren, zog sie Männerkleidung an. Sie gelangte bis zur Ebene von Salisbury; hier hielten sie zwei Männer zu Pferde an und fragten, ob sie Geld bei sich habe. „Nein", antwortete sie geistesgegenwärtig, „aber ich wollte gerade euch beide fragen, ob *ihr* mir welches geben könnt!" Die Straßenräuber mußten lachen und forderten den „jungen Mann" kurzerhand auf, sich ihnen anzuschließen. Das tat sie, aber das Geschäft gefiel ihr nicht, und es gelang ihr, zu verschwinden, ehe man ihr Geschlecht entdeckte. Sie kehrte heim nach Witheridge, nachdem sie vorher ihre Männerkleidung gegen Rock und Bluse vertauscht hatte.

Ihre Eltern waren zwar überrascht, sie wiederzusehen, nahmen sie aber gut auf, und eine Zeitlang vertrug man sich. Schließlich fand das ruhelose Mädchen das Familienleben zu langweilig und machte sich wieder auf und davon, ohne auch nur Adieu zu sagen. Von neuem wandte sie sich nach London, um eine Stelle zu suchen. Sie fand eine und nahm sich vor, brav zu bleiben.

Eines Tages schickte man sie in einen Laden, um ein Buch zu kaufen, und hier wurde sie von einem Herrn angesprochen, der wie ein Ausländer aussah. Er zeigte großes Interesse an der hübschen Mary, und die beiden trafen sich häufig. Er fragte sie nach ihrem Lebenslauf aus, und sie ließ sich von ihm von den vielen Reisen erzählen, die er unternommen hatte. Aus diesen Gesprächen erfuhr sie manches über fernöstliche Länder, Sitten und Sprachen. Der Herr, der sich Mr. Baker nannte, wurde ihr Liebhaber, und ein paar Monate später heiratete er sie.

Bald jedoch packte Mr. Baker wieder das Reisefieber, und eines Tages ging er auf und davon. Mary blieb ohne Geld zurück und wanderte heim nach Witheridge. Diesmal blieb sie jedoch nur wenige Tage; sie hatte gehört, wie begeistert manche Leute von den Ländern jenseits des Ozeans sprachen, wo dem Tüchtigen alle Möglichkeiten offenständen. Sie machte sich auf den Weg nach Bristol in der Hoffnung, irgendwie nach Amerika zu gelangen.

Unterwegs traf sie auf ein Zigeunerlager. Sie blieb eine Zeitlang bei diesen Leuten, deren Lebensweise sie faszinierte. Wahrscheinlich war es in diesen Tagen, daß sie den Plan faßte, sich als östliche Prinzessin auszugeben.

Zunächst aber wanderte sie weiter nach Bristol und mietete sich bei Mrs. Neale ein. Am Hafen fand sie ein Schiff, das zwei Wochen später nach Amerika abfahren sollte. Für fünf Pfund, so erfuhr sie, konnte sie im Zwischendeck mitreisen; aber soviel Geld besaß sie nicht. So kam sie auf ihren Plan zurück, um sich das Geld für die Überfahrt zu verschaffen. Sie tauschte ihre Haube gegen zwei Schals um, von denen sie sich einen als Turban um den Kopf schlang, und änderte ihr Kleid so, wie sie sich nach den Beschreibungen des Mr. Baker ein orientalisches Gewand vorstellte. Dann wanderte sie los auf der Suche nach einem Ort, der sich für ihre Komödie zu eignen schien. Almondsbury gefiel ihr – und hier begann Marys größtes Abenteuer.

Ihre ursprüngliche Absicht war es, sich in ihrer seltsamen

Rolle Zugang zu einem reichen Haus zu verschaffen, Geld zu stehlen und rechtzeitig vor Abgang des Amerikaschiffes Bristol zu erreichen. Doch ihr Sinn fürs Dramatische gewann die Oberhand – sie verliebte sich in ihre Rolle als Carabu, die sie so erfolgreich spielte, und sie blieb. Aber früher oder später mußte sie mit Entlarvung rechnen, und sie hätte die Komödie nicht mehr lange fortsetzen können, wäre ihr nicht der Zufall zu Hilfe gekommen – in der Gestalt des Senhor Manuel Eynesso.

Es fiel ihr nicht schwer, ihn als Komplizen ihres Schwindels zu gewinnen; er verlangte für seine Mitarbeit als „Dolmetscher", die ihm viel Spaß machte, lediglich fünfzig Prozent der Einnahmen, die „Prinzessin Carabu" sich verschaffen würde. Aber Mrs. Neale machte den beiden vorzeitig einen Strich durch die Rechnung.

Napoleons letzte Liebe?

Geduldig lauschte Mrs. Worrall der Lebensgeschichte Mary Bakers. Vieles klang unwahrscheinlich, aber sie versuchte, dies und das nachzuprüfen, und fand, daß das Mädchen im großen und ganzen die Wahrheit berichtet hatte. Mary war darauf gefaßt gewesen, daß man sie nun entweder der Polizei übergeben oder sie als Strafe für ihre Täuschung im Haus Worrall zur Magd degradieren werde, aber die gutherzige Mrs. Worrall behandelte sie weiterhin wie ein Mitglied der Familie.

Wohl am überraschendsten war, daß der Strom der Besucher, die die orientalische Prinzessin hatten kennenlernen wollen, keineswegs versiegte – nun wollten alle die raffinierte Hochstaplerin sehen: Damen und Herren, die in Bath zur Kur weilten, ausländische Besucher, Künstler, Physiognomen und (so hieß es jedenfalls in den Zeitungen) Kraniologen. Man war neugierig, aus Marys eigenem Mund zu erfahren, wie es diesem ungebildeten Dorfmädchen gelungen war, alle an der Nase herumzuführen; wie sie eine neue Sprache und Schrift erfunden hatte, die den Philologen Kopfzerbrechen bereitete und nicht einmal ihr Mißtrauen erregte. Man taufte sie den „weiblichen Psalmanasar" – so hatte sich der klassische Hochstapler genannt, der zu Beginn des achtzehnten Jahrhunderts die Londoner literarischen und wissenschaftlichen Kreise hereingelegt hatte, indem er sich als Eingeborenen von Formosa ausgab und eine ausführliche Beschreibung der Insel samt Wörterbuch und Grammatik der „formosanischen Sprache" veröffentlichte – alles seiner Phantasie entsprungen. Auch Mary erhielt ihren Ehrenplatz in der Literatur; ein Journalist erzählte die Geschichte ihrer Hochstapelei, und der Maler Bird illustrierte das Büchlein mit Porträts der „Prinzessin".

Manuel Eynesso machte sich aus dem Staub, sobald er erfuhr, daß Marys Schwindel aufgekommen war. Aber was sollte nun aus ihr werden? Mehr denn je zuvor wollte sie jetzt ein neues Leben in der Neuen Welt beginnen, und das Ehepaar Worrall stimmte diesem Plan bei: eine junge Frau mit soviel Phantasie, Unternehmungslust, schauspielerischem Talent und persönlichem Reiz würde bestimmt ihren Weg machen im Land der unbegrenzten Möglichkeiten. Man kaufte ihr eine Fahrkarte, und im Spätsommer 1817 begann ihre Reise von Bristol nach Amerika.

Wenige Wochen später erschien dieser merkwürdige Bericht im *Bristol Journal:*

> „Ein Brief von Sir Hudson Lowe (Gouverneur von St. Helena und Kustos des Exkaisers Napoleon), der kürzlich eintraf, bildet zur Zeit das vornehmlichste Gesprächsthema der besseren Gesellschaft. Darin heißt es, daß am Tag vor Absendung der letzten Meldungen ein großes Schiff vor der Küste gesichtet wurde. Ein starker Wind blies von Südsüdost; nach mehrstündigen vergeblichen Versuchen, die Insel anzulaufen, drehte das Schiff nach Nordwesten ab, und innerhalb einer Stunde sah man

ein Boot in den Hafen einfahren. Es wurde von einer einzigen Person gerudert. Sir Hudson begab sich zum Kai und erblickte zu seinem Erstaunen, wie ein weibliches Wesen von interessantem Äußeren die Ruder fallen ließ und an Land sprang. Sie berichtete, daß sie von Bristol unter der Obhut einiger weiblicher Missionare auf dem Schiff *Robert and Anne*, unter Kapitän Robinson, mit dem Ziel Philadelphia abgefahren sei; daß das Schiff von einem Sturm verschlagen wurde, der mehrere Tage anhielt; und daß die Mannschaft schließlich eine Küste sah, die der Kapitän als die von St. Helena erkannte. Da habe sie plötzlich ein heftiges Begehren verspürt, den Mann zu sehen, dessen künftiges Schicksal ihr auf geheimnisvolle Weise mit ihrem eigenen verbunden schien; und ihre Brust wogte bei dem Gedanken, bald von Angesicht zu Angesicht einem Hochstapler gegenüberzustehen, wie es seit den Tagen Mohammeds keinen mehr gegeben habe. Aber der Wind habe sich gedreht und fast ihre Hoffnungen zuschanden gemacht. Da der Kapitän nicht willens war, den Kurs des Schiffes zu ändern, habe sie eine günstige Gelegenheit abgewartet, um mit einem Messer bewaffnet in ein kleines, oben am Heck festgebundenes Boot zu springen; nachdem sie das Tau durchschnitten hatte, fiel das Boot mit ihr ins Wasser, und sie begann zu rudern. Der starke Landwind hinderte den Kapitän daran, sein Schiff zu drehen und ihren Plan zu vereiteln.

Sir Hudson stellte sie Bonaparte unter dem Namen Carabu vor. Sie bezeichnete sich als eine Prinzessin aus Javasu und erstattete einen ungewöhnlich interessanten Bericht, der den gefangenen Herrscher höchlichst zu ergötzen schien. Er umarmte sie mit allen Anzeichen begeisterten Entzückens und bat Sir Hudson, ihr eine Unterkunft in seinem Haus, Longwood, zu gewähren; sie allein, so erklärte er, könne ihm den richtigen Trost in der Gefangenschaft bieten.

‚Die enge Bekanntschaft dieser ungewöhnlichen Persönlichkeit mit der malaiischen Zunge (und es gibt viele hier, die diese Sprache beherrschen) sowie ihre Kenntnis indischer und chinesischer politischer Angelegenheiten und der Eifer, mit dem sie von diesen Dingen spricht, scheinen jedermann zu überzeugen, daß sie keine Hochstaplerin ist', setzt Sir Hudson seinen Brief fort. ‚Ihre Art des Betragens ist vornehm und im höchsten Grade faszinierend.'

Ein Privatschreiben fügt dem obigen Bericht das folgende Zeugnis hinzu: ‚Seit der Ankunft dieser Dame hat sich das Wesen, ja sogar das Gesicht und die Figur Bonapartes völlig gewandelt. Der früher so zurückhaltend und deprimierte Mann ist jetzt mitteilsam und vergnügt, und man hört keine Beschwerden mehr über die Unbequemlichkeiten im Haus Longwood. Er hat Sir Hudson gegenüber angedeutet, daß er an den Papst appellieren wolle, um die Annullierung seiner Ehe mit Marie Louise zu erlangen und seinen unauflöslichen Bund mit der zauberhaften Carabu sanktionieren zu können.'"

Ganze Bibliotheken voll Bänden über Napoleon sind geschrieben worden, aber in keinem davon wird diese letzte Liebe des Gefangenen von St. Helena erwähnt. Man kann daher mit Sicherheit annehmen, daß die ganze Geschichte – im Stil der „Abenteuer" Prinzessin Carabus gehalten – ein satirischer Scherz des Redakteurs des *Bristoe Journal* war. Falls Mary Baker den Bericht je zu Gesicht bekam, muß es ihr bestimmt leid getan haben, daß sie ihn nicht selber erfunden hatte.

Wie es ihr in den Vereinigten Staaten erging, läßt sich nicht feststellen; wohl nicht so gut, wie sie gehofft hatte, denn im Jahre 1824 war sie wieder daheim in England. Sie ließ sich in London nieder und mietete einen Laden in der Bond Street. Hier stellte sie sich selbst zur Schau – in ihrem Originalkostüm als die berühmte ehemalige Prinzessin Carabu, für ein Eintrittsgeld von einem Shilling pro Kopf. Sie war noch immer eine reizvolle Frau, und es dauerte nicht lang, da war sie wieder verheiratet. Den Rest ihres Lebens verbrachte sie als bescheidene Hausfrau in Bristol, wohin sie mit ihrem Gatten zog und wo sie 1865 im Alter von siebzig Jahren starb.

3 DIE HERREN AUS DEM MÄRCHENLAND

Gregor MacGregor, Fürst von Poyais – James Addison Reavis, Baron von Arizona

Abenteuer in Südamerika

Heutzutage widmen die Zeitungsredakteure einer Revolution irgendwo in Südamerika kaum noch eine fette Schlagzeile – es hat dort schon zu viele Umstürze gegeben, als daß man sie bei uns in Europa ernst nehmen würde. Wir können es uns daher nur schwer vorstellen, daß die Alte Welt inmitten der napoleonischen Wirren zu Beginn des vorigen Jahrhunderts die Kämpfe, durch die Südamerika sich vom spanischen Joch zu befreien suchte, mit brennendem Interesse verfolgte. Simón Bolívar, Anführer der patriotischen Revolution in Venezuela, war einer der Helden des Tages; vor allem in England nahm man mit größter Sympathie Anteil an seinem Befreiungskrieg gegen die spanischen Unterdrücker, und die Herzen vieler junger Männer schlugen höher vor Begeisterung für Bolívars große Sache. Hunderte von ihnen meldeten sich freiwillig, um mit einem Expeditionskorps zum Kampf in Südamerika zu segeln. London war das europäische Hauptquartier der Rebellen: hier wurden Rekruten angeworben, Waffen angekauft, diplomatische Fäden gesponnen und Anleihen aufgenommen.

Man weiß wenig von Gregor MacGregor aus seiner Jugendzeit, ehe er im Alter von 25 Jahren auszog, um auf den südamerikanischen Schlachtfeldern zu kämpfen. Er war der Sohn einer alten, hochangesehenen Familie im schottischen Hochland, die generationenlang Offiziere für das berühmte „Black-Watch"-Regiment gestellt hatte. Eine Zeitlang diente er in der englischen Armee, aber als Bolívar im Jahre 1811 an der Spitze einer Delegation nach London kam, um Offiziere für das Heer des nahezu ganz befreiten Venezuela anzuwerben, bot MacGregor ihm seine Dienste an. Man akzeptierte sie dankbar, und der junge Schotte wurde General Miranda unterstellt, dem sechzigjährigen spanischen Rebellen, der in seiner Jugend bereits in Nordamerika im Unabhängigkeitskrieg der Kolonien mitgefochten hatte.

MacGregor fuhr ab nach Caracas, wo die Freiheitskämpfer ihr Hauptquartier errichtet hatten. Er und Miranda wurden zu engen Freunden, und der General sprach oft mit ihm über seinen Lieblingstraum – die Errichtung eines neuen Inkareiches. Es war ein phantastisches Projekt, das in dem jungen Schotten tiefe Wurzeln schlug.

Er bewährte sich als ausgezeichneter Offizier und machte durch seinen Mut von sich reden. Aber bald wendete sich das Kriegsglück gegen die Aufständischen. Die Spanier eroberten viel Land zurück, und der schlimmste Schlag für die Rebellen war das Erdbeben von 1812, das ganz Caracas in einen Trümmerhaufen verwandelte: denn die abergläubischen Eingeborenen legten die Katastrophe als Gottes Strafe für die Sünde der Auflehnung aus. Ganze Garnisonen der Truppen Bolívars gingen zu den Spaniern über; Miranda selbst wurde zum Verräter und versuchte, mit den Spaniern zu verhandeln. Es half ihm nichts: sie verschifften ihn nach Cadiz, wo er seine letzten Jahre elend im Kerker verbrachte, mit einem eisernen Kragen um den Hals und mit Ketten an die Wand geschmiedet.

MacGregor blieb der Revolution treu und stieg schließlich zum Rang eines Generals auf. Selbst wenn ein überlegener Gegner ihn zum Rückzug zwang, erwies er sich als großartiger Stratege: sein Rückmarsch von 1816 über Hunderte von Kilometern mitten durch den Dschungel, unaufhörlich bedroht von stärkeren spanischen Einheiten, war eine Meisterleistung. Er spielte eine entscheidende Rolle in der Schlacht von Araure, als er Bolívar half, die Spanier zum ersten Mal mit einer vollständigen Armee zu schlagen, die aus Infanterie, Kavallerie und Artillerie bestand.

Von Rechts wegen hätte General MacGregor als einer der Befreier Südamerikas gefeiert werden müssen; aber obwohl die Aufständischen seine Hilfe gern annahmen, so ärgerten sie sich doch in steigendem Maße über die Ausländer in ihren Reihen, je sicherer sie ihres endgültigen Sieges über die Spanier wurden. MacGregor spürte, daß man ihn nicht mehr haben wollte, und nahm seinen Abschied aus dem Heer.

Zunächst wandte er sich nach den Vereinigten Staaten und bot ihnen seine Dienste bei der Befreiung von Spanisch-Florida an. Die Regierung war nicht sehr begeistert, aber er erhielt finanzielle Hilfe von seiten der Geschäftsleute in Philadelphia, Baltimore, Charleston und Savannah, die sich vom Anschluß Floridas an die USA eine Ausdehnung ihrer Handelsmärkte erhofften.

So fuhr denn MacGregor 1817 mit einem kleinen Korps von gedungenen Söldnern los und nahm den Spaniern die nur schwach verteidigte Amelia-Insel vor der Küste von Florida ab. Aber seine Leute brachten die Bevölkerung durch brutales Requirieren und Plündern gegen sich auf; seine Geldgeber hatten wenig Lust, noch weitere Summen in das Unternehmen zu stecken, das nicht weiterzukommen schien, und die Söldner, die nicht mehr regelmäßig ihren Lohn bekamen, machten sich allmählich aus dem Staub. MacGregor war gezwungen, die ganze Kampagne aufzugeben, und kehrte nach Südamerika zurück.

Hier empfing man ihn wieder mit offenen Armen, denn die Spanier hatten neue Truppen unter den Veteranen der napoleonischen Kriege angeworben. Auch Bolívar hatte Verstärkung erhalten, zumeist Rekruten aus England. Mit ihren Wellington-Stiefeln und hellroten Gardeuniformen (billig aus Armeebeständen in London erworben) wurden sie schnell zum Schrecken der Spanier, denen sie unter Bolívars und MacGregors Führung eine ganze Reihe schwerer Niederlagen beibrachten. Bolívar verlieh MacGregor nicht nur einen Orden, sondern gab ihm auch seine Nichte zur Frau. Venezuela war endlich frei.

Wieder sah sich MacGregor nach einem neuen Tätigkeitsfeld um. Weiter oben im Norden, in Mittelamerika, saßen die Spanier nach wie vor fest im Sattel. Er sammelte um sich ein Expeditionskorps von 250 Söldnern, zumeist Briten, mietete ein kleines Kriegsschiff, die *Hero*, und griff Portobello auf der Landenge von Panama an. Die Spanier waren darauf nicht vorbereitet, konnten aber aus der Umgebung Verstärkung heranziehen, während sich MacGregor in der eroberten Festung von Portobello verschanzte. Um ein Haar hätte er hier sein Leben eingebüßt. Sir John Besant, einer seiner Offiziere, beschrieb das „Massaker von Portobello", wie er es nannte, in einer Streitschrift, die 1820 in London erschien. Darin erzählt Besant diese Anekdote:

> „General MacGregor verdankt sein Leben dem Mut und der Geistesgegenwart eines seiner Adjutanten, Fähnrich Colclough. Dieser junge Offizier packte seine Pistolen und seinen Säbel, als er die Angreifer näherkommen hörte. Beseelt vom ritterlichen Geist früherer Zeiten, stellte er sich ihnen auf dem Treppenabsatz entgegen. Mit Pistolenschüssen erledigte er einen spanischen Oberst und einen Hauptmann und durchbohrte einen Dritten mit dem Säbel. Ihn selbst traf eine Pistolenkugel in die linke Hand. Mittlerweile sprang MacGregor (nur mit einem Hemd bekleidet) aus dem Fenster seines Schlafraums, der nach dem Hafen zu lag, und bald konnte ihm Colclough folgen. Beide sprangen ins Meer und schwammen auf die *Hero* zu, die ihnen endlich Sicherheit bot."

MacGregor war noch immer nicht von seinem militärischen Ehrgeiz geheilt. Ein paar Monate später landete er mit der sehr kleinen Gruppe von Söldnern, die übriggeblieben war, weiter nördlich an der atlantischen Küste von Nicaragua, der sogenannten Moskitoküste – ein Name, der jedoch nicht von jenen Insekten stammt, sondern von den Moskito- oder Misquito-Indianern, die diese Gegend bis hinauf zum Golf von Honduras durchstreiften. Es sollte keine militärische Operation sein; hier gab es nur wenige Spanier, und MacGregor wußte es. Dem Namen nach war dieser Küstenstreifen seit 1655 ein britisches Protektorat gewesen, aber gegen Ende des 18. Jahrhunderts verließen die letzten Siedler diese sumpfige, ungesunde, öde Gegend. Nun war sie praktisch Niemandsland, und wer wollte, konnte sie haben.

MacGregor faßte einen Plan. Er schaute sich ein wenig um – viel gab's nicht zu sehen. Es fiel ihm nicht schwer, den Häuptling der Poyais-Indianer – eines Stammes, der sich im Innern angesiedelt hatte – zum Abschluß eines Vertrages zu bewegen: MacGregor erhielt den Küstenstrich als Konzession und versprach dafür dem Häuptling, das Gebiet zu kolonisieren und kultivieren. Wenige Wochen später erschien MacGregor in London mit seinem großen neuen Projekt und seinem selbstverliehenen neuen Titel – Fürst von Poyais.

Die hereingelegte Londoner City

Die Verwandlung eines verdienten Freiheitskämpfers in einen skrupellosen Schwindler, der seinen Landsleuten mit einer der phantastischsten Lügengeschichten aller Zeiten das Geld aus den Taschen zu ziehen versuchte, ist gewiß ein psychologisches Rätsel. Vielleicht hatte seine Gaunerseele während all jener Jahre militärischer Abenteuer nur geschlummert; vielleicht war Mirandas Traum vom Inkareich in ihm zum Projekt gereift – einem Projekt, das ihm schnelleren und gefahrloseren Erfolg versprach als jeder Sieg auf dem Schlachtfeld, und das nur auf den Augenblick der Inspiration gewartet hatte, um zur Tat zu werden. Und dieser Augenblick kam, als er die verwaiste, trostlose, unwirtliche Moskitoküste erblickte.

Die phantastische Lügengeschichte, die er jedem auftischte, der sie hören wollte, beruhte auf der richtigen Annahme, daß man in London so gut wie nichts über Mittelamerika wußte. Und viele wollten sie wirklich hören, denn jene Epoche nach dem Ende der napoleonischen Wirren sah den mächtigen Aufstieg der englischen Industrie. Man suchte neue Absatzmärkte, Kolonien und Auswanderungsländer; man suchte vor allem nach Gelegenheit, Kapital günstig anzulegen. Kurz, ein neuer Abenteurergeist war zu spüren, und so hörte man auf den Rat, den der bewährte und vielgereiste General MacGregor erteilte – dieser Brite, auf den man stolz war, weil er es „drüben" zu etwas gebracht hatte.

Die Geschichte, mit der er aufwartete, lief darauf hinaus, daß das Land Poyais – so nannte er die Moskitoküste – ein neues Eden sei, von der Natur überreich versehen mit allem, was ein Menschenherz nur ersehnen kann. Von gewaltigen Bergen umringt, die widrige Winde abhalten und deren Abhänge von Mahagonibäumen und Zedern strotzen, ist dieses Land das fruchtbarste der Erde; es nährt ungeheure Viehherden und läßt wachsen, was man will, von Baumwolle bis zu den tropischen Früchten, von Zucker bis Mais und von Kaffee bis Indigo. Der Boden birgt reiche Goldadern. Die Siedler und die Eingeborenen haben aus Poyais ein gastliches und eindrucksvolles Land gemacht, mit einer großen Hauptstadt an der Mündung des Schwarzen Flusses: hier gibt es stattliche Gebäude, darunter ein Schloß und das Parlament, ein Opernhaus und eine Kathedrale; breite Boulevards, mächtige Brücken, moderne Hafenanlagen und Warenspeicher, Banken und prächtige Handelshäuser – nichts fehlt. Zudem hat Poyais eine demokratische Staatsform mit drei gesetzgebenden Kammern. Das Staatsoberhaupt jedoch ist kein anderer als Gregor I., Souveräner Fürst von Poyais und umliegenden Gebieten, „Kazike" des Poyervolkes ...

So unwahrscheinlich es klingen mag: MacGregors Märchen – wohl die größte Schwindelgeschichte, die je über einen gar nicht existierenden Staat erfunden wurde – fand überall Glauben. Niemand scheint auf den Gedanken gekommen zu sein, sie irgendwie nachzuprüfen; niemand fragte, warum man von diesem Staat Poyais noch nie ein Wort gehört hatte, weder in Whitehall, noch in Schiffahrtskreisen oder in der Londoner City. MacGregor hatte recht gehabt, als er bei den insularen Engländern völlige Unkenntnis anderer Weltteile voraussetzte, soweit es sich nicht um ihre eigenen Kolonien handelte.

Der Hochstapler arbeitete allerdings nicht allein. Einer seiner Helfer war ein gewisser William John Richardson, ebenfalls ein Veteran der südamerikanischen Kriege, den „Gregor I." zum König George schickte, seinem „königlichen Vetter", mit fachmännisch ausgefertigten Beglaubigungsschreiben, die ihn als „Unseren Chargé d'affaires am Hof von St. James" bezeichneten. Richardson, „Kommandeur des Höchst Erlauchten Ordens vom Grünen Kreuz" (erfunden von MacGregor) und „Major in Unserem Leibgarderegiment zu Pferd", wurde tatsächlich vom englischen König empfangen. Die Hintergründe dieser Episode wurden nie ganz geklärt, aber man darf annehmen, daß die diplomatische Anerkennung von Poyais durch die Hilfe wichtiger und einflußreicher Persönlichkeiten in Englands höchsten Kreisen zustande kam – sei es, daß diese Vermittlung in gutem Glauben arrangiert wurde oder (was wahrscheinlicher ist) gegen das Versprechen erheblichen Nutzens aus MacGregors finanziellen Projekten.

Ein Zeichner mit entsprechender Einbildungskraft wurde gewonnen, um Stiche der „Hauptstadt von Poyais" herzustellen, die in den Buchläden von London und Edinburgh verkauft wurden; Flugschriften mit Beschreibungen des Landes wurden an höhere Regierungsbeamte, Geschäftsleute, Bankiers, Zeitungsredakteure und so weiter versandt. Dabei wurde vor allem die große Chance betont, die hier den Kapitalisten winke. Ein anderer Mitverschworener MacGregors, Thomas Strangeways, „Hauptmann im 1. Eingeborenenregiment von Poyais und Adjutant Seiner Hoheit", gab ein Handbuch für prospektive Siedler heraus. MacGregor ging sogar so weit, Balladensänger zu engagieren, die das Dorado von Poyais an den Straßenecken in Wort und Musik priesen. In den größeren Städten Englands und Schottlands wurden Versammlungen abgehalten, die „Gregor I." durch persönliches Auftreten belebte. Kurz, der Hochstapler verwandte Publicitymethoden, die auch heute noch nicht überholt wären.

Einwanderungsbüros des Landes Poyais wurden in London und Edinburgh eröffnet, und Terrain an der Moskitoküste wurde an Leute, die auswandern und sich dort ansiedeln wollten, zu vier Shilling pro Morgen verkauft. Das Geld erhielt den Publicity-Topf am Kochen. Die neuen „Grundbesitzer" warteten ungeduldig auf die Möglichkeit der Überfahrt, und im September 1822 fuhr die erste Gruppe von fünfzig Auswanderern an Bord der *Honduras Packet* von Edinburgh ab. Viele von ihnen waren erfahrene Farmer, die so sehr darauf brannten, ein neues Leben in Poyais zu beginnen, daß sie ihre Güter und Häuser verkauft hatten, um die Überfahrt für sich und ihre Familien bezahlen zu können; andere waren Handwerker, denen die Industrialisierung mit ihrer billigen, fabrikmäßig hergestellten Massenware schwer zu schaffen gemacht hatte. Es gab auch einige, die „Gregor I." zu Regierungsbeamten ernannt hatte, und die sich schon auf ihre gutbezahlten, sicheren und einflußreichen Posten im gelobten Land freuten. Unter den letzteren befanden sich Leute wie etwa Oberstleutnant Hall, der zum „Chef des Innenministeriums" in der Regierung von Poyais ernannt worden war, und ein Mr. Andrew Picken, sein zukünftiger Bürochef. MacGregor hatte ihre schottische Valuta gegen Noten der Bank von Poyais umgetauscht – er hatte 70 000 dieser wertlosen Papierstücke in Edinburgh drucken lassen.

Aber er war auf weit größere Beute aus. Es kostete ihn wenig Mühe, eine angesehene Londoner Bankfirma, Sir John Perring and Co. in Cornhill, einer der „Finanzgassen" der City, zur Ausschreibung einer Anleihe von £ 200 000 zum Zweck der „Konsolidierung des Staates Poyais" zu bewegen. Zu Beginn des Jahres 1823 wurden Hundert-Pfund-Anteilscheine dieser Anleihe gedruckt und zum Ausgabekurs von 80 % verkauft; die ersten Dividenden sollten im November 1824 ausgeschüttet werden.

Wie konnte ein erfahrener Bankier wie Sir John, ein früherer Oberbürgermeister von London, auf solch einen unverschämten Schwindel hereinfallen? Gewiß, er kassierte einen sofortigen Gewinn durch Erhebung der Ausschreibungskosten ein; die Anleihe wurde mit Leichtigkeit untergebracht, und die £ 200 000 wurden innerhalb weniger Wochen gezeichnet. Aber Sir John scheint sich überhaupt nicht versichert zu haben, ob die Anleihe irgendwelche Deckung hatte; die vage Bezeichnung „allgemeine Wertbestände des Staates Poyais" genügte ihm anscheinend. Es kam ihm nicht in den Sinn, daß ein Mann, der vom König in Audienz empfangen worden war, ein Betrüger sein könne. Und MacGregor war nicht nur bei Hof eingeführt worden – er war auch noch zum Ritter geschlagen worden! Denn in Anbetracht seiner Bemühungen um die guten Beziehungen des Vereinigten Königreichs mit Poyais, und damit die britischen Siedler ein Staatsoberhaupt mit einem britischen Titel hatten, wurde MacGregor als Sir Gregor in den Adelsstand erhoben. Seine Freunde in den höchsten Kreisen hatten glänzend für ihn gearbeitet.

Da es im ersten Drittel des 19. Jahrhunderts weder Telegraphie noch schnelle Dampfschiffe gab, durfte sich MacGregor darauf verlassen, daß er eine längere Atempause genießen konnte, ehe die ersten Auswandererbriefe die Wahrheit über Poyais nach England brachten. Die Passagiere der *Honduras Packet* drängten sich aufgeregt an der Reling, als sich das Schiff gegen Ende des Jahres 1822 der Moskitoküste näherte. Fünfzig Augenpaare suchten erwartungsvoll den Horizont ab, um nur ja nicht den ersten Blick auf die Hauptstadt zu versäumen. Das Schiff ging vor der Mündung des Schwarzen Flusses vor Anker. Aber nichts war zu sehen als ein völlig menschenleerer Strand und dahinter ein paar kahle Berge, die in der erbarmungslosen Tropensonne schmorten. Weit und breit keine menschliche Ansiedlung ...

Der Kapitän begann daran zu zweifeln, ob er an der richtigen Flußmündung angelangt sei. Dieser „Black River" war auf den Karten eingezeichnet, die der Reeder ihm mitgegeben hatte; aber es gab noch andere Flüsse in Mittel- und Südamerika, die „Rio Negro" oder so ähnlich hießen. Er ließ einen Kanonenschuß abfeuern, um die Aufmerksamkeit der Hafenbehörden – falls es welche in der Nähe gab – zu erregen. Vielleicht befand sich die Stadt weiter im Innern des Landes? Die Berge warfen das Echo zurück; das war alles. Nur ein paar halbnackte Indianer kamen neugierig aus dem Gebüsch und verschwanden wieder.

So leicht gaben sich die Auswanderer aber nicht geschlagen. Irgendwo mußte die gelobte „goldene Stadt" doch liegen: sie würden sie finden. Sie stiegen in die Boote, luden ihre Vorräte aus, errichteten Zelte und schickten Pfadfinder ins Land hinein. Die übrigen warteten.

Nun geschah etwas Überraschendes: ein zweites Schiff tauchte auf, ebenfalls aus Schottland, mit 150 Auswanderern an Bord, die sich in Poyais ansiedeln wollten. Sie hatten wenigstens den Trost, ein paar Landsleute am Strand zu finden. Ehe sie jedoch ihre Vorräte an Land bringen konnten, kam ein Sturm auf, der die beiden Schiffe aufs Meer hinaus trieb. Die Auswanderer, nun auf 200 Köpfe angewachsen, waren auf sich selbst angewiesen.

MacGregor mag ein Gauner und Hochstapler gewesen sein, aber er war gewiß nicht bösartig. Er hatte wohl gehofft, daß die Siedler doch irgendwie auf die Füße fallen und vielleicht sogar wirklich einen Staat und eine Hauptsatdt gründen würden, die den Vergleich mit den nordamerikanischen Städten aushielt. Hätte er vorausgesehen, daß die armen Kerle, die er betrogen und zur Reise an diese ungastliche Küste verleitet hatte, nun von Malaria, Gelbfieber und anderen Tropenkrankheiten geplagt werden, daß sie keine Unterkunft finden würden, daß ihre Vorräte – großenteils noch an Bord des zweiten Auswandererschiffes – völlig unzureichend waren: sicher hätte er es sich zweimal überlegt, ehe er sein grandioses Schwindelprojekt in Angriff nahm. Viele der Ankömmlinge fielen dem Hunger, den Krankheiten und Strapazen zum Opfer. Die Pfadfinder waren mit leeren Händen aus dem Inland zurückgekehrt.

Endlich erreichten Nachrichten von der katastrophalen Expedition die Kolonie Britisch-Honduras, 500 Kilometer weiter nördlich, und der Gouverneur General Codd schickte sofort ein Schiff aus Belize ab. Es kam gerade noch zur rechten Zeit an, um die völlige Vernichtung der gestrandeten Gruppe zu verhindern. Weitere Schiffe mußten von Honduras ausgesandt werden, um neue Auswanderergruppen abzufangen und sie vor der Landung zu warnen; sie wurden entweder nach England und Schottland zurückgeschickt oder nach Häfen umdirigiert, die es nicht nur in der Phantasie eines MacGregor gab. Insgesamt waren sieben Emigrantenschiffe ausgefahren, und vom Herbst des Jahres 1824 an kehrten ein paar hundert enttäuschter und verbitterter Menschen in die Heimat zurück, um ihre Leidensgeschichte zu erzählen und nach dem Schuldigen zu fahnden. Merkwürdigerweise genügte auch dies nicht, um einen öffentlichen Skandal zu entfachen – jedenfalls noch nicht.

Sir Gregor ahnte nun, was ihm blühte, wenn er sich auch nicht des ganzen Ausmaßes der von ihm verschuldeten Katastrophe bewußt war. Samt seinen „Mitarbeitern" verschwand er aus London – und tauchte in Paris auf in der Hoffnung, daß es noch eine ganze Weile dauern werde, bis die Wahrheit über Poyais auch in Frankreich bekannt werden würde. Es gelang ihm, dort mehrere Gesellschaften „zur Förderung der Entwicklung von Poyais" zu gründen, und im Herbst 1825 fuhr die erste Gruppe französischer Auswanderer aus Le Havre ab. Selbst in London scheint man sich über MacGregor noch immer nicht im klaren gewesen zu sein, denn eine weitere Anleihe von £ 300 000 – mit den nichtbestehenden „Goldbergwerken von Paulaza" als Sicherheit – wurde ausgeschrieben. Auch diese Anleihe wurde von einer angesehenen Bankfirma der City, Thomas Jenkins & Co. in Lothbury, ausgegeben, und die Anteilscheine verkauften sich schnell – man erhoffte sich einen guten Profit.

Der Erfolg verleitet den Menschen oft zur Unvorsichtigkeit. Ohne die möglichen Folgen zu bedenken, kehrte MacGregor 1827 nach London zurück. Vielleicht war ihm in Paris der Boden zu heiß geworden; vielleicht glaubte er, die Auswandererberichte hätten in England keine Beachtung gefunden. Aber er täuschte sich: die Wahrheit über Poyais war inzwischen bekannt geworden. Sobald er den Fuß auf britischen Boden gesetzt hatte, wurde er verhaftet und nach London ins Gefängnis gebracht.

Sofort begann hinter den Kulissen eine intensive Kampagne für seine Freilassung. Die hochstehenden und einflußreichen Leute, die wissentlich oder unwissentlich an dem

Poyais-Schwindel mitgewirkt hatten, versuchten mit allen Mitteln, einen Prozeß zu verhindern, bei dem ihre eigenen Namen natürlich genannt würden. Dank diesen anonymen Drahtziehern wurde die Anklage gegen Sir Gregor plötzlich fallengelassen, und die Gefängnistore öffneten sich für ihn. Allerdings hatten seine hochstehenden Freunde wohl auf seiner sofortigen Abreise bestanden, denn bald war er wieder in Paris, wo noch eine Menge seines auf so schandbare Weise erworbenes Geldes lag. Aber auch hier wurde er schließlich verhaftet – und auch hier gelang es seinen Freunden, die skandalöse Enthüllungen befürchteten, ihn wieder auf freien Fuß setzen zu lassen.

MacGregor, durch Schaden klug geworden, zog sich in Frankreich aufs Land zurück, um dort in Ruhe von seinem stattlichen Vermögen zu leben. Ein paar Jahre lang hörte man nichts von ihm; aber MacGregor war kein Mann, der im verhältnismäßig geringen Alter von fünfzig Jahren auf all seine Träume verzichtet hätte. Vor einem größeren öffentlichen Skandal war er dank seiner Freunde sicher, und so versuchte er 1836, sein Lieblingsprojekt wieder aufzuwärmen.

Von einem Drucker in Edinburgh ließ er einen großartigen „Plan für die Verfassung der Indischen Küste in Mittelamerika, genannt Moskitoküste" herstellen, gewidmet „den Bewohnern der poyaisischen und anderer Territorien der Moskitoküste von ihrem aufrichtigen Freund und Landsmann". Der Plan lehnte sich stark an die amerikanische Verfassung an und erklärte feierlich, alle Menschen seien „frei und gleich" geboren; die Regierung von Poyais solle dem Gemeinwohl dienen und aus freien Wahlen hervorgehen; Freiheit der Rede und Versammlung solle gewährleistet werden, und es solle weder Sklaverei noch Todesstrafe geben. Aber wenige Briten schienen sich irgendwelche Sorgen darüber zu machen, wie sich die Poyaisier regieren würden, und niemand rief nach Fürst Gregor I., er solle aus seinem französischen Dorf herauskommen und eine neue Kolonisierungsaktion leiten. MacGregor war enttäuscht. Hatte er sein Fingerspitzengefühl dafür, worauf das Publikum hereinfällt, verloren? Vielleicht war es das beste, mit der ganzen Hochstapelei nun Schluß zu machen und wieder ein ehrlicher alter Veteran zu werden.

Im Jahre 1839 war sein Geld ohnehin zu Ende, und er beantragte bei der Regierung von Venezuela die Verleihung der Staatsbürgerschaft, Wiedereinsetzung in seinen früheren militärischen Rang – und Pensionierung. Auch in Venezuela hatte er noch Freunde, alte Waffenkameraden aus den Tagen der Revolutionskriege, die sich seines Mutes und seiner Leistungen für die Sache der Freiheit erinnerten. Und so wurden seine Anträge genehmigt: er wurde mit dem Rang eines Divisionsgenerals in den Ruhestand versetzt und eingeladen, den Rest seiner Tage in der jungen Republik zu verbringen.

Bald trat er seine letzte Reise über den Atlantik an und ließ sich in Caracas als geehrter und bewunderter Kämpfer aus der Zeit des großen Freiheitskrieges nieder. Es war ihm vergönnt, noch sechs Jahre lang die Früchte seiner einstigen edlen Taten zu genießen – ohne je für seine unedlen bestraft zu werden. Die Historiker haben seine Lebensgeschichte als recht „unethisch" bezeichnet; denn zweifellos ist Sir Gregor MacGregor, Fürst von Poyais, unter den Hochstaplern, die der Gerechtigkeit entwischten, das klassische Beispiel.

Die Epigonen

Weit davon entfernt, andere abzuschrecken, verlockte sein unverschämter Schwindel einige Epigonen, auf gleiche Art ihr Glück zu versuchen. 1838 erschien in London eine anonyme Flugschrift mit dem Titel: „Vorschlag zur Kolonisierung des

Gebietes am Schwarzen Fluß an der Nordküste von Mittelamerika, gemeinhin Poyais genannt". Wieder wurde das Land als „eines der gesündesten und schönsten auf der Welt" bezeichnet, wo Europäer „nicht unter jenen Krankheiten leiden, die in Westindien so gefährlich sind"; im Gegenteil, hier erreicht man ein „sehr hohes Alter". Ganz nebenbei erwähnt die Flugschrift auch „das Versagen des MacGregor-Projekts" und setzt beruhigend hinzu: „Wo die Schuld dafür auch immer zu suchen sein mag, es lag nicht am Klima, am Boden oder an den Entwicklungsmöglichkeiten des Landes".

Die unbekannten Autoren dieses neuen Projekts waren aber keine MacGregors: sie verstanden es nicht, sich die gleiche Unterstützung an entscheidender Stelle zu verschaffen, sie hatten nicht sein Flair für Publicity und Schaustellerei. Aus ihrem Plan wurde nichts, so sehr sie sich auch ins Zeug legten. Der letzte Absatz ihrer Flugschrift zeigt klar, daß sie eifrig versuchten, ihr großes Vorbild MacGregor nachzuahmen:

> „Um das Ziel dieser Veröffentlichung dem Publikum klarzumachen und zum eingehenden Studium ihres Inhalts anzuregen, sei darauf hingewiesen, daß ein Gebiet von zwei Millionen Morgen im Land Poyais durch Ankauf erworben wurde, und zwar unter höchst günstigen Bedingungen; und daß gewisse Persönlichkeiten bereit sind, beträchtliches Kapital in ein Unternehmen zu stekken, dessen Unterstützung sie auch anderen Interessenten empfehlen, um das erwähnte Gebiet nach gesunden Grundsätzen unter der Leitung einer Aktiengesellschaft zu kolonisieren, so daß die Bereitstellung genügender Finanzmittel für die erfolgreiche Durchführung des gesamten Projekts gewährleistet ist ..."

Es kam jedoch nicht zu jenem zweiten Poyais-Unternehmen; und es gab keinen zweiten MacGregor, der es hätte durchführen können.

Es gab lange Gesichter, verlegene Ausreden und scharfe Zurechtweisungen am englischen Hof im Januar 1895, als Königin Victoria erfuhr, daß Don Jayme de Peralta-y-Cordoba, Baron de Arizonac und Caballero de los Colorados, als gemeiner Schwindler zu sechs Jahren Haft verurteilt und in das Zuchthaus von Santa Fé in New Mexico eingeliefert worden war. Denn kaum ein paar Jahre vorher hatte man Ihre Majestät dazu bewogen, diesen Herrn und seine schöne Gattin Sofia im Buckingham-Palast zur Audienz zu empfangen. Die Ratgeber der Königin hatten da einen kolossalen Bock geschossen – genau wie die des deutschen Kaisers, des Königs von Spanien, des Papstes, des Herzogs von Orléans und eines weiteren Dutzends europäischer Würdenträger und hoher Herrschaften, die alle das größte Interesse daran gezeigt hatten, sich mit einem der mächtigsten Männer Amerikas anzufreunden: und das schien Don Jayme tatsächlich zu sein zu jener Zeit, da alles auf seine gigantische Hochstapelei hereinfiel.

Don Jayme war durchaus kein spanischer Grande von Geburt. Sein Name war James Addison Reavis, und er stammte aus einer Farmersfamilie in einer Kleinstadt im tiefen Süden der Vereinigten Staaten. Als Zwanzigjähriger trat er zu Beginn des Bürgerkrieges in die konföderierte Armee ein. Über seine Leistungen auf dem Schlachtfeld weiß man nichts, aber was er während seiner Soldatenzeit entdeckte, sollte zum Ausgangspunkt seiner späteren Laufbahn werden: seine eigene Fähigkeit, anderer Leute Handschriften mit erstaunlicher Präzision nachzuahmen. Er praktizierte diese Kunst zunächst ganz bescheiden, indem er Urlaubsscheine mit dem Namen seines Kompaniekommandeurs versah, um sich eine Nacht oder ein paar Tage lang außerhalb des Lagers zu amüsieren; dann verkaufte er die Unterschrift des

Hauptmanns seinen Kameraden, damit sie mehr Zeit bei ihren Freundinnen verbringen konnten.

Nach seiner Entlassung aus dem Heeresdienst vergaß er eine Weile, daß er Talent zum Fälscher hatte, und begab sich nach St. Louis, um Stellung zu suchen. Erst wurde er Pferdebahnschaffner, dann arbeitete er als Buchhalter in einem Kaufhaus, und schließlich fand er einen Posten bei einem Grundstücksmakler. Einer seiner Kunden war ein Herr, dessen Recht auf einen gewissen Grundbesitz nicht ganz einwandfrei nachzuweisen war. Reavis half dem Manne, indem er für eine kleine Summe ein „Quitclaim"-Dokument fälschte – die formelle Verzichterklärung auf ein Grundstück. Das Dokument erfüllte seinen Zweck, ohne daß irgend jemand seine Echtheit anzweifelte.

Inzwischen war Reavis die Arbeit bei dem Grundstücksmakler zu langweilig geworden, und er drang in den „Wilden Westen" vor, ins Gebiet der Pioniere der amerikanischen Zivilisation, in der Hoffnung, ein neues Tätigkeitsfeld zu finden. Ob ihm dies nun gelang oder nicht – jedenfalls erschien er in den späten sechziger Jahren in Santa Fé, der Hauptstadt von New Mexico, am Startpunkt des großen Abenteuers seines Lebens.

Auf der Suche nach Arbeit entdeckte er das Regierungsamt für die Prüfung der Landansprüche, die aus dem berühmten „Gadsden-Ankauf" erwuchsen. Es handelte sich um einen Vertrag zwischen den Vereinigten Staaten und Mexiko, abgeschlossen am Ende des mexikanischen Kriegs von 1846; der Name rührt von James Gadsden her, einem amerikanischen Offizier und Diplomaten, der zum Gesandten der USA in Mexiko ernannt worden war und in dieser Eigenschaft ein Staatsgeschäft abschloß, das den Vereinigten Staaten den Besitz ganz Südarizonas und eines Teils von New Mexico einbrachte. Der Vertrag bestimmte, daß die USA die alten spanischen Landtitel in diesen Gebieten anerkennen würden – Besitztümer, die von den spanischen Königen in der Kolonie Mexiko an ihre Günstlinge verschenkt worden waren.

Im Regierungsamt von Santa Fé hatten sich Hunderte derartiger Besitzansprüche gehäuft, und für Reavis, mit seiner Erfahrung im Grundstückshandel, war es ein leichtes, Anstellung in der Urkundenabteilung des Amtes zu finden. Hier, unter Bergen von alten Pergamenten und Papieren, kam James Addison Reavis auf den Gedanken des unverschämtesten Landschwindels aller Zeiten.

Der junge Mann – er war noch keine Dreißig – bereitete sich auf seine grandiose Hochstapelei mit unendlicher Geduld vor. Er war sich seines Talents für Fälschungen sicher; aber sie mußten in spanischer Sprache vorgenommen werden, und dazu noch im juristischen Spanisch des 17. oder 18. Jahrhunderts! So widmete er seine Freizeit dem Studium dieser Sprache; er schmuggelte nach Büroschluß Dokumente hinaus, um sie daheim zu studieren, wo er alte spanische Wörterbücher konsultieren konnte. Er verfertigte Gänsefedern, wie sie einst zum Schreiben benützt wurden, kaufte Pergament, mischte Tinten. Er übte sich systematisch im Kopieren der Dokumente, mit denen die spanische Krone ihre treuen Diener belohnt hatte.

Beim Studium dieser Rechtstitel fand er, daß viele in geographischer Hinsicht recht vage gehalten waren, vor allem diejenigen, die sich auf Arizona bezogen; sie waren sichtlich von Juristen und Schreibern ausgefertigt woren, die nie den Fuß in die Neue Welt gesetzt hatten. Aber der Anspruch, den er selbst geltend machen wollte, mußte präzis und unanfechtbar sein. Er wählte „sein" Gebiet mit größter Sorgfalt und ritt sogar selbst durch Arizona, um auf Abgrenzungstafeln und -steinen die alten Inschriften zu fälschen.

Sein erster Schritt bei der Ausstellung der Urkunden, die seinen Anspruch begründen sollten, war der, den Mann zu erfinden, dem der spanische König das betreffende Land geschenkt hatte. Dieser Adlige, den Reavis Don Miguel de Peralta nannte, war angeblich von König Ferdinand VI. um die Mitte des 18. Jahrhunderts mit einem riesigen Gebiet in Arizona beschenkt worden. Don Miguel war königlicher Kammerherr, spanischer Grande, Ritter mehrerer Orden und Sohn des Don José Gaston Gomez de Sylva y Montux de Oca de la Cerda y de Caullo de Peralta de los Falces de la Vega. Wie konnte die Existenz eines Mannes mit einem derartigen Rattenschwanz von Namen angezweifelt werden? Reavis erfand auch Lebensgeschichten für die ganze Familie; sie wurden in den mit bewundernswerter Fertigkeit gefälschten Dokumenten niedergelegt.

Hatte je ein Fälscher oder Hochstapler seinen Coup mit derartiger Sorgfalt und Liebe zur Sache vorbereitet? Reavis verwandte mindestens sieben Jahre darauf; und selbst dann war er noch weit davon entfernt, seinen Rechtstitel mit genügenden Unterlagen geltend machen zu können. Im Jahre 1872 oder 73 gab er seinen Posten in Santa Fé auf und unternahm eine ausgedehnte Reise durch Mexiko, Spanien und Portugal, wahrscheinlich mit dem Geld, das er sich durch allerhand kleinere Fälschungen für Privatkunden erworben hatte.

Die große Tour währte weitere sieben Jahre. Er besuchte Archive, Klöster, Kirchen und Regierungsstellen in den drei Ländern, wobei er sich als Historiker ausgab. Er erlangte Zutritt zu den alten Dokumenten – nicht nur, um sie zu lesen, sondern um sie ganz oder teilweise auszutauschen, zu fälschen oder zu stehlen. Überall glaubte man dem gut aussehenden, fein gekleideten Herrn mittleren Alters seine Rolle als Geschichtsforscher; er hatte ein intelligentes Gesicht, lebendige Augen, einen dünn gezwirbelten Schnurrbart und dunkle Koteletten. Er war hochgewachsen, mit sanfter Stimme und ausgezeichneten Manieren.

Während dieser Vorbereitungszeit seines Planes gelang es Reavis, eine Anzahl von gefälschten Dokumenten an genau den richtigen Stellen zu placieren; manchmal fälschte er sogar – fast unter den Nasen wachsamer Beamter oder Mönche – bestimmte Stellen in echten Urkunden. Es war eine großartige Leistung, und Reavis verriet niemals, welche Tricks er dabei anwandte. Er arbeitete ebenso geduldig wie gerissen. Kein Wunder, daß er so lange dazu brauchte.

Endlich hatte er seine Aufgabe beendet, und nun lagen die Peralta-Dokumente bereit zur Einsicht an den Stellen, an denen sie schließlich gesucht werden würden – bei der Prüfung des Anspruchs von James Addison Reavis auf ein nicht weniger als 360 Kilometer langes und 120 Kilometer breites Gebiet – etwa 17 Millionen Morgen – im Staat Arizona.

Aschenbrödel wird Baronin

Ein letztes Glied der Kette, aber ein unentbehrliches, mußte zwischen Reavis selbst und der Peralta-Familie geschmiedet werden. Zu diesem Zweck brauchte er einen Mitverschworenen. Er fand ihn in der wenig reizvollen Gestalt eines versoffenen ehemaligen Arztes namens George Willing, den er früher einmal im Wilden Westen kennengelernt hatte. Entweder zahlte er dem Arzt einen Vorschuß oder versprach ihm einen guten „Schnitt" des künftigen Profits aus dem großen Schwindel; jedenfalls unterzeichnete Dr. Willing eine Erklärung, daß er für die Summe von 1000 Dollar den gesamten Peralta-Landanspruch von einem armen Mexikaner namens Miguel Peralta erworben habe, dem Nachkommen des Kammerherrn König Ferdinands, Don Miguel. Ein weiteres Dokument bezog sich darauf, daß Dr. Willing den Anspruch für 30 000 Dollar an Reavis weiterverkauft habe. Damit konnte Reavis „beweisen", daß er nun Eigentümer des Anspruchs war.

Böse Zungen behaupteten später, daß Reavis den Arzt noch vor der Einreichung seines Anspruchs bei den Behörden vergiftet habe, um einen lästigen Zeugen loszuwerden, der ihn entweder erpressen oder durch Geschwätz im Suff hätte bloßstellen können. Tatsache ist jedenfalls, daß Dr. Willing im Jahre 1881 in seiner Hütte in Prescott, Arizona, das Zeitliche segnete. Aber so gelegen er auch für Reavis starb, es wäre vorschnell, auf Mord zu schließen: Gewalttätigkeit hätte ganz und gar nicht zu ihm gepaßt – und das gilt für die meisten großen Fälscher. Viel wahrscheinlicher ist es, daß sich der Doktor in jenem whiskytriefenden Wildweststädtchen zu Tode getrunken hat.

Jedenfalls erschien Reavis bald nach Willings Ableben bei dessen Witwe, und diese Dame erkannte die günstige Gelegenheit, aus dem Hochstapler viel Geld herauszuholen. Sie war in seine Geschäfte mit ihrem Verstorbenen eingeweiht und verlangte nun die Hälfte des künftigen Gewinns. Schließlich erklärte sie sich aber mit der Zahlung jener 30 000 Dollar einverstanden, die Reavis angeblich – aber natürlich nicht wirklich – dem Arzt für den Peralta-Landanspruch gezahlt hatte. Unnötig zu betonen, daß Reavis diese Summe nicht besaß; ein bescheidener Vorschuß von ein paar hundert Dollar besänftigte jedoch die Frau. Die große Komödie konnte nun beginnen.

Im Jahre 1883 reichte er seinen Anspruch dem Generalinspektor der Vereinigten Staaten, Royal A. Johnson, ein und legte beglaubigte Abschriften aller Urkunden bei, die ihn als den rechtlichen Eigentümer von 44 000 Quadratkilometern in Arizona auswiesen – samt der Hauptstadt des Staates, Phoenix, und einem halben Dutzend kleinerer Städte; samt den Silver-King-Bergwerken und all dem noch unangetasteten Gold, Silber und Kupfer in der Erde; samt dem Land, auf dem die Southern Pacific Railway ihre Schienen gelegt hatte; samt all dem Grund und Boden, auf dem viele Tausende amerikanischer Bürger ihre Heime und Farmen, ihre Fabriken und Läden und Bürohäuser errichtet hatten...

Aber der Mann, der seinen Rechtstitel nun geltend machte, war kein Unmensch. Er erklärte sich bereit, seinen Anspruch der Regierung der Vereinigten Staaten für lumpige fünfzig Millionen Dollar zu verkaufen und überdies private Kaufangebote von seiten derer, die sich auf „seinem" Land breit gemacht hatten, in Erwägung zu ziehen; diese Käufe könnten in Form der Erwerbung von „Quitclaims" erfolgen.

Daß die Nachricht von Reavis' Anspruch wie eine Bombe einschlug, wäre ein geradezu lächerlicher Vergleich. Hätte ein gewaltiges Erdbeben ganz Arizona und insbesondere Phoenix erschüttert, so hätten die Einwohner kaum bestürzter und verstörter sein können. Reavis tat, was er konnte, um die Wirkung zu verstärken. Er zog wie ein Fürst in Phoenix ein, stieg im besten Hotel ab und ließ in der ganzen Stadt Zettel anschlagen: jeder, der in dem von ihm beanspruchten Gebiet Land in Besitz halte, solle sich mit ihm zum Zweck einer Neuregelung in Verbindung setzen, wenn er nicht demnächst aus seinem Haus oder von seiner Farm ausgewiesen werden wolle!

Mit diesen Drohungen eilte Reavis allerdings dem Gang der Ereignisse voraus, denn sein Anspruch war ja noch gar nicht anerkannt worden; aber er brauchte Bargeld. Der Anspruch löste eine Kontroverse aus, die alle Handels- und Finanzkreise der USA in ihren Wirbel sog. Jeder, der eine Rolle im öffentlichen Leben spielte, wurde um seine Meinung befragt; die führenden Juristen des Landes wurden überschwemmt mit Aufträgen der großen in Arizona arbeitenden Konzerne; Industrielle nahmen höchst energisch gegen den Peralta-Anspruch Stellung, aber eine Reihe bekannter Persönlichkeiten bot Beiträge an zu einem Fonds, mit dessen Hilfe man Reavis zu seinem „Recht" verhelfen wollte.

Er brauchte jedoch keinen Fonds mehr: schon strömte Geld

in seine Tasche. Die Southern Pacific Railway hatte ihre Anwälte um Rat gefragt, und als sie erklärten, der Anspruch sei allem Anschein nach hieb- und stichfest, da zahlte die Gesellschaft ihm 50 000 Dollar, und die Silver King Mining Company erlegte 25 000 Dollar für das Recht, ihren Betrieb auf „seinem" Grund und Boden weiterzuführen.

Reavis wußte, daß es nur einen wirklichen Gefahrenpunkt gab, an denen seine Gegner den Hebel hätten ansetzen können: Dr. Willings Witwe. Er zahlte ihr die vereinbarten 30 000 Dollar, aber sie war offensichtlich die Art von Frau, die das ganze Kartenhaus zum Einsturz bringen konnte. Was er daher brauchte, war eine weitere, persönlichere Verbindung mit der Familie Peralta – sozusagen ein lebendiges Beweisstück für seinen Rechtsanspruch: kurz, eine Ehefrau, die zugleich eine „Peralta-Erbin" war! Mit seiner üblichen Gründlichkeit und Geduld suchte er nach dem geeignetsten Mädchen. Schön oder attraktiv brauchte sie nicht zu sein, und allzu gescheit durfte sie gar nicht sein; Hauptsache, daß sie Mexikanerin oder Spanierin war und – dies war das Wichtigste – eine Vollwaise, die nichts von ihrer Herkunft wußte.

Er fand sie. Sie hieß Carmelita und war ein junges Halbblut, ein Aschenbrödel, das auf der einsamen Ranch eines gewissen John Slaughter im östlichen Arizona für dessen Familie schuftete. Für ihre Dienste erhielt sie nur Unterkunft und Verpflegung, aber keinen Cent Taschengeld. Zeitlebens hatte sie noch keine Schuhe getragen, und sie besaß nur ein einziges Kleid. Keiner wußte, wo Slaughter sie aufgegabelt hatte, um sie als Sklavin auszubeuten.

Ehe Reavis der Ranch seinen ersten Besuch abstattete, holte er so viel Informationen wie nur möglich über die Familie Slaughter und Carmelita ein; und als er endlich dort erschien, war er vom Scheitel bis zur Sohle ein Märchenprinz, der gekommen war, um das vierzehnjährige Aschenbrödel aus seiner Armut und Plackerei zu erlösen. Bewaffnet mit einer Aktenmappe voll gefälschter Urkunden – darunter einem eindrucksvollen Stammbaum – wies er unwiderleglich nach, daß Carmelita in Wirklichkeit der letzte noch lebende Nachkomme der Peraltas sei und ihr daher zumindest moralisch das Peralta-Erbe zustehe. Gewiß, Reavis selbst war der legale Eigentümer; aber nun, da er sie gefunden hatte, zwang ihn sein Gewissen, das Erbe mit ihr zu teilen. Er wolle sie daher zu seinem Mündel und später zu seiner Gattin machen.

Welch ein edler Wohltäter!, muß sich Mr. Slaughter gesagt haben; und wie nett von dem großen Herrn, ihm auch noch ein paar hundert Dollar für den Verlust der Dienste Carmelitas anzubieten! Unter diesen Umständen hatte er nichts dagegen einzuwenden, daß Reavis sie gleich mitnahm.

Zunächst reisten die beiden nach Kalifornien, wo Reavis die juristischen Formalitäten erledigte, die ihn zum Vormund Carmelitas machten. Dann brachte er das Mädchen, das nie zur Schule gegangen war, in ein Kloster und bat die Nonnen, diesem Kind die bestmögliche Erziehung angedeihen zu lassen, damit es bald als junge Dame von adligem Stand auftreten könne. Er stattete Carmelita mit schönen Kleidern aus und nahm sie in den Ferien mit auf ausgedehnte Reisen durch die Vereinigten Staaten. Man muß zugeben, daß er dieses Mädchen – eigentlich nur eine Schachfigur in seinem großen Schwindel – mit sehr viel Freundlichkeit und Freigebigkeit behandelte; und gewissermaßen aus Dankbarkeit entpuppte sich das Aschenbrödel als ein bildschönes Mädchen. Bei ihren Sprach- und Anstandsstunden machte sie schnelle Fortschritte; sie hatte eine gute Auffassungsgabe und viel natürliche Klugheit. Es ist durchaus möglich, daß sich Reavis in sie verliebte; jedenfalls heiratete er sie sofort, nachdem sie das vorgeschriebene Mindestalter von 16 Jahren erreicht hatte.

Bei der Trauungszeremonie, die in Phoenix stattfand, erhielt Carmelita die „traditionellen Peralta-Namen" Sofia Loreta Micaela, und Reavis selbst nahm ebenfalls ein paar neue Namen an: nun, da er der Gatte einer „echten" Peralta-Erbin war, so erklärte er, war es lediglich ein Akt der Höflichkeit, wenn er sich „Don Jayme de Peralta-y-Cordoba, Baron von Arizonac, Caballero de los Colorados" nannte. Anscheinend gab es kein Gesetz, das es verbot, sich adlige Titel zuzulegen – in einem Staat, der keinen Adel kannte. Theoretisch bedeutete der Titel „Baron" gar nichts in einer Gesellschaft, in der jedermann laut Verfassung von Geburt gleich war; in der Praxis jedoch gelang es dem Baron von Arizonac noch leichter als dem simplen Mr. Reavis, seine Opfer zur Schlachtbank zu führen.

Und Opfer gab es zur Genüge. Während all dieser Jahre des Rechtsstreits um den Peralta-Anspruch, während Legionen von Juristen seine Forderung studierten, anfochten oder unterstützten, während zahllose Gerichte und Regierungsstellen sich mit der Sache beschäftigten, scheffelte Reavis das Geld, das ihm ängstliche Pächter, Fabrikanten und Grundbesitzer schickten. Alle kauften „Quitclaims" von ihm, um ihre Farmen, Heime und Betriebe zu schützen. Andererseits belagerten Geschäftsleute den „Roten Baron", wie man ihn nannte, um ihn zur Beteiligung an Bergwerken, Holzfällereien, Eisenbahnen, Kanälen, Stahlwerken oder Fabriken für Konsumerzeugnisse zu bewegen. Auf der Höhe seines Erfolgs flossen ihm jährlich schätzungsweise 300 000 Dollar zu, zum erheblichen Teil aus Unternehmen, an denen er sich beteiligt hatte – nicht mit Geld, sondern mit einem Stück Papier, dem „Quitclaim".

Nachdem Carmelita-Sofia ihm Zwillingssöhne geboren hatte, nahm er sie auf eine große Rundreise durch Europa mit. Sie war nun zur aristokratischen jungen Frau herangewachsen, mit der man an jedem Hof Ehre einlegen konnte.

Es war um jene Zeit – etwa 1890 – daß der „Rote Baron" seine Audienzen bei Königin Victoria und anderen europäischen Fürsten und Potentaten erhielt. Das Paar hatte seine Zwillinge mitgenommen; sie erregten in den Hauptstädten der Alten Welt viel Aufsehen, wenn sie in ihrer eigenen Prachtkutsche mit Viergespann durch die Straßen fuhren, in kirschroten Samtanzügen wie spanische Prinzen, begleitet von Gouvernanten und Lakaien, alle in spanischer Hoftracht.

In Madrid, wo er sich eine Villa kaufte, erlebte Reavis die große Genugtuung, seine Zwillinge mit dem kleinen König Alfons spielen zu sehen – und warum auch nicht? Die Dokumente, die er für Carmelita-Sofia angefertigt hatte, enthielten eine kaum verhüllte Andeutung, daß in ihren Adern königlich spanisches, wenn auch illegitimes Blut floß!

In Mexico City besaß er ein Schloß, in Washington eine Villa, in St. Louis ein Herrenhaus. Zwischen diesen Orten reiste er hin und her, in Sonderzügen und Luxusjachten. Der „Rote Baron" genoß die Früchte seines Betrugs. So hatte er sich's erträumt, dafür hatte er diese vielen langen Jahre hindurch gearbeitet. Aber wie lange würde es wären?

Gelehrter wird Detektiv

Man darf nicht vergessen, daß während dieser ganzen Jahre Reavis' Anspruch, der ihm solche Riesensummen einbrachte, offiziell und rechtlich noch nicht anerkannt war. Er hatte seine Petition, bestehend aus einem umfangreichen Stapel von Urkunden, im Jahre 1883 eingereicht, und er wußte, daß die Prüfung und Begutachtung lange Zeit in Anspruch nehmen würde. Wenn ihm die Leute Geld zahlten, ehe der Anspruch anerkannt war, so standen sie unter keinem anderen Druck als dem ihrer eigenen Leichtgläubigkeit, Angst oder Habsucht.

Aber schon wenige Monate nach der Einreichung der Petition tauchte die erste kleine Sturmwolke am blauen Himmel des Hochstaplers auf. In der kleinen Stadt Florence in Arizona gab es einen Zeitungsreporter namens Tom Weedon, von Natur ein Skeptiker, der Reavis' Anspruch in einer Artikelreihe untersuchte und verwarf; er warnte die Leser seines Blattes davor, sich gleich ins Bockshorn jagen zu lassen. Die Zeitung *Gazette* in Phoenix schlug sich auf die Seite Weedons; aber ihr Redakteur, Homer H. McNeil, beging den entscheidenden Fehler, selber einen „Quitclaim" von Reavis zu erwerben! Als dies bekannt wurde, gab es in der Stadt einen Skandal, und Mr. McNeil eilte zum Grundbuchamt, um seinen „Quitclaim" annullieren zu lassen. In einem Artikel „in eigener Sache" beschwor er seine Leser, ihm Verständnis dafür entgegenzubringen, daß auch er zuerst so verblendet gewesen sei, Reavis auf den Leim zu gehen, aber nun habe bei ihm der gesunde Menschenverstand gesiegt ... und so weiter.

Im folgenden Jahr, 1884, brachte McNeil in der *Gazette* den Appell eines Ausschusses von Phoenixer Bürgern, die zum Widerstand bis zum Äußersten gegen Reavis entschlossen waren:

> „Die angebliche sogenannte Peralta-Schenkung, die nun von einem gewissen Reavis beansprucht wird, hat einige innerhalb der sogenannten Grenzen des Gebietes ansässige Personen dazu veranlaßt, den Anspruch unter die Lupe zu nehmen und auf seine Gültigkeit zu untersuchen. Nach Prüfung der Urkunden, auf die er sich zu stützen vorgibt, sind die untersuchenden Personen zu dem Ergebnis gelangt, daß der Anspruch betrügerisch ist. Wenn Sie nicht sofort etwas unternehmen, um Ihre Rechte zu wahren und zu verteidigen und Ihre Interessen und Heime vor diesem ungeheuren Schwindel zu schützen, so werden Ihre Rechte in den Schmutz getreten, Ihre Interessen vernichtet werden, und Ihre Heime, die unverletzlich sein sollten, werden anderer Leute Eigentum sein!"

Vergeblich appellierten die aufrechten Bürger an die Leser der *Gazette:* man verzieh dem Redakteur McNeil niemals, daß er versucht hatte, sich mit dem Feind zu einigen, und die Zeitung hatte das Vertrauen des Publikums verloren. Die Wolke an Reavis' Himmel verzog sich.

Erst sechs Jahre später beendete Royal A. Johnson, der Generalinspektor, seinen Bericht über die Prüfung des Peralta-Anspruchs. Dieser Bericht wies die Regierung der USA an, den Anspruch abzulehnen. Obwohl der Ausdruck „Fälschung" darin nicht vorkam, wurde doch die Echtheit der Dokumente Reavis' angezweifelt und eine Anzahl historischer Widersprüche aufgezeigt.

Merkwürdigerweise unternahmen die amerikanischen Behörden zunächst gar nichts, und man ließ Reavis ungehindert sein „Geschäft" weiterbetreiben – ein ganzes Jahr lang, bis zur Einsetzung einer neuen Instanz, des staatlichen Gerichtshofs für private Landschenkungsansprüche. Dieses Gericht erhielt Vollmacht für die Entscheidung über mehr als 300 Landansprüche unter spanischen Schenkungsurkunden; damit besaß es das Schiedsspruchrecht über ein größeres Gebiet als irgendein anderes Tribunal der Welt, nämlich über nahezu 60 Millionen Morgen. Und fast ein Drittel davon betraf einen einzigen Anspruch – den des Mr. Reavis, alias Don Jayme.

Es lohnte sich daher, einen Beamten des neuen Gerichts zum Sonderbeauftragten für die Prüfung des Peralta-Reavis-Anspruchs zu ernennen, mit der Vollmacht, jede erforderliche Reise zu unternehmen und Fachleute zuzuziehen, um die Berechtigung des Anspruchs endgültig zu klären. Dieser Beamte war ein gewisser Mallet Prevost, ein Philologe und Historiker – ein Mann, dessen Sorgfalt und systematische Arbeitsweise der des Hochstaplers, den er zu Fall bringen sollte, ebenbürtig war. Was man über Prevost erfuhr, zeigt, daß er aus demselben Holz geschnitzt war wie sein „Zeitgenosse" Sherlock Holmes – aber leider stand ihm kein Dr. Watson zur Seite, um seine detektivischen Leistungen in allen Einzelheiten aufzuzeichnen.

Man weiß jedoch, daß Prevosts erster Schritt war, die von Reavis vorgelegten Urkunden chemisch und photographisch untersuchen zu lassen. Diese Tests ergaben, daß manche der Dokumente echte Titelseiten hatten, aber die eine oder andere Innenseite bestand aus einem Pergament viel jüngerer Herkunft und war mit einer Tinte beschrieben, die Pflanzenstoffe enthielt, während die Tinte der Originalseiten eine starke Beimischung aus Eisen zeigte. Nach dieser ersten Entdeckung unternahm Prevost eine lange und ausgedehnte Reise durch Arizona, Mexiko, Kalifornien, Spanien und Portugal – etwa die gleiche Route, der Reavis selbst bei seiner großen Fälschungs- und Unterschiebungsreise gefolgt war.

Von Anfang an hegte Prevost den Verdacht, daß es einen Mann namens Don Miguel de Peralta nie gegeben habe, trotz all der phantastischen Bemühungen, mit denen Reavis dessen Existenz nachzuweisen suchte. Hatte Don Miguel aber wirklich gelebt, so war es höchst unwahrscheinlich, daß er ein Vorfahre Carmelitas war; denn in der kleinen Pfarrkirche von San Bernardino in Kalifornien, wo Carmelita angeblich geboren war, entdeckte Prevost, daß Reavis im Geburtenregister eine ganze Seite mit den Daten von Carmelitas angeblicher Geburt ersetzt hatte. Es war Reavis zwar gelungen, Papier und Tinte genau dem Original anzugleichen – aber er hatte einen Fehler begangen: er hatte sich nicht vergewissert, ob es ein Duplikat des Registers gab. Tatsächlich aber führte der Ortspfarrer stets ein privates Verzeichnis der Namen aller Neugeborenen, der Hochzeitspaare und Verstorbenen seiner Gemeinde. Und in diesem Privatregister erschien zwar nicht Carmelitas Name, aber der eines anderen, am gleichen Tage geborenen Kindes – und dieser Name fehlte auf dem von Reavis unterschobenen Blatt!

Und so reiste Prevost von Ort zu Ort, von Kirche zu Kloster, von Standesamt zu Polizeibüro. Abgesehen von den zahllosen Fälschungen, die Reavis begangen hatte, entdeckte Prevost, daß er durch Bestechungen eine Reihe von Personen zu Meineiden veranlaßt und korrupte Anwälte für die Unterstützung seiner schwindelhaften Behauptungen gewonnen hatte. Der gelehrte Detektiv ruhte nicht, ehe das ganze imposante Gebäude, das der „Rote Baron" für seinen Betrug errichtet hatte, in Staub zerfallen war.

Wahrscheinlich hatte Reavis keine Ahnung davon, was da vorging. Während Prevost Beweis auf Beweis für seine Akten sammelte, gab Reavis nach wie vor das Geld mit vollen Händen aus in der Gewißheit, daß weitere Hunderttausende oder gar Millionen Dollar demnächst in seine Tasche fließen würden, wenn das Landschenkungsgericht seinen Anspruch anerkannte – was es aller Voraussicht nach tun würde. Er war seiner Sache so sicher, daß er fast seinen letzten Cent ausgegeben hatte an jenem Tag im Januar 1895, als er in Santa Fé verhaftet wurde.

So hatte er nicht einmal genug Geld, um sich einen Verteidiger zu nehmen. Eine einsame, traurige Figur saß da auf der Angeklagtenbank, ein schäbiger Mann Mitte der Fünfzig. Großäugig und verwirrt blickte Carmelita von den Publikumsbänken auf ihren einstigen Märchenprinzen; sie konnte es einfach nicht fassen, daß ihre Aschenbrödelgeschichte nun plötzlich zu Ende sein sollte, daß sie wieder so arm war wie auf der Ranch der Familie Slaughter. Der Staatsanwalt hatte davon Abstand genommen, auch gegen sie ein Verfahren zu beantragen – das bemitleidenswerte Geschöpf war offensichtlich nicht minder Reavis' Opfer gewesen als all die anderen Geschröpften, die nun als Zeugen gegen ihn aussagten.

Er wurde zu sechs Jahren Gefängnis verurteilt und in die Strafanstalt von Santa Fé gebracht. Carmelita zog nach Denver und beantragte die Scheidung unter Armenrecht. Sie wurde ihr gewährt, und man weiß nichts von ihrem späteren Leben. Über die Zwillinge war nur in Erfahrung zu bringen, daß der eine im ersten Weltkrieg mit Auszeichnung in der amerikanischen Armee diente.

Das 20. Jahrhundert hatte gerade begonnen, als Sträfling Nr. 964 A die Strafanstalt von Santa Fé verließ – die tragische Karikatur des stolzen Aristokraten, den er einst vor der Welt spielte. Er kehrte nach Phoenix zurück, aber wenige erkannten ihn wieder. Der Bibliothekar des Staatskapitols sah ihn oft im Zeitungssaal, wo er in alten Bänden blätterte und eifrig die Berichte über den „Roten Baron von Arizona" aus seiner Glanzzeit las. Dann kam er nicht mehr. Der Mann, der einst einen ganzen Staat der USA ausgeplündert hatte, war irgendwo in den Slums seiner Hauptstadt hinübergegangen.

4 HOHENZOLLERNZAUBER

Wilhelm Voigt, der Hauptmann von Köpenick – Harry Domela, alias Prinz Wilhelm von Preußen

Porträt eines Untertanen

Jeder dritte Mann auf den Straßen Potsdams, der Wiege des preußischen Militarismus, trug Uniform – den strahlend blauen Rock der kaiserlichen Soldaten. Wohin man sah, wurde salutiert, strammgestanden, das Gewehr präsentiert; Offiziere ritten oder fuhren in Kutschen vorbei oder marschierten an der Spitze ihrer Mannschaften. Von Zeit zu Zeit hörte man die aggressive Blechmusik irgendeiner Militärkapelle; aus den Kasernenhöfen schallten die krächzenden Stimmen der Feldwebel, die ihre Leute zu jener vollendeten Leistung des uniformierten menschlichen Körpers anspornten – dem preußischen Stechschritt. Es war im Herbst des Jahres 1906.

Der gebeugte, ausgemergelte, ältliche Mann mit dem zerfransten grauen Schnurrbart sah und hörte all dies auf seinem täglichen Weg in die Schuhfabrik, wo er als Maschinist arbeitete. Er war froh, eine Stellung gefunden zu haben. Als Junge war er in seinem heimatlichen Tilsit in Ostpreußen zu einem Flickschuster in die Lehre gegangen, aber er hatte im Lauf seines Lebens wenig Gelegenheit gehabt, seinen Beruf in Freiheit auszuüben: nicht weniger als siebenundzwanzig seiner siebenundfünfzig Jahre hatte er hinter Gittern verbracht. Und doch war Wilhelm Voigt kein Verbrecher im üblichen Sinn; Armut und widrige Umstände hatten ihn von einem kleinen Vergehen zum andern getrieben, und mit jedem Urteil wurden die Gefängnisstrafen länger, mit jeder Freilassung die Möglichkeit, Arbeit zu finden, geringer. Im kaiserlichen Deutschland war man streng zu den Menschen, die einmal vom Pfad der Tugend und ehrlichen Arbeit abgewichen waren – denn es war zugleich der Pfad der Untertanenpflicht gegenüber der Obrigkeit und ihren Vertretern: dem Schutzmann mit der drohenden Pickelhaube, dem erbarmungslosen Ausbeuter in der Schuhwerkstatt, dem Pfarrer, der von der Kanzel herab die armen Sünder verdammte, dem überheblichen Bürokraten auf dem Gemeindeamt. Vielleicht waren die Dinge besser im Ausland? Aber Voigt hatte keinen Paß, um auszuwandern, und sein letzter Versuch, einen auf einer Polizeiwache zu stehlen, hatte ihm eine lange Freiheitsstrafe eingetragen.

Diesem untersten aller Untertanen mußte die Welt des Militärs unsagbar glänzend erscheinen – eine Welt, die solch einem Außenseiter wohl für immer verschlossen war. Oder doch nicht ganz? Eines Tages hielt er auf seinem Weg durch die Potsdamer Straßen den Schritt an vor einem Laden, an dem er schon viele Male vorbeigekommen war. An diesem Morgen gab es etwas Neues im Schaufenster des Geschäfts für getragene Kleider zu sehen: die Uniform eines preußischen Hauptmanns im Garderegiment. Wilhelm Voigt setzte seinen Weg fort, aber den ganzen Tag über schwirrten kuriose Gedanken in seinem Kopf umher. War es nicht merkwürdig, daß es einen im Kaiserreich so begehrten Besitz, eine Offiziersuniform, einfach in einem Laden zu kaufen gab wie ein Paar gebrauchter Schuhe oder ein altes Fahrrad?

Als er an jenem Abend seinen Monatslohn ausbezahlt erhielt, beschloß er, mit dem Geld etwas so Unerhörtes, Phantastisches anzufangen, daß ihm beim bloßen Gedanken daran schon schwindlig wurde. Er trat in jenen Laden und zwang seine alten O-Beine dazu, so militärisch wie möglich aufzutreten. Mit knarrender Kasernenhofstimme verlangte er, die im Fenster ausgestellte Uniform anzuprobieren. Der Ladenbesitzer schien ganz befriedigt zu sein, als der Kunde in der typischen abgehackten Redeweise eines Offiziers erklärte, er sei Hauptmann der Reserve und brauche für irgendeine offizielle Feier eine Uniform.

Das Kleidungsstück saß keineswegs tadellos, aber als der alte Schuster sich selbst im Spiegel sah, konnte er sich ein Lächeln nicht verkneifen. Es war einfach ein anderer Kerl, der da stand, völlig verschieden von der menschlichen Ruine, die gerade von der Straße hereingekommen war: ein Mann aus der wunderbaren Welt kaiserlicher Macht und Herrlichkeit. Er richtete sich auf, bis seine eingesunkene Brust beinahe athletisch aussah und seine schiefe rechte Schulter gerade war.

Er ließ sich die Uniform, komplett mit Schirmmütze und Säbel, in eine Pappschachtel packen, bezahlte für den Einkauf mit der Hälfte seines Monatslohns und trat auf die Straße hinaus.

Ein paar Tage lang schwelgte er in dem geheimen Gedanken an seinen kostbaren Kauf, ohne zu irgendwelchen endgültigen Plänen zu gelangen, was er damit anfangen werde. Am darauffolgenden Sonntag ging er zur Neuen Wache Unter den Linden und beobachtete genau die Prozedur der Wachablösung; jedes Detail, jedes Kommandowort prägte er sich ein. Langsam gewann der große Plan in seinem Hirn Gestalt; aber um sich selbst Vertrauen einzuflößen und die Reaktion der Menschen auf seine Erscheinung zu prüfen, veranstaltete er zunächst einmal eine „Kostümprobe". Vor allem wollte er sich daran gewöhnen, die Rolle eines Hauptmanns in der Öffentlichkeit zu spielen. In Berlin fand gerade eine Brauereiausstellung statt, und dorthin begab er sich in seiner Verkleidung. Auf den Straßen salutierten die vorbeikommenden Soldaten, als wäre das die selbstverständlichste Sache der Welt, und er quittierte ihre automatische Reaktion auf seine Uniform mit der gelangweilten Herablassung eines Mannes, der diese Armbewegung schon Tausende von Malen ausgeführt hat. Nicht schlecht für den Anfang!

Am Eingang der Ausstellung stand der uniformierte Portier stramm. Voigt schlenderte von Stand zu Stand, schaute sich die Maschinen und Geräte an, stellte Fragen bezüglich Leistung, Preis und Liefertermin, steckte Broschüren ein. Die Verkäufer verbeugten sich und schlugen die Hacken zusammen, wenn er sich herabließ, sie anzusprechen. „Jerade richtig für unsere Kantine", sagte er etwa. „Wann können Sie liefern? Gut. Werde mir die Sache überlejen", und er wandte sich zum Gehen, wobei er zwei Finger der rechten Hand ein wenig in Richtung seiner Schirmmütze hob, so hochnäsig, wie es sich für einen Offizier im Gespräch mit einem bloßen Zivilisten schickte.

Die Kostümprobe verlief höchst erfolgreich: die Verwandlung des Schusters in einen Hauptmann war glänzend geglückt.

Uniform im Dienst

Wilhelm Voigt wohnte bei seiner verheirateten Schwester in der Langen Straße im Osten Berlins, und er wählte die kleine Stadt Köpenick, ein Dutzend Kilometer östlich der Hauptstadt, zum Schlachtfeld. Wie jeder gute Feldherr plante er seine Kampagne sorgfältig. Eines Abends fuhr er mit der Bahn nach Köpenick, um sich mit dessen Geographie vertaut zu machen, vor allem mit dem Weg vom Bahnhof zum Rathaus und mit dem Lageplan des Gebäudes.

Auch diesen Ausflug führte er in seiner Uniform durch. Eine ganze Weile ging er auf der Plattform des Schlesischen Bahnhofs, wo die Köpenicker Züge ankamen und abfuhren, spazieren, gewissermaßen als letzte Probe vor der Premiere. Wieder grüßten ihn die Soldaten ganz mechanisch; nichts schien ihr Mißtrauen zu erwecken, weder das vorgeschrittene Alter des „Hauptmanns" noch seine zerknitterten Hosen und verlatschten Stiefel.

Zwei Tage später: der Morgen des 16. Oktober 1906 dämmerte, der Tag der großen Aktion war gekommen. Von dem Augenblick an, in dem der Schuhmacher Wilhelm Voigt aufwachte, stand er unter militärischem Befehl – seinem eigenen. Jede Einzelheit des Schlachtplans stand in seinem Kopf fest: nun brauchte er lediglich die Pflichten, die er sich selbst auferlegt hatte, durchzuführen.

Er zog, wie üblich, seine Arbeitskleidung an, frühstückte zur gewohnten Zeit mit seiner Schwester und ging rechtzeitig, um den Vorortzug nach Potsdam zu erreichen, aus dem Haus. Aber er nahm ihn nicht. Mit seiner Pappschachtel unter dem Arm ging er zum nahen Schlesischen Bahnhof, sperrte sich in eine Toilette ein und zog sich die Uniform langsam und sorgfältig an. Die Zivilkleider verstaute er in der Pappschachtel. Aus der Toilette trat der Gardehauptmann im vollen Schmuck seiner Uniform. Er gab die Schachtel am Schalter der Gepäckaufbewahrung ab und rückte vor zum Gefecht.

Es war unbedingt notwendig, die Köpenicker Aktion mit Truppen durchzuführen, die weder in der Umgebung dieser Stadt stationiert waren noch sie allzu gut kannten. So mußte er sie am andern Ende von Berlin rekrutieren; er wählte Plötzensee im Nordwesten. Er kannte diesen Stadtteil nur zu gut, denn in der „Plötze", Berlins bekanntestem Zuchthaus, hatte er manche Jahre hinter Gittern verbracht. Am See selbst befand sich jedoch auch eine Militärschwimmanstalt, zu der Soldaten aus den benachbarten Kasernen in kleinen Gruppen zu marschieren pflegten.

Voigt nahm eine geschlossene Droschke nach Plötzensee, erfrischte sich in einer Kaffeestube und erteilte sich selber den Befehl, um den Block zu wandern. Als er um eine Ecke bog, stieß er fast mit einer Gruppe von fünf Füsilieren zusammen, die stramm hinter ihrem Unteroffizier einhermarschierten.

Das Herz des Schusters stand fast still vor Schreck. Jetzt oder nie! Den Bruchteil einer Sekunde lang spürte er den dringenden Wunsch, den Mund zu halten, nachlässig zu salutieren und sich in die sicheren vier Wände einer Toilette auf dem Schlesischen Bahnhof zu retten – so schnell wie möglich diese Uniform wieder auszuziehen und seinen ganzen wahnwitzigen Plan aufzugeben. Aber er lief nicht davon. Ein seltsames Gefühl überkam ihn ... als ob die Hauptmannsuniform das Kommando übernommen hätte über sein mutloses Herz und sein zaghaftes Hirn. Es gab dem Schuster einen furchtbaren Riß, als er den Hauptmann donnern hörte: „Halt!"

Nun gab es kein Zurück mehr. Vorwärts also in Teufels Namen!

Der Unteroffizier, ziemlich erstaunt, blieb stehen. Seine Leute blieben stehen.

Hauptmann Voigt – oder vielmehr seine Uniform – schnarrte die üblichen Fragen herunter: „Woher? Wohin?" Der Unteroffizier meldete, daß die Abteilung aus der Militärschwimmanstalt komme und gerade zur Kaserne zurück marschiere. Er hatte kaum seine Meldung beendet, als eine zweite Gruppe von vier Grenadieren um die Ecke bog. Wieder befahl der Hauptmann: „Halt!" Voigts kleine Armee, ganze zehn Mann stark, stand da und wartete auf seine Kommandos.

„Abteilung hat meinem Befehl zu folgen", rief er. „Unteroffizier, lassen Sie Seitengewehr aufpflanzen. Ziel – Bahnhof Putlitzstraße!"

Hauptmann Voigts Nerven entspannten sich nun etwas, als er sah, wie „seine" Leute vor ihm hermarschierten, als wäre das die selbstverständlichste Sache der Welt. Keiner hatte seine Autorität angezweifelt. Wie konnten sie auch? Befehlsverweigerung gegenüber einem Offizier in Uniform war ja im kaiserlichen Deutschland die größte aller Todsünden. Und keinem Unteroffizier stand es zu, einen Hauptmann zu fragen, wohin die Reise eigentlich ginge oder um was für eine besondere Aktion es sich denn handle. Nur die Soldaten fragten einander im Flüsterton: „Was soll denn das? Nimmt uns der Alte auf die Schippe?"

Einen halben Kilometer weit marschierte man am Nordufer entlang und über die Föhrer Brücke zum Bahnhof. Hier ließ der Hauptmann die Leute warten, bis er am Schalter die Fahrkarten nach Köpenick gelöst hatte – zum ermäßigten Preis für Militärpersonen, versteht sich. Dann stiegen sie alle in einen Zug nach Rummelsburg, wo man umsteigen mußte; ehe die Reise dort fortgesetzt wurde, gab der Hauptmann dem Unteroffizier sein letztes Geld, um der Mannschaft am Büfett Bockwurst und Bier zu kaufen. Seine Armee sollte in guter Form und Stimmung sein für die große Aufgabe. Dann stieg man in den Zug nach Köpenick, wo der Hauptmann und seine Abteilung gegen drei Uhr ankamen.

Das Rathaus wird erobert

Köpenick war eine friedliche kleine Stadt, in der man normalerweise nicht viel Soldaten sah. Die Leute auf der Straße wandten neugierig die Köpfe, als die Abteilung im forschen Gleichschritt durch die Dammvorstadt und über die Spreebrücke in die Altstadt marschierte, angeführt von einem entschlossen dreinblickenden schnauzbärtigen Hauptmann. Ein paar Dutzend Kinder liefen auf dem Gehsteig mit, gespannt, wohin die Soldaten wohl marschierten.

Auf dem Platz vor dem Rathaus kommandierte Hauptmann Voigt „Halt". Immer mehr Kinder sammelten sich an, Fenster flogen auf, Passanten blieben stehen und starrten auf den Hauptmann, der nun seine wohlüberlegten Befehle erteilte: je ein Soldat sollte die drei Portale des Rathauses bewachen und niemand ohne ausdrückliche Genehmigung des

Hauptmanns heraus- oder hineinlassen. Er selbst, gefolgt vom Unteroffizier und den übrigen Leuten, marschierte durch den Haupteingang in das Gebäude, die breite Treppe hinauf und gradenwegs ins Büro des wie vom Donner gerührten Bürgermeisters Dr. Langerhans.

„Sind Sie der Bürgermeister von Köpenick?" schnauzte ihn der falsche Hauptmann an.

„Ja, aber . . ." stammelte der erschrockene Mann und starrte auf die aufgepflanzten Bajonette.

„Sie sind auf Allerhöchsten Befehl mein Arrestant und werden sofort nach Berlin abgeführt!"

„Ich bitte mir . . ."

„Sie haben gar nichts zu bitten."

„Kann ich den Haftbefehl sehen? Ihre Legitimation?"

„Meine Legitimation sind hier meine Mannschaften!"

In diesem unpassenden Augenblick klopfte es an die Seitentür, und ein verschüchtertes Dienstmädchen kam mit einem Tablett herein, um dem Herrn Bürgermeister seinen Nachmittagskaffee mit Kuchen zu bringen. „Geben Sie mir das Tablett", befahl der Hauptmann. Er war hungrig und durstig. In wenigen Sekunden leerte er die Tasse und verzehrte er den Kuchen. Indem er sich den Schnurrbart mit dem Handrücken abwischte, befahl er zweien seiner Soldaten, den Bürgermeister bis zu seinem Abtransport zu bewachen.

Auf einer humoristischen Postkarte, die schon eine Woche später in den Berliner Papierwarenläden zu kaufen war, beschrieb ein anonymer Dichter den Lauf der Handlung:

„Herr Hauptmann, Herr Hauptmann, wo geht die Reise hin?
Zu Köp'nicks Bürgermeister, so habe ich's im Sinn.
Was hat der denn verbrochen – das weiß ich selber nicht,
Mein König hat's befohlen – ich tu nur meine Pflicht!"

Voigt trat in den Korridor. Er mußte schnell handeln; der wichtigste Teil der Aktion mußte erledigt sein, ehe sich die

Polizei einmischen konnte. Er mußte ihr zuvorkommen. Die Hauptmannsuniform mit dem Schuster darin marschierte also die Treppe hinunter, einen Gang entlang und hinein in ein Zimmer mit der Aufschrift „Polizei-Inspektion". Drinnen schnarchte der Inspektor in seinem Lehnstuhl; er hatte die ganze Eroberung des Rathauses verschlafen. Die harte Hand des Hauptmanns rüttelte ihn an der Schulter: „Morjen, Herr Inspektor! Also dafür werden Sie bezahlt!"

„Ach nee, Herr ... Herr Hauptmann ... Verzeihung, Herr Hauptmann", stammelte der gestörte Schläfer und rappelte sich hoch, um strammzustehen.

„Also gut. Tun Sie Ihre Pflicht. Gehen Sie runter auf den Platz und sorgen Sie dafür, daß keine Störungen eintreten, während ich meinen Auftrag durchführe. Verstanden?"

Der Mann stapfte gehorsam hinaus, wobei er sich seinen Uniformrock zuknöpfte.

Im Raum der Stadthauptkasse standen vier Beamte an den vergitterten Fenstern und schauten auf den Platz hinunter, auf dem sich bereits mehrere hundert Menschen angesammelt hatten. Der Hauptmann marschierte herein: „Die Herren wollen sich auf Ihre Plätze begeben! Wer ist hier der Kassenrendant?"

Der Hauptkassierer trat vor und wartete auf seine Befehle.

„Sie werden sofort Kassenabschluß machen. Sie stehen unter Arrest und werden in einer halben Stunde nach Berlin abgeführt!"

„Herr Hauptmann, Herr Hauptmann, ach schießen Sie doch nicht:
Ich glaube beinah' selber, ich bin ein Bösewicht! –
Hier haben Sie den Schlüssel, der Geldschrank steht ja dort,
Adieu mein teures Köpenick, jetzt muß ich von Dir fort!"

Ganz so spielte sich die Szene in der Stadthauptkasse allerdings nicht ab. Der Hauptmann überließ den Stadtrendanten seinen Büchern mit der Warnung, er werde in ein paar Minuten wiederkommen. Dann begab er sich zurück ins Büro des Bürgermeisters. Dr. Langerhans, noch völlig verwirrt, kramte in seinen Schubladen, ohne zu wissen, welche Akten er mitnehmen solle. „Bitte, Herr Hauptmann", fragte er Voigt, „weshalb werde ich eigentlich verhaftet?"

„Ich bin nicht befugt, Ihnen Auskunft zu erteilen", antwortete Voigt barsch. „Befehl ist Befehl!"

Dr. Langerhans seufzte und fragte, ob er wenigstens noch mit seiner Frau sprechen dürfe. Dies wurde ihm gestattet, und ein Soldat wurde ausgeschickt, um sie aus dem dritten Stock zu holen, wo der Bürgermeister seine Amtswohnung hatte. Sie kam herunter, eher empört als eingeschüchtert. Aber der Hauptmann wußte, wie sich ein Offizier einer Dame gegenüber zu benehmen hatte. Er knallte die Hacken zusammen, verbeugte sich steif und drückte sein Bedauern aus, diese ganze unangenehme Pflicht erfüllen zu müssen. Sie dankte ihm für sein Verständnis, umarmte ihren Mann und tröstete ihn: „Was du auch getan hast, ich stehe dir bei, ich komme mit." Dann ging sie zurück in die Wohnung, um ihre und ihres Gatten Sachen für die Reise nach Berlin zu packen.

Die Polizei kommt zu Hilfe

Erst jetzt wurde der Hauptmann einer unheilschwangeren Unruhe gewahr, die sich auf dem Platz vor dem Rathaus zu verbreiten schien. Irgend etwas war dort unten geschehen. Man hörte eine scharfe Stimme, die alles übertönte. Er blickte aus dem Fenster. Ein Polizeibeamter zu Pferd stritt sich mit dem Grenadier herum, der den Haupteingang bewachte. Voigt sah, wie der Beamte abstieg, das Gewehr mit dem Bajonett zur Seite schob und sich den Weg ins Gebäude erzwang.

Voigt beschloß, den Stier bei den Hörnern zu packen, und

ging hinaus, um dem Polizeioffizier auf der Treppe zu begegnen. Der Mann grüßte ihn militärisch und erklärte, er sei der Oberwachtmeister des westlich angrenzenden Bezirks von Teltow; er habe einen Spazierritt nach Köpenick unternommen und die Menge auf dem Platz vor dem Rathaus gesehen. Ob ihm wohl der Herr Hauptmann mitteilen könne, was los sei?

„Gewiß", antwortete Voigt. „Ich bin mit einem Sonderauftrag hierher entsandt worden, weil sich bei der Verwaltung der städtischen Angelegenheiten gewisse Unregelmäßigkeiten ergeben haben."

„Wenn die Sache so liegt", erklärte der Polizeibeamte, „dann darf ich Ihnen wohl meine Dienste anbieten, Herr Hauptmann!"

„Vielen Dank, kann ich gut brauchen. Wollen Sie bitte Ihrem unerfahrenen Köpenicker Kameraden da unten helfen, diese Rasselbande auf dem Platz in Zucht und Ordnung zu halten!"

„Zu Befehl, Herr Hauptmann!" rief der Oberwachtmeister, schlug forsch die Hacken zusammen und eilte hinunter. Voigt wandte sich wieder der Hauptkasse zu. Er riß die Tür auf und stemmte die Arme in die Hüften. „Fertig, Herr Rendant?"

„Bitte um Verzeihung, Herr Hauptmann", murmelte der Mann mit tiefer Verbeugung, „aber meine Dienstordnung legt fest, daß ein außerordentlicher Kassenabschluß nur auf Anordnung des Herrn Bürgermeisters ..."

„Der Herr Bürgermeister", unterbrach ihn Voigt, „kann hier keine Anordnungen mehr treffen, weil er in diesem Augenblick ein Arrestant ist, genau wie Sie selber, Herr Rendant! *Ich* bin jetzt hier die höchste Instanz in Köpenick, und Sie werden *mir* gehorchen. Verstanden?"

„Auf Ihre Verantwortung, Herr Hauptmann", murmelte der Stadtrendant.

„Auf meine Verantwortung", bestätigte der Hauptmann. „Und nun vergeuden Sie nicht mehr meine Zeit!"

Während der Mann sich wieder in seine Bücher vergrub, mußte sich Voigt um eine andere dringliche Angelegenheit kümmern. Er beauftragte einen der Köpenicker Polizeidiener, der im Korridor nach seinem Inspektor suchte, sofort zu einem Fuhrbetrieb im Ort zu gehen und zwei geschlossene Kutschen zu requirieren. Sie sollten im Innenhof des Rathauses vorfahren, so daß die „Gefangenen" einsteigen konnten, ohne von der Menge gesehen zu werden. Der Polizeidiener schien sehr darauf erpicht zu sein, sich der Sache der Gerechtigkeit zur Verfügung zu stellen, und der Hauptmann befahl ihm, gleich mit nach Berlin zu fahren und dafür zu sorgen, daß die Arrestanten ordnungsgemäß abgeliefert würden. Der Polizeidiener eilte davon, offensichtlich hocherfreut über das ihm erwiesene Vertrauen und die Aussicht, seinen eigenen Bürgermeister und Stadtrendanten bewachen zu dürfen – der Himmel mochte wissen, was diese zwei Gauner ausgefressen hatten!

Die gleiche Frage war auf aller Lippen drunten vor dem Rathaus. Halb Köpenick stand nun auf dem Platz herum. Gerüchte schwirrten durch die Menge: Millionen Mark waren veruntreut worden, wollten die einen wissen; andere hatten angeblich aus zuverlässigster Quelle erfahren, daß es sich um einen Fall von Hochverrat handle.

„Es ist gleich vorbei!" ermutigte der Hauptmann den Schuster in stummem Zwiegespräch. Im Kassenraum war endlich alles bereit. Das Bargeld, 4002 Mark und 37 Pfennige, lag in säuberlichen Stapeln auf dem Tisch, damit der Herr Hauptmann es inspizieren könne.

Aber nach Inspektion verlangte es ihn nicht. So nonchalant wie möglich winkte er mit der Hand und sagte: „Na gut. Tun Sie's in einen Beutel und schreiben Sie 'ne Quittung aus."

„Auf Ihre Verantwortung, Herr Hauptmann", wiederholte der Stadtrendant und schrieb die Summe auf ein Quittungsformular. Der Hauptmann unterschrieb ziemlich unleserlich; die Unterschrift sah aus wie „v. Aloesam, H. im 1. G. R.", was wohl „Hauptmann im 1. Garderegiment" heißen sollte. Die Gold-, Silber- und Kupfermünzen wurden in zwei Beutel gefüllt und das Papiergeld, darunter zwei Tausendmarkscheine, in einen großen Umschlag gesteckt. „Das nehme ich persönlich an mich!" erklärte er, stopfte sich die Beutel in seine großen Außentaschen und verstaute den Umschlag in der Brusttasche. Erst jetzt verspürte er starke Enttäuschung, daß die Summe so gering war; er hatte mit fünfzig- bis hunderttausend Mark gerechnet.

„Den Hauptmann, den Hauptmann kein Bitten hat gerührt,
Drum die, die ihm im Wege, die wurden abgeführt.
Inzwischen steckt der Hauptmann ein, was gar nicht ihm gehört,
Die ganze Polizei paßt auf, daß ja kein Mensch ihn stört."

Er grüßte den Rendanten nachlässig und ging hinunter in die Eingangshalle, um dem Polizeidiener seine letzten Befehle zu erteilen: sobald die Kutschen eingefahren waren, sollten der Bürgermeister und der Stadtrendant zur Neuen Wache in Berlin, dem militärischen Hauptquartier, gebracht werden. Frau Dr. Langerhans durfte ihren Gatten begleiten, und der Polizeidiener sollte neben dem Rendanten sitzen. Das Rathaus sollte noch eine weitere halbe Stunde bewacht werden; dann konnten die Soldaten abmarschieren, eine Mahlzeit in einem Gasthaus einnehmen und mit der Bahn nach Berlin zurückfahren, in ihre Kasernen. Er gab dem Unteroffizier das nötige Geld aus einem der Beutel, notierte die Summe gewissenhaft und trat hinaus auf den schon im Dämmerschein liegenden Platz.

Die Menge verstummte, als sie den Rathauseroberer aus dem Portal kommen sah. Er streifte sie mit einem verächtlichen Blick. Der Polizeiwachtmeister von Köpenick und der

Oberwachtmeister von Teltow bahnten ihm eine Gasse. Er legte drei Finger lässig an die Mütze und marschierte ab durch die Mitte. „Befehl ausgeführt!" meldete der Hauptmann dem Schuster.

„Der Hauptmann, der Hauptmann, der ist ein Mann von Rasse,
Drum greift er vor dem Abschied erst schnell noch in die Kasse.
Zurück ihr dummen Bauern, hat der Gendarm geschrie'n,
Der Hauptmann mit dem Geldsack muß eilig nach Berlin!"

Die ganze Welt lacht

Voigt hatte Glück. Als er den Bahnhof erreichte, fuhr gerade ein Zug nach Berlin ein. Am Schlesischen Bahnhof holte er seine Pappschachtel an der Gepäckaufbewahrung ab und zog sich in die Toilette zurück. Ein paar Minuten später tauchte der Schuster wieder mit der Schachtel auf, in der nun die Hauptmannsuniform steckte; den hinderlichen Säbel hatte er in der Toilette gelassen, aber die Geldbeutel und der Umschlag füllten die Taschen seines Arbeitsanzugs.

Auf einem Bauplatz, an dem er auf dem Weg zur Wohnung seiner Schwester vorbeikam, fand er einen verlassenen Schuppen. Hier versteckte er die Pappschachtel unter den Bodenbrettern. Es war bereits dunkel geworden – etwa die Zeit, um die er gewöhnlich von der Arbeit heimkam. Er hatte zwölf Stunden lang „Dienst" getan. Nach einer eiligen Mahlzeit mit seiner Schwester – wobei er die Bemerkung hinwarf, er denke an eine baldige Auswanderung – ging er in sein Zimmer, ließ sich aufs Bett fallen und sank sofort in tiefen, traumlosen Schlaf. Es war der gesunde Schlaf eines Mannes, der eine schwierige Aufgabe mit Erfolg durchgeführt hat.

Um die gleiche Zeit fuhr eine traurige kleine Kolonne vor der Neuen Wache Unter den Linden vor: zwei geschlossene Mietkutschen, aus denen drei verängstigte Passagiere ausstiegen: der Bürgermeister von Köpenick, seine Gattin und der Stadtrendant. Der sie begleitende Polizeidiener erstattete dem Unteroffizier der Wache Meldung, daß er „die Gefangenen aus Köpenick" gebracht habe. Der Unteroffizier wies sie alle an, zu warten. Nach einer Weile kam er wieder und holte den Polizeidiener zum befehlshabenden Offizier. Der hörte die seltsame Meldung an, brachte ihn zu einem höheren Offizier und dieser zu einem noch höheren. Jedem erzählte der Polizeidiener, was sich in Köpenick abgespielt hatte.

Schließlich wurden die „Gefangenen" vor den Generaladjutanten Graf Moltke gebracht. Ein leibhaftiger Prinz sowie der Polizeipräsident von Berlin, begleitet von hohen Beamten seiner Kriminalabteilung, erschienen ebenfalls.

Verwirrung und Verlegenheit sind allzu schwache Begriffe für die Stimmung, die in Graf Moltkes Zimmer herrschte, als den Anwesenden die Wahrheit dämmerte. Ihre erste und größte Sorge war die voraussichtliche Reaktion in Deutschland und der ganzen Welt, wenn man erführe, daß ein uniformierter Hochstapler eine ganze Stadt zum Narren gehalten hatte. Konnte man dem Publikum die Geschichte verheimlichen? Unmöglich, erklärte der Polizeipräsident: das Publikum muß zur Mitarbeit bei der Fahndung nach dem unverschämten Kerl alarmiert werden, sonst ginge er vielleicht gar noch straflos aus. Preußens und Deutschlands Prestige stand auf dem Spiel. Man mußte die Presse informieren, was geschehen war, und eine Belohnung für die Ergreifung des falschen Hauptmanns von Köpenick aussetzen.

So geschah es. Die Zeitungen wurden benachrichtigt und eine Belohnung von 2500 Mark für Mitteilungen, die zur Festnahme des Täters führen würden, ausgesetzt. Die Pressemeldung lautete:

„*Berlin*. – Ein unerhörter Gaunerstreich. Eine Groteske, wie sie der erfindungsreichste Bühnenautor nicht kühner erdenken kann, hat sich in der Stadt Köpenick bei Berlin zugetragen. Dort hat ein Gauner in der Maske eines Gardeoffiziers den Bürgermeister Dr. Langerhans und den Stadt-Rendanten von Wiltberg im Rathaus verhaftet und beide unter Bewachung nach Berlin transportieren lassen. Er hat dann die Stadtkasse, in der sich etwas über viertausend Mark befanden, ausgeraubt. Der Kaiser hat telegraphisch Bescheid eingefordert."

Die Reaktion in Deutschland war noch weit sarkastischer, als die Behörden es befürchtet hatten. Die Zeitungen schienen plötzlich keine Angst mehr vor dem Rotstift des Zensors zu haben – ihre Kommentare ließen nichts an Schärfe zu wünschen übrig. „Es lacht die bewohnte Erde", schrieb die *Nationalzeitung*, „und wenn wir noch einen Olymp hätten, so würden zweifellos auch die Götter lachen!" Das *Berliner Tageblatt* ereiferte sich: „Fetische Uniformen! Es ist ein beschämendes Zeugnis für Bürgersinn, Mannesmut vor Königsthronen, Rechtsstaat und wie die schönen Worte alle heißen – aber es ist eine Tatsache, daß in Preußen die Uniform herrscht und regiert. Vor der Uniform liegen alle auf dem Bauch ..." Selbst die gewichtige *Germania* brachte in fetten Lettern die Überschrift: „Kadavergehorsam vor der ganzen Welt bloßgestellt!"

Aber wer, wo war der „Hauptmann"? Die Polizei veröffentlichte seinen Steckbrief: „Alter 45 bis 50. Ungefähre Größe 1,75 m. Schlank. Grauer, herunterhängender Schnurrbart. Rasiertes Kinn. Gesicht breit, eingefallen, blaß und die Backenknochen hervortretend, so daß das Gesicht schief erscheint. Die Nase eingedrückt. O-Beine. Eine Schulter nach hinten herausstehend, so daß auch die Gestalt etwas schief wirkt ..." Eine Zeitung hängte dieser Beschreibung des Gesuchten noch einen ironischen Kommentar an, der mehr Wahrheit enthielt, als der Redakteur ahnte: „Die Zweifel des Bürgermeisters sowie sein Zorn über die angetane Schmach klappten zusammen vor der Uniform eines Mannes, der aussah, als käme er gerade aus dem Zuchthaus..."

Zehn Tage lang arbeitete die Polizei mit Hochdruck. Jede Spur, jede Information wurde eifrigst verfolgt. Man hatte den Mann hier und dort und überall gesehen. Mehr als zweitausend biedere Staatsbürger wurden auf die Polizeiwachen geschleppt und verhört. Dann fand man den Säbel des Hauptmanns – o Schande! – im Abort. Aus dem Schuppen auf dem Bauplatz holte man die Uniform; aber welche neue Schmach: nicht nur der Hauptmann selbst war falsch gewesen, auch die Kokarden auf seiner Mütze saßen verkehrt – die preußische *über* der schwarzweißroten statt umgekehrt, wie es sich gehörte. Und keiner hatte es gemerkt! Immer wieder tauchte in den Gesprächen und Kommentaren jenes Wort auf, das einst Ignatius von Loyola, der Stifter des Jesuitenordens, geprägt hatte, und das auf kein Land so gut zu passen schien wie auf das kaiserliche Deutschland: Kadavergehorsam.

Endlich fand man den Hauptmann. Mit entsicherten Revolvern drangen die Polizisten in das Haus in der Langen Straße ein, wo der alte Schuhmacher gerade sein Frühstück genoß. Er wehrte sich nicht. In seiner Tasche fand man noch die zwei Tausender; er hatte sie dazu bestimmt, ihm die Auswanderung zu ermöglichen und irgendwo in Übersee eine neue Existenz aufbauen zu helfen. Man brachte ihn zum Polizeipräsidium und verhörte ihn. Er gab alles zu, aber er beharrte darauf, daß der Geldraub für ihn nur Nebensache war: in Wirklichkeit habe er sich lediglich einen Paß aneignen wollen, um das Land verlassen zu können, in dem eine Uniform alles galt und ein armer Teufel mit Vorstrafen nichts.

Eine neue Welle sarkastischen Gelächters ging durch Deutschland, noch stärker als die erste. Bis in die fernsten Erdenwinkel sandte sie ihr Echo. Der Hauptmann von Köpenick war also ein Schuster gewesen, ein o-beiniger Galgenvogel, der noch nicht einmal in der Armee gedient hatte! „Welch ein unwiderstehlicher Gauner", schrieb eine bekannte englische Zeitschrift, „wie einfach, ja geradezu kindlich sein Betrug; wie lächerlich sein Abenteuer, und doch wie beißend die Satire seines Streichs! Die ganze Welt lacht über ihn – eine Leistung, für die er einen Orden und eine lebenslängliche Pension bekommen sollte." Ein anderes englisches Blatt schlug ihn sogar für eine noch höhere Ehrung vor: „Wenn man uns fragen würde, welcher Mensch zur Zeit den Nobelpreis als allgemeiner Wohltäter der Menschheit verdienen würde – der berühmte Hauptmann von Köpenick wäre Sieger bei jeder Abstimmung, und das mit einer riesigen Mehrheit. Die Anbetung der Uniform, aus der man in Preußen einen derart lächerlichen Kult gemacht hat, ist noch nie so wirkungsvoll enthüllt worden. Nun, da man sieht, wie leicht selbst ein ehemaliger Zuchthäusler solch ein Kleidungsstück erlangen kann, ist der Kult an seiner empfindlichsten Stelle getroffen worden. Aber er wird nicht so leicht sterben."

Aller Augen blickten am 1. Dezember 1906 auf den Berliner Gerichtssaal, in dem Wilhelm Voigt auf der Anklagebank saß. Landgerichtsdirektor Dietz war ein Mann mit Humor und Mitgefühl; umsichtig und ohne unnötige Härte leitete er die Verhandlung. Theodor Wolff berichtete im *Berliner Tageblatt:* „Der Hauptmann von Köpenick tritt zögernd, mit etwas schleppenden Schritten herein, neigt bescheiden das Haupt und bleibt still, bedrückt und anspruchslos hinter der Barre stehen. Er trägt einen schwarzen Rock, eine mehrfarbige Krawatte, und der Kragen, den man uns als den dunkelsten Punkt in Wilhelm Voigts Leben geschildert, ist weiß wie Blütenschnee. Nichts in Wilhelm Voigts Haltung und Auftreten erinnert an einen preußischen Gardeoffizier. Der Rücken des Angeklagten ist gebeugt, die Schultern hängen herab, die ganze Haltung verrät durchaus nicht jene Schneidigkeit, um die Europa uns beneidet. Je kümmerlicher und armseliger dieser Schuhmacher aussieht, desto beißender ist die Satire ..."

Sechs Mann der „Armee" des Hauptmanns traten in voller Montur als Zeugen auf. Sie würdigten den alten Mann auf der Anklagebank keines Blickes, denn er hatte sie ja ihrer unsterblichen Blamage ausgesetzt; aber sie sagten wahrheitsgemäß aus, daß er sich als tadellos korrekter Vorgesetzter benommen habe. Die Verhandlung fand in einer ruhigen, freundlichen Atmosphäre statt, und alle Beteiligten sahen die Komik des Falles ein, bis auf die Zeugen Dr. Langerhans und von Wiltberg, den Stadtrendanten, die nicht so leicht über die Lächerlichkeit ihrer eigenen Rolle hinwegkommen konnten. Voigt selbst betrug sich voller Anstand und Würde vor seinen Richtern, die mit Sympathie und ernster Aufmerksamkeit seiner Lebensgeschichte lauschten: der Geschichte seiner vergeblichen Bemühungen, nach seinen früheren Verfehlungen endlich den Weg zu einer ehrlichen Existenz zu finden. Immer wieder tauchte das Problem des Passes auf, den man ihm nicht geben wollte. Kein Zweifel, hier stand ein Opfer widriger Umstände; ein Mensch, der am Ende auf eine originelle Idee gekommen war, um den Circulus vitiosus einer feindlichen Gesellschaftordnung zu durchbrechen.

„Niemand hätte gewollt, daß dieser Mann hinter Zuchthaus- oder Gefängnismauern den Rest seiner Tage verbringen sollte", schrieb die *Berliner Illustrirte*. „Nein, endlich sollte auch ein bißchen Sonnenschein in dieses armselige Leben kommen ... Wenn Wilhelm Voigt freigesprochen worden wäre, hätte ihn die Volksmenge, die draußen des Urteilsspruchs harrte, im Triumph davongeführt, denn vieler Sympathien hatte er durch seinen Geniestreich und durch seine ruhige und bescheidene Haltung vor Gericht errungen."

Natürlich war ein Freispruch unmöglich für einen Mann,

der immerhin die heiligsten Güter des Kaiserreichs lächerlich gemacht hatte. Mochte das Volk sich amüsieren, mochten die zersetzenden Spötter vom Fetisch der Uniform faseln – Deutschlands herrschende Kreise verlangten die Bestrafung des frechen Hochstaplers. Der Staatsanwalt beantragte fünf Jahre Zuchthaus, Verlust der bürgerlichen Ehrenrechte – und Einziehung der Uniform. Aber Landgerichtsdirektor Dietz verhängte nur die Mindeststrafe von vier Jahren Gefängnis wegen unbefugten Tragens einer Uniform, Anmaßung eines öffentlichen Amts, Freiheitsberaubung, Betrugs und schwerer Urkundenfälschung; und er schüttelte nach der Urteilsverkündung Voigt die Hand und wünschte ihm, er möge „die Kraft haben, diese vier Jahre zu überstehen".

Begegnung am Friedhofstor

Voigt brauchte sie nicht zu überstehen. Er hatte nur zwanzig Monate im Gefängnis von Tegel verbracht, wo er sich als Mustersträfling betrug und jedermanns Freund war, da wurde er im August 1908 durch ein Dekret Kaiser Wilhelms begnadigt. Selbst einen Paß händigte man ihm bei der Freilassung aus. Und Geldsorgen hatte er nun nicht mehr. Schon während seiner Haftzeit hatte ihm eine reiche Dame – aus der Berliner Kaufmannsfamilie Wertheim – eine Rente von 50 Mark ausgesetzt, die nach der Freilassung auf 100 Mark erhöht wurde, damit er nicht mehr auf die schiefe Bahn gerate. Mehr als hundert Frauen sandten ihm Heiratsanträge, darunter zwei junge Amerikanerinnen und eine englische Witwe. Aber der Weg zum Standesamt reizte ihn nicht.

Was ihn weit mehr verlockte, war die Chance, wieder eine Uniform anzuziehen und seine klassische Rolle auf der Varietébühne zu wiederholen. Aus allen Teilen Europas kamen Angebote; jeder wollte wissen, wie der Schuster als Hauptmann ausgesehen hatte, und sein „persönliches Auftreten" war überall höchst erfolgreich und brachte ihm viel Geld ein. Er wurde gefeiert, photographiert und zur Schau gestellt; er mußte Tausende von Postkarten mit seinem Bild unterschreiben, man nahm eine Schallplatte mit seiner Stimme auf. Impresarios unternahmen Tourneen mit ihm, die ihn bis nach Amerika führten, wo er im deutschen Viertel von New York und vielen Provinzstädten auftrat. In London gastierte er in den Music Halls im Jahre 1910. Große schauspielerische Leistungen wurden von ihm nicht verlangt: die Show bestand meist darin, daß das Orchester preußische Märsche spielte und der „Hauptmann" ab und zu mit befehlsgewohnter Stimme Kommandos zu Gehör brachte, wie er sie bei seinem Köpenicker Feldzug benutzt hatte. Jemand schrieb für ihn den Text eines Buches, das unter dem Titel erschien: „Wie ich der Hauptmann von Köpenick wurde"; es verkaufte sich ausgezeichnet.

Schließlich wurde Voigt des Herumreisens müde. Er wollte sich in seiner zweiten Heimat Berlin niederlassen und verhandelte 1912 wegen des Ankaufs eines Schlößchens, der Saalburg, in Rixdorf; aber die Bürokratie machte ihm einen Strich durch die Rechnung – man wollte keinen „Vagabunden" als Mitbürger haben, und der Zuzug wurde ihm verweigert.

Da kam ein Angebot aus dem kleinen Luxemburg. Eine Dame aus den dortigen höchsten Kreisen, so hieß es, hatte sich für ihn verwandt, und man lud ihn ein, seinen Lebensabend in dem kleinen Großherzogtum zu verbringen. Er zog in das Haus Rue Neuperg 5 ein und führte von nun an das ruhige Leben eines gutsituierten Rentners. Bei seinen Nachbarn war er beliebt, und die Menschen auf der Straße lächelten ihm freundlich zu, wenn er in seinem preußischen Offiziersmantel spazierenging. Es hieß sogar, er habe tatsächlich noch geheiratet, aber darüber hat sich nichts Gewisses feststellen lassen. Jedenfalls war sein Wunsch in Erfüllung gegangen, seine letzten Jahre in Frieden mit der Gesellschaft, den Behörden und sich selbst zu verleben.

Er starb im Januar 1922 im Alter von 72 Jahren und wurde auf dem Liebfrauen-Friedhof in Luxemburg begraben. Noch einmal begleitete ihn die Ironie des Schicksals auf seinem letzten Weg. Gerade in dem Augenblick, als der Leichenwagen mit seiner sterblichen Hülle zum Friedhofstor einbog, marschierte zufällig eine Kompanie Soldaten vorbei, und es ertönte das Kommando: „Augen – rechts!", wie dies üblich ist bei der Begegnung der Soldaten mit den Toten. Erst später erfuhren sie, daß der Mann, dem sie die letzte Ehre erwiesen hatten, kein anderer gewesen war als der berühmteste Hauptmann in der militärischen Geschichte Europas.

Landsknecht, Bettler, Kaiserliche Hoheit

Fast genau zwanzig Jahre nach dem Coup des Hauptmanns von Köpenick, der die ganze Welt so großartig amüsiert hatte, schüttelte man sich in Deutschland und halb Europa wieder vor Lachen über einen Hochstapler. Ein zweiundzwanzigjähriger Niemand – genau wie der Schuster Voigt vorbestraft und ohne Paß – hatte die Creme der Gesellschaft hereingelegt. Aber da war ein bedeutsamer und beunruhigender Unterschied. Der Schuster hatte seinen Streich auf dem preußischen Uniformfetischismus begründet zu einer Zeit, da das Militär in Deutschland allmächtig war; Harry Domela spielte höchst erfolgreich die Rolle eines Hohenzollernprinzen mitten in der Weimarer Republik, acht Jahre, nachdem jene kaiserliche und königliche Dynastie zur Abdankung gezwungen worden war. Es gab viele in Deutschland und im Ausland, die nur zu gut die Bedeutung der Affäre Domela verstanden: und ihre Befürchtungen erwiesen sich als nur zu berechtigt, ehe weitere sechs Jahre vergangen waren. Da überstürzten sich eben jene Kreise, die dem falschen Hohenzollernprinzen ihre Reverenz erwiesen hatten, in dem Bemühen, den Anschluß an Hitler nur ja nicht zu versäumen. Sie witterten die Wiederkehr ihrer guten alten Zeit; für sie war die demokratische Weimarer Republik nichts anderes gewesen als ein bedauerliches Interregnum im tausendjährigen Reich ihrer feudalen Herrschaft.

Die Geschichte Harry Domelas ist zunächst die der Jahre nach dem ersten Weltkrieg mit all ihrer Verwirrung und Vernichtung traditioneller Werte. Er war in der kleinen Stadt Bauske in Kurland, damals im zaristischen Rußland, zur Welt gekommen; die Eltern waren solide deutschsprachige Mittelständler. Bei Kriegsausbruch wurde Harry, zehn Jahre alt, zum Zeugen der völligen Auflösung seiner Familie: der Vater und die älteren Brüder wurden zur russischen Armee eingezogen – sie kamen nicht wieder zurück. Harry wurde von seiner Mutter getrennt, als die Front näherrückte, und in ein Kinderheim bei Riga verschickt, wo er in den mageren Kriegsjahren aufwuchs.

Er war fünfzehn Jahre alt, als am Kriegsende die baltischen Länder unter allgemeiner Unruhe und viel Schießerei zu selbständigen Staaten wurden. Die deutschen Truppen zogen ab, aber in ihrem Kielwasser stellten die baltischen Barone, die Junker von Ostpreußen und Kurland, eine Miniaturarmee auf, das baltische „Freikorps", bestehend aus jungen Deutschen, die der Krieg entwurzelt hatte. Harry schloß sich ihnen an.

Eine Zeitlang war das ein herrliches Leben – Marschieren, Saufen, Schießen, Huren, Lagern: ein Leben wie das der Landsknechte im Dreißigjährigen Krieg. Aber bald war es aus mit dem Traum der baltischen Barone, die Macht in den Ostseestaaten an sich zu reißen und sie Deutschland anzugliedern. Das Freikorps wurde in den Westen verfrachtet: die junge Republik brauchte Soldaten, um die Arbeiterrevolten zu unterdrücken, die allenthalben aufflammten. Das letzte Mal tauchte das Freikorps in der Weltgeschichte auf, als nationalistische Politiker und Generäle im März 1920 versuchten, mit seiner Hilfe die alte Ordnung wiederherzustellen. Aber der „Kapp-Putsch" brach am Generalstreik der Arbeiterschaft zusammen, und das Freikorps wurde aufgelöst.

Harry Domela trieb sich auf den Straßen Berlins herum, ein Sechzehnjähriger ohne Heim, ohne Beruf, ohne Lebenszweck. Als er schließlich eine Anstellung im Eden-Hotel fand, machte er die Dummheit, ein paar silberne Löffel zu stehlen. Er wanderte ins Gefängnis. Deutschland war ein hartes Pflaster für einen Vorbestraften; selbst für den, der nie vom Pfad der Tugend abgewichen war, gab es nicht so leicht eine gute Arbeitsstelle. Harry verbrachte die Nächte im Obdachlosenasyl, in Wartesälen, bei der Heilsarmee; Zuhälter und Prostituierte, Säufer und Diebe, Vagabunden und Bettler waren seine Kumpane. Er war am Tiefpunkt seines jungen Lebens angelangt: die ständig wachsende Armee der Außenseiter hatte ihn aufgeschluckt. Wie viele andere stellte er sich vor den Luxusrestaurants und Hotels auf, riß die Türen der Autos auf, aus denen die Wohlhabenden und Erfolgreichen stiegen, und wartete demütig auf eine milde Gabe.

Nach ein paar Wochen Gelegenheitsarbeit auf dem Land – die dem unterernährten Jungen nicht leicht fiel – streunte er wieder durch die Berliner Straßen. In jenen Tagen freundete er sich auf kurze Zeit mit dem jungen Freiherrn Wolf von Lüderitz an, dem bettelarmen Sohn aus adliger Familie, der nun genau so ein Tramp geworden war wie Harry; aber er verfügte über die Vorteile seiner Erziehung – sicheres Auftreten, gute Manieren, gebildete Ausdrucksweise. In einem Land, das von Snobs strotzte, konnte sich der Baron immer darauf verlassen, sich eine gute Mahlzeit oder auch ein Dach über dem Kopf zu erschwätzen – ganz zu schweigen von einem Mädchen für die Nacht. Harry Domela war tief beeindruckt und sah zu Lüderitz als seinem Lehrer und Meister auf. In jenen Wochen, da er Gelegenheit hatte, den schäbigen jungen Aristokraten zu beobachten, faßte er den Gedanken, sich selbst als Adligen auszugeben, sobald sich die Gelegenheit dazu bieten würde. Sah er nicht ebenfalls ein wenig „aristokratisch" aus?

Eine kleine Zigarren-Importfirma im benachbarten Potsdam bot ihm einen Posten als Vertreter an. Er versuchte sein Glück zuerst als anonymer Hausierer und erzielte wenig Verkäufe; aber sobald er sich als Graf Soundso vorstellte, sah die Sache ganz anders aus. Er verkaufte nicht nur seine Zigarren – man bat ihn herein in die gute Stube, wo er die Geschichte seiner „adligen Familie" irgendwo im Baltikum erzählen konnte. Mitleidige Damen drückten ihm diskret Banknoten in die Hand oder behielten ihn zum Essen da. Irgendwie kam seine Hochstapelei jedoch auf, und wieder sperrte man ihn ein paar Wochen lang ein.

Er machte einen letzten Versuch, ein ehrliches neues Leben zu beginnen – im Ausland. Er fuhr nach Hamburg und bemühte sich um Arbeit auf einem Amerikadampfer. Man wies ihn als Ausländer ohne Paß zurück. Die deutsche Staatsangehörigkeit hätte er nur durch Nachweis eines ständigen Wohnsitzes und einer festen Stellung erlangen können.

Wie wär's mit Heidelberg? dachte er. Die berühmte alte Universitätsstadt war voll von adligen jungen Herren, die das Geld ihrer Väter nach hergebrachter Studentenart verpraßten. Vielleicht ...

Nachdem er Heidelberg ein paar Tage lang durchwandert hatte, lag sein Plan fest. Frech erschien er an der Tür einer der exklusivsten Studentenverbindungen. „Mein Name ist Fürst Lieven", schnarrte er herablassend, wie es sein Freund Lüderitz tat, wenn er sich vorstellte. Man lud ihn sofort zum Diner ein. Essen, Trinken, fröhliche Gesellschaft, hübsche

Mädchen – endlich kostete er die Süße des Lebens, wie es einem adligen Studenten zukam. Die Verbindung fühlte sich geehrt, einem „Fürsten" bei seinem Aufenthalt in Heidelberg Gastfreundschaft gewähren zu dürfen.

Er spielte seine Rolle gut und – was das wichtigste war – nicht zu lange. Er verschwand aus Heidelberg, ehe man ihm auf seine Schliche kam. Nächste Station: Erfurt, das er von seinen früheren Wanderungen her kannte. Ein junger Mann mit Adelstitel – dessen war er gewiß – würde dort wohl einen guten Posten finden.

Er stieg in einem der vornehmen alten Hotels ab und trug sich als „Baron Korff" ins Anmeldebuch ein. Der Empfangschef bot ihm ein Zimmer im vierten Stock an; er ließ sich den Direktor kommen und protestierte entrüstet: selbstverständlich verlange er ein Appartement mit Bad im ersten Stock. Lediglich um das Personal zu beeindrucken, meldete er ein Ferngespräch an – mit dem Prinzen Louis Ferdinand, einem der Söhne des Kaisers, der im Schloß Cecilienhof bei Potsdam wohnte.

Glücklicherweise war der Prinz nicht anwesend; hätte er sich tatsächlich gemeldet, so wäre Domela nichts anderes übriggeblieben, als „falsch verbunden" zu sagen. So aber war der Trick weit erfolgreicher, als er selbst zu hoffen gewagt oder beabsichtigt hatte: ohne auch nur eine einzige Lüge aussprechen zu müssen, hatte er Vermutungen in Gang gesetzt, die ihn innerhalb weniger Minuten in eine ganz neue Rolle bugsierten. Kaum hatte er den Telefonhörer angehängt, da war er Seine Kaiserliche und Königliche Hoheit Prinz Wilhelm von Hohenzollern, ältester Sohn des Kronprinzen und Enkel Kaiser Wilhelms II., der seine getreue Stadt Erfurt mit einem Inkognitobesuch beehrte!

Republik oder nicht – Erfurt, wie das übrige Thüringen und ganz Preußen, war noch voller Bilder der kaiserlichen Familie, und ein großes Foto hing im Büro des Hoteldirektors. Der Gast, der sich Baron Korff nannte, hatte tatsächlich eine gewisse Ähnlichkeit mit Prinz Wilhelm: beide standen etwa im gleichen Alter, beide waren blond und hatten ein ovales Gesicht mit markanten Backenknochen. Was Domela von dem echten Prinzen unterschied, war sein Gesichtsausdruck: der Blick von unten her und ein ständiges Lächeln, das um Verzeihung zu bitten schien – der deutliche Stempel seiner Hungerjahre. Aber er versuchte, seine Miene zur Maske befehlsgewohnter Überheblichkeit zu verzerren, wie er es von Lüderitz gelernt hatte. Dies, im Verein mit dem hohen Rang, der ihm ohne viel eigenes Zutun verliehen worden war, ließ die loyalen Untertanen der ehemaligen Herrscherfamilie Deutschlands vor Ehrfurcht erstarren.

Es dauerte nicht lange, da wußte Domela, für wen man ihn hielt – er selbst hütete sich, die Vermutungen direkt zu bestätigen. Seine schwachen Proteste, er sei nur ein bescheidener Baron Korff, wurden vom Hotelpersonal mit verstehendem Lächeln und Augenzwinkern quittiert: „Aber gewiß, Hoheit, wie Hoheit wünschen ..." Ein echter Prinz war natürlich unverkennbar – und jeder, der sich halbwegs auf solche Dinge verstand, sah auf den ersten Blick, daß man hier einen echten Prinzen vor sich hatte. Erst leckte das ganze Hotel Harry Domela die Stiefel, und es dauerte nicht lange, da tat es halb Erfurt. Selbstverständlich konnte gar nicht die Rede davon sein, daß der Prinz seine Hotelrechnung zahlte; Hoheits leisester Wunsch wurde erfüllt, fast noch ehe er ihn geäußert hatte.

Es war das Ferngespräch mit Cecilienhof und das Hohenzollersche Familienfoto im Büro des Hoteldirektors gewesen, was den Anstoß zu Harrys großer Verwandlung gegeben hatte; den Wunschtraum des Direktors, einmal solch einen erlauchten Gast bei sich begrüßen zu dürfen, hatte ein Übriges getan. Zweifellos hatte sich Domela selbst diese Rolle weder ausgesucht, noch hatte er sie einstudiert; und nachdem er sie ein paar Tage aus dem Stegreif gespielt hatte, wurde ihm denn doch etwas bange. Er hatte gar keine Lust, wieder ins Gefängnis gesteckt zu werden, und beschloß daher, mit seiner Hochstapelei Schluß zu machen und nach Berlin zurückzufahren.

Er mußte jedoch entdecken, daß es gar nicht so leicht war, *kein* Prinz mehr zu sein. Die Sehnsucht des deutschen Bürgers, vom Hauch der allerhöchsten Gegenwart inmitten der plebejischen Weimarer Republik berührt zu werden, erwies sich als stärker als die guten Vorsätze des jungen Mannes, von nun an nicht mehr allzusehr vom Pfad der Tugend abzuweichen. Er ließ Erfurt hinter sich und stieg in Berlin am Anhalter Bahnhof im nächstbesten Hotel ab. Der Zufall wollte es, daß dieses Hotel von den Großgrundbesitzern aus der Mark Brandenburg frequentiert wurde, wohl den königstreuesten Kreisen in ganz Preußen.

Der private Nachrichtendienst innerhalb dieser Kreise muß recht schnell gearbeitet haben, denn innerhalb weniger Stunden, nachdem Domela sich wieder als „Baron Korff" eingetragen hatte, nannte ihn alles „Hoheit". Domela war keineswegs begeistert; er fürchtete, daß plötzlich irgend jemand auftauchen könnte, der den echten Prinzen persönlich kannte. Seine Proteste, die nun durchaus ernst gemeint waren, wurden wieder ignoriert.

Am ersten Abend seines Aufenthalts lud ihn ein junger Adliger, der im selben Hotel wohnte, zum Kartenspiel ein. Domela hatte Angst, das wenige Geld zu verlieren, das er noch besaß, und versuchte sich zu drücken, aber es gelang ihm nicht. Er spielte und verlor; aber in dem Augenblick, da er seine letzten Münzen auf den Tisch gelegt hatte, wandte sich sein Glück, und er fing an zu gewinnen. Sobald er ein paar hundert Mark vor sich liegen sah, erinnerte er sich plötzlich an eine „vorherige Verabredung" und empfahl sich.

Was nun? Der Plan, seinen königlichen Schatten in der Hauptstadt abzuschütteln, war fehlgeschlagen. Nach einer schlaflosen Nacht hatte er seinen großen Entschluß gefaßt: nach Thüringen zurückzufahren und seine Rolle weiterzuspielen – diesmal absichtlich. Am nächsten Morgen stieg er in den Zug nach Erfurt.

In jenem Hotel herrschte großes Entzücken, als Seine Hoheit wieder erschienen. Der Direktor bat um die Ehre, mit ihm eine Flasche seines besten Weins leeren zu dürfen. Die Stadtbehörden wurden vom neuerlichen Besuch des Prinzen in Kenntnis gesetzt, und der Bürgermeister von Erfurt erkundigte sich, wann er seine Aufwartung machen dürfe; überdies lud er den Hochstapler ein, sich ins Goldene Buch der Stadt einzutragen. Domela tat ihm den Gefallen und zeichnete als „Wilhelm, Prinz von Preußen". Damit hatte er alle Brücken hinter sich abgebrochen.

Nun bewarben sich auch andere Städte Thüringens um die Ehre des prinzlichen Besuchs. In Gothas exklusivstem Hotel brachte man ihn in dem Luxusappartement unter, wo man ihm das Bild seiner „Mutter", der Kronprinzessin Cecilie, auf den Flügel gestellt hatte. Die Honoratioren der Stadt, die Industriellen, die höheren Beamten, ja sogar der eine oder andere Minister wetteiferten um die Ehre, Soirees und Jagden für ihn veranstalten zu dürfen. Aber als die Presse begann, von Reichswehroffizieren zu berichten, die in Gesellschaft des königlichen Gastes gesehen worden waren (die sozialdemokratischen Blätter erinnerten ihre Leser daran, daß Deutschland schließlich eine Republik war), da fragte sich Domela, ob es wirklich ratsam sei, diesen Triumphzug fortzusetzen, so vergnüglich die Sache auch war. Alles verbeugte sich oder knickste vor ihm, man knallte die Hacken zusammen und erstarb vor Ehrerbietung; in jedem Theater stand ihm die Hofloge zur Verfügung, und man begrüßte ihn mit Willkommensreden an jedem Bahnhof, auf dem er einzutreffen geruhte. Auch der „Prinz" mußte natürlich Reden halten, wenn er Wohltätigkeitsfeste eröffnete oder bei Banketts präsidierte. Adlige Mütter mit unverheirateten Töchtern waren hinter ihm her, reiche Witwen umschwärmten ihn und fielen vor Erregung fast in Ohnmacht, wenn er das Wort an sie richtete. Es war ein bißchen zuviel des Guten.

Während er sich den Kopf zerbrach, wie er sich mit Anstand aus der ganzen Affäre ziehen könne, nahmen die Dinge plötzlich eine dramatische Wendung, die ihn von seiner Unschlüssigkeit erlöste. Er war gerade im Begriff, sein Gothaer Hotel zum Besuch der Gaswerke zu verlassen, zu dem ihn der Bürgermeister eingeladen hatte, als ihm der Hoteldirektor nachlief. Er schwenkte ein Telegramm. „Ich nehme an, Hoheit werden wohl den Besuch der Gaswerke aufschieben wollen", sagte er und zeigte ihm das Telegramm. Es lautete: „Reserviert ruhiges Zimmer für heute nachmittag" und war gezeichnet „von Berg".

Dem Hochstapler sank das Herz in die Hosen. Das Spiel war aus. Von Berg war der Name des Hauptverwalters der Hohenzollernschen Besitztümer. Dieser Mann kannte natürlich alle Mitglieder der Familie persönlich; sicher hatte man ihn nach Gotha geschickt auf Grund der Zeitungsberichte, um den falschen Prinzen zu entlarven.

„Ich habe für Herrn von Berg das Zimmer neben den Gemächern Eurer Hoheit reservieren lassen", sagte der Hoteldirektor, „mit einer Verbindungstür natürlich."

Domela hätte ihn am liebsten erwürgt. Wie zum Teufel konnte man sich aus dieser Klemme herauswinden? In einer Stunde würde der Verwalter eintreffen, und Domela hatte nicht einmal genug Bargeld für eine schnelle Flucht.

Er bauftragte den Direktor, zunächst einmal den Besuch des Gaswerks mit aufrichtigem Bedauern des Prinzen abzusagen und den Wagen der Stadtverwaltung, der ihn abholen sollte, fortzuschicken. Dann verriet er dem Direktor „in strengstem Vertrauen", daß Herr von Berg nach Gotha käme, weil auf einem Hohenzollerngut in der Umgegend gewisse Geschäftsangelegenheiten zu erledigen seien. Er, der Prinz, müsse für diesen Besuch noch ein paar Einkäufe machen, aber gerade jetzt sei er etwas knapp an Bargeld. Könnte der Direktor ihm etwas leihen – sagen wir: hundert Mark? Der Direktor, dem vor lauter Stolz der Kopf rot anlief, drängte Domela hundertzwanzig Mark auf.

So lässig wie möglich spazierte er die Straße entlang. Auf dem gegenüberliegenden Gehsteig sah er einen Mann, der mit ungewöhnlichem Interesse ein Schaufenster mit Damenwäsche studierte. Domela glaubte ihn zu erkennen: er war hier und da in den letzten Tagen bei Veranstaltungen aufgetaucht, die der falsche Prinz besuchte, aber Domela hatte sich keine Gedanken darüber gemacht. Jetzt war er sicher, daß der Mann ein Geheimpolizist war. Man war ihm also schon auf die Spur gekommen!

Mit aller Nonchalance, die er trotz seiner Nervosität aufbringen konnte, ging Domela in der Richtung zum Bahnhof weiter. Am Bahnhofseingang überholte ihn der Mann. Domela geriet in eine Panik. Er drehte sich um, sprang in ein Taxi und befahl dem Fahrer, ihn bis nach Erfurt zu bringen – eine Entfernung von über dreißig Kilometern. Die lange Fahrt gewährte ihm die nötige Muße, um seine weiteren Fluchtpläne zu fassen.

Die hilfreiche Reichswehr

Was er während der nächsten Tage am meisten zu fürchten hatte, waren die Zeitungen. Sicher würden sie von dem Hohenzollernprinzen berichten, der plötzlich aus Gotha verschwunden war – und zwar höchstwahrscheinlich vom falschen Prinzen, denn Herr von Berg und die Polizei würden ja wohl die Hilfe der Presse in Anspruch nehmen bei der Jagd nach dem Hochstapler. Aber wenn es ihm gelänge, ein wenig Gras über die Affäre wachsen zu lassen, würde man ihn vielleicht ganz gern vergessen. Ob wohl die Damen und Herren, die sich vor einem arbeitslosen Vagabunden in den Staub geworfen hatten, als Zeugen vor Gericht auftreten würden? Im übrigen hatte er niemanden geschädigt oder betrogen, jedenfalls nicht um Geld. Was ihm seine Bewunderer hatten zukommen lassen, hatten sie aus freiem Willen gegeben; selbst der Hoteldirektor war wohl gewillt, seine 120 Mark zu vergessen – die Reklame, die der falsche Prinz seinem Unternehmen eingebracht hatte, war ein Vielfaches wert. Was Domela also nun dringend brauchte, waren ein paar Tage Atempause ... und vor allem: keine Zeitungsartikel.

Während er sich all diese Dinge auf dem Wege nach Erfurt durch den Kopf gehen ließ, traf Herr von Berg in Gotha ein. Er entpuppte sich als harmloser Kaufmann aus Frankfurt, nicht einmal entfernt verwandt mit dem Verwalter der Hohenzollerngüter!

In Erfurt ließ sich Domela von seinem Fahrer zur Reichswehrkaserne bringen. Das Militär, so kalkulierte er, war noch immer ein Machtfaktor in Deutschland; warum sollte er es nicht benützen, um sich den Fluchtweg offen zu halten?

An der Kaserne angelangt, verlangte er nach dem Kommandeur. Man teilte ihm mit, daß der Herr Oberst in seiner Privatwohnung sei. Vom nächsten Telefonkiosk rief er ihn an: „Hier spricht Prinz Wilhelm von Preußen. Kann ich den Herrn Oberst sprechen? ... Ja, ich bleibe am Apparat ... Ah, Herr Oberst! Bedaure, Sie stören zu müssen. Kann ich Sie in einer privaten Angelegenheit ein paar Minuten sprechen?"

„Stehe selbstverständlich zur Verfügung Eurer Hoheit. Befehlen Eure Hoheit, daß ich zur Kaserne komme?"

„Nicht nötig. Möchte jedes Aufsehen vermeiden. Ich habe meinen Wagen hier. In zehn Minuten bin ich bei Ihnen."

„Wie Hoheit befehlen!"

Vor der Villa des Obersten wartete bereits der Adjutant, um Domela in den Empfangssalon zu führen. Der Oberst erschien in seiner Paradeuniform mit allen Orden, schlug die Hacken zusammen und bat um Vergebung, daß er Seiner Hoheit die Mühe dieser Fahrt zu seiner Villa gemacht habe. Dann fragte er, ob ein zweiter Offizier der Unterredung beiwohnen dürfe. Der Hochstapler hatte nichts dagegen einzuwenden.

Wie Harry Domela später berichtete, verlief die Unterhaltung mit dem Obersten – der natürlich von einer republikanischen Regierung angestellt und besoldet war! – etwa folgendermaßen:

„Herr Oberst, Sie sind wahrscheinlich überrascht, mich hier zu sehen. Vielleicht haben Sie in der Presse gewisse Berichte über mich und meine Verbindungen mit der Reichswehr gelesen – äußerst peinlich für mich. Ich möchte gern ein paar Tage in Erfurt in privaten Angelegenheiten verbringen, ohne von der Presse belästigt zu werden. Können Sie Ihren Einfluß geltend machen und dafür sorgen, daß derartige Berichte unterbleiben?"

„Hoheit, der Wunsch Eurer Hoheit ist mir Befehl. Eure Hoheit können sich auf mich verlassen. Ich werde mein Äußerstes tun, um zu verhindern, daß die Zeitungen irgend etwas über Eure Hoheit bringen."

„Ich bin Ihnen sehr verbunden, Herr Oberst. Ich werde ohnedies nicht lange bleiben."

„Eure Hoheit werden mit mir zufrieden sein. Darf ich um die Ehre bitten, Eurer Hoheit eine Tasse Tee anzubieten?"

„Bedaure unendlich, Herr Oberst. Familie besteht darauf:

kein überflüssiger Kontakt mit Reichswehroffizieren. Hoffe, Sie verstehen."

Der Oberst geleitete ihn hinaus und öffnete ihm selbst die Tür des wartenden Taxis. Dann schlug er wieder die Hakken zusammen und salutierte. Domela war gerettet – zumindest vorläufig.

Die Bürger von Erfurt waren hocherfreut, den Prinzen wieder bei sich zu sehen, und der Hochstapler genoß noch ein paar sorglose Tage. Tatsächlich brachten die Zeitungen nicht ein Wort; der Oberst hatte anscheinend wenig Schwierigkeiten gehabt, sie zum Schweigen zu bringen. Domela fuhr weiter nach Weimar, wo er ebenfalls zuerst den Reichswehrkommandeur aufsuchte. Dieser Oberst ließ es sich nicht nehmen, auf die Straße hinunterzueilen, um den Prinzen zu begrüßen; auch er versprach, dafür zu sorgen, daß nichts über den hohen Besuch in Weimar verlautete ... in der Stadt, die Zeuge der Geburt von Deutschlands republikanischer Verfassung gewesen war. Und wieder fügte sich die Presse Domelas Wünschen, die den Redakteuren vom Reichswehrkommandeur übermittelt wurden. Man kann nicht umhin, den Scharfsinn des jungen Hochstaplers zu bewundern, der die Machtverhältnisse hinter den Kulissen der demokratischen Republik so gut durchschaute.

Weimar sollte Prinz Wilhelms letzte Station sein. Obwohl er keine Anhaltspunkte dafür hatte, daß ihm die Polizei auf der Spur war, so wußte er doch, daß das Ende seines Abenteuers nahe war; tatsächlich war er ganz froh, daß er selber Schluß mit der Komödie machen konnte, ehe der Arm des Gesetzes ihn erreichte.

Eine letzte, herrlich durchzechte Nacht in Gesellschaft seiner „loyalen Untertanen" – darunter zwei Kriminalbeamte, die nicht den leisesten Verdacht schöpften! –, eine letzte Eintragung im Gästebuch des führenden Weimarer Hotels ... und im Morgengrauen wanderte „Prinz Wilhelm" still zum

Bahnhof. Er kaufte sich ein Billett vierter Klasse (das gab es damals noch auf Bummelzügen) nach Berlin und wartete die Abfahrtszeit bei einer Tasse Kaffee ab. Mit ebenso leeren Händen, wie er die Prinzenkomödie begonnen hatte, trat er von der Rampe zurück, um durch den Hinterausgang zu verschwinden.

Der Weg zur Fremdenlegion

Noch während Harry Domela an jenem grauen Januarmorgen des Jahres 1927 im Zug nach Berlin saß, brach der Sturm los. Die Gothaer Polizei hatte sich mit der in Erfurt und Weimar in Verbindung gesetzt. Ein Telefonanruf in Potsdam genügte, um festzustellen, daß der echte Prinz Wilhelm in den vergangenen Monaten überhaupt nicht in Thüringen gewesen war. Aber wenn Domela in übertriebener Bescheidenheit angenommen hatte, daß sein Streich kaum viel Beachtung finden würde, so hatte er sich sehr getäuscht. Schon bei seiner Ankunft in Berlin starrten ihm die fetten Zeitungsüberschriften entgegen: *Falscher Hohenzollernprinz hält unverbesserliche Monarchisten zum Narren ... Wo ist „Prinz Wilhelm?" ... Ganz Deutschland sucht den Hohenzollernprinzen ... Die Welt lacht über unsere Republik ...*

Hätte Domela sich unverzüglich den Behörden gestellt, so wären ihm seine weiteren Sorgen und Ängste erspart geblieben. Aber er hatte Furcht vor der Polizei, vor einer neuen Gefängnisstrafe. Er versuchte unterzutauchen. Gewiß, niemand beachtete ihn in den billigen Kneipen, wo er seine Mahlzeiten einnahm; aber selbst hier sprach und lachte man über den genialen Streich des falschen Prinzen. Hätten seine Tischnachbarn von ihren Zeitungen aufgeschaut, so hätten sie ihn vielleicht nach den veröffentlichten Bildern erkannt: die Presse hatte sich ein paar Gelegenheitsaufnahmen aus Thüringen, auf denen er inmitten seiner Bewunderer zu sehen war, verschafft. Es war höchste Zeit, aus Deutschland zu verschwinden.

Irgendwie verdiente er sich genug Geld für eine Fahrkarte nach Koblenz, im damals besetzten Rheinland – ein beliebter Übergangsort nach Frankreich. Dort sah er die ersten französischen Soldaten ... und Plakate, die jungen Männern empfahlen, sich für die Fremdenlegion anwerben zu lassen. Ohne lang zu zögern, ging er zum Werbebüro. Konnte der Militärdienst in Nordafrika schlimmer sein als das Gefängnis?

Er fand dort etwa ein Dutzend Deutscher seines eigenen Alters im Wartezimmer vor. Keiner sprach; aber jeder hätte wohl eine lange Geschichte von Arbeitslosigkeit, Armut und Verzweiflung erzählen können. Einer nach dem andern wurde zur ärztlichen Untersuchung ins Nebenzimmer geholt. Endlich war Domela an der Reihe. Der Arzt warnte ihn: fünf Jahre Dienst in Nordafrika würden seine körperliche und seelische Kraft aufs Äußerste beanspruchen. Aber Domela war fest entschlossen. Der Arzt erklärte ihn für dienstfähig und gab ihm ein Dokument für die Militärbehörden in Metz mit.

Man brachte ihn zum Schlafsaal der Rekruten, und am Morgen marschierte er mit einer kleinen Gruppe zum Bahnhof. Die Rekruten waren gerade im Begriff einzusteigen, als zwei Herren in Zivil erschienen und sich als deutsche Kriminalbeamte auswiesen. Ein Blick auf Domela genügte: sie hatten ihren Mann gefunden.

Er wurde in ein Gefängnis in Köln gebracht, während der Staatsanwalt die Anklage gegen ihn auszuarbeiten begann. Jenseits der Gefängnismauern konnte sich das Publikum – mit Ausnahme der Monarchisten und des Militärs – gar nicht satt lesen an den vergnüglichen Einzelheiten des Falles, die nun ans Tageslicht kamen. Was viele ehrliche Republikaner fühlten, die sich Sorgen machten wegen des Treibens der Reaktion im Lande, drückte wohl am besten ein Leitartikel in der demokratischen Wochenschrift *Das Tagebuch* aus, der einen praktischen Vorschlag enthielt:

„Das Verdienst Harry Domelas, der als falscher Kronprinzensohn die thüringischen Anhänger des Hauses Hohenzollern zu solchen Narren hielt, wie sie sind, ist wahrhaft unschätzbar. Keine Satire hätte den Byzantinismus lächerlicher machen, keine soziologisch-philosophische Studie das Wesen des Monarchismus tiefer enthüllen können als diese Hochstapelei. Leider ist zu befürchten, daß die Richter, in ihren heiligsten Gefühlen getroffen, weder für den Humor, noch für die politische Bedeutung dieser Prinzenaffäre Verständnis aufbringen werden. Um so mehr sind dem Prinzen Harry alle jene verpflichtet, deren Sympathien er sich schneller und vollständiger erworben hat als je ein richtiger Prinz. Als der Vorfahr Domelas, der Schuster Voigt, als Hauptmann von Köpenick den deutschen Militarismus blamierte, setzte ihm eine reiche Dame eine lebenslängliche Rente aus. Soviel braucht Domela nicht. Jung und begabt, wie er ist, dürfte er sich nach seiner Entlassung aus dem Gefängnis eine bürgerliche Existenz selber zu schaffen wissen, wenn man ihm nur in der ersten Zeit etwas hilft ... um so mehr, als sich Prinz Harry, sonst von Kopf bis Fuß ein echter Hohenzoller, von seinen angenommenen Verwandten durch einen geringen Sinn für das Geld vorteilhaft unterschied und heute, trotz seiner erfolgreichen Prinzentätigkeit, gänzlich mittellos ist. Es ist also geradezu republikanische Ehrenpflicht, eine Geldsammlung für Harry Domela einzuleiten. Soll er in seiner Zelle die hohe Wonne fühlen, Liebling des Volks zu sein!"

Einer der *Tagebuch*-Leser legte seiner Hundertmarkspende für Domela einen Brief an die Redaktion bei, in dem es hieß: „Ihre Idee ist falsch. Nicht für den lieben Domela zu sammeln, wäre Aufgabe des *Tagebuchs.* Viel wichtiger ist es, 500 Domelas aufzustellen, auszubilden und nach einer wohlstudierten Landkarte in Deutschland zu verbreiten ..." Der Leser schlug vor, die 500 falschen Prinzen in die Salons der feinen Gesellschaft, ins Auswärtige Amt, in die Reichswehr, die vaterländischen Vereine und so weiter zu schicken –

„kurzum, in jenes arme, dunkle Nubien, das danach lechzt, wieder Stiefelabsätze zu küssen. Heraus mit den fünfhundert Domelas! Von ihnen erwarte ich die Wiedergeburt Deutschlands."

Aber Domela brauchte überhaupt keine finanzielle Hilfe. Während er noch im Untersuchungsgefängnis saß, bot ihm ein Berliner Verleger einen Vorschuß von 25 000 Mark für seine Memoiren an. Obwohl er von seinem eigenen literarischen Talent keineswegs überzeugt war, gelang ihm doch (wahrscheinlich mit ein wenig fachmännischer Unterstützung) eine Autobiographie, die voll war von faszinierenden Einzelheiten aus seinem großen Abenteuer. Das Buch war ein glänzender Erfolg; innerhalb weniger Monate wurden 70 000 Exemplare verkauft.

Im Juli 1927 stand Domela vor dem Kölner Gericht. Ein Zeuge nach dem andern sagte aus, er habe durch die Streiche des falschen Prinzen keinerlei Schaden erlitten. Im Gegenteil, erklärten die Hoteldirektoren, die Anwesenheit „Seiner Hoheit" habe ihren Umsatz erheblich gesteigert. Auf Wohltätigkeitsfesten wurden Rekordsummen gesammelt, wenn er zugegen war; Kellner, Zimmermädchen, Taxifahrer priesen ihn wegen seiner Freundlichkeit und Freigebigkeit. Mehrere Zeugen hätten es sichtlich vorgezogen, nicht aussagen zu müssen – die genarrten Grafen und Barone, die Industriellen und Großgrundbesitzer, die nun recht lächerlich wirkten in all ihrer cholerischen Entrüstung über den frechen Burschen, der es gewagt hatte, ein Mitglied der kaiserlichen Familie zu imitieren. Für die Publikumsgalerie war der Prozeß ein herrlich amüsantes Spektakel. Der weise Richter verhängte über Domela eine Gefängnisstrafe von nur sieben Monaten, die er durch die Untersuchungshaft bereits abgesessen hatte. Harry Domela war frei.

Es gab eine regelrechte, aber kurze Domela-Konjunktur. Jeder wollte den falschen Prinzen sehen. Man ließ ihn sogar eine ähnliche Rolle auf der Bühne spielen – in „Alt-Heidelberg"; aber Domela, im Leben so ein ausgezeichneter Komödiant, versagte auf den Brettern. Die Gage hatte er auch gar nicht nötig; innerhalb von drei Jahren brachten ihm seine Buchtantiemen 300000 Mark ein. Er gab den Großteil des Geldes mit vollen Händen aus; vom Rest kaufte er sich ein kleines Kino in Berlin. Es wurde 1930 unter seiner persönlichen Leitung mit einem Filmlustspiel eröffnet, das „Der falsche Prinz" hieß – in der Hauptrolle Harry Domela.

Wie es ihm in den folgenden Jahren erging, läßt sich nicht mit Sicherheit feststellen. Die einen wollen wissen, daß er in Deutschland blieb und gleich nach Hitlers Machtübernahme in ein Konzentrationslager gebracht wurde, wo er starb. Es ist jedoch wahrscheinlicher, daß er – wie andere Quellen behaupten – nach Mittelamerika auswanderte, wo er vielleicht noch heute lebt.

Anfang der fünfziger Jahre kam im Verlauf eines Presseinterviews mit der ehemaligen Kronprinzessin Cecilie im Sanatorium Ebenhausen im Isartal eine hübsche Anekdote ans Tageslicht. Im Frühjahr 1927, so erzählte sie, wurde ihr nach Cecilienhof ein Dutzend gelber Rosen geschickt; die beiliegende Karte lautete: „Ihrer kaiserlichen Hoheit, Kronprinzessin Cecilie. Es war mir eine Ehre, für den Sohn Eurer kaiserlichen Hoheit gehalten zu werden. H. D." Er hatte die Blumen sofort nach Erhalt des Vorschusses aus dem Untersuchungsgefängnis schicken lassen. Ein paar Monate später, nach seiner Freilassung, erschien er plötzlich auf Schloß Cecilienhof. „Er hat sich selber zum Tee eingeladen", berichtete die Kronprinzessin. „Ich konnte ihn nicht einfach fortschicken. Er war ein reizender Mensch, und er hat uns ja nichts getan. Man hat ihn doch in seine Rolle als falscher Prinz förmlich hineingedrängt. Er konnte ja wirklich nichts für die Dummheit der Leute. Wir haben selten so viel und so herzlich gelacht wie über seine Abenteuer. Auch der

Kronprinz, auch mein Sohn Wilhelm – ja sogar der Kaiser in Doorn. Er brachte mir noch einen Strauß Rosen mit, herrliche, langstielige Maréchal-Niel-Rosen ... Erst war er sehr schüchtern. Versteht sich ja, nicht wahr? Aber wie schnell er dann aufgetaut ist ... Er sagte, es habe ihm keine Ruhe gelassen, er mußte einfach seine ‚Mama' kennenlernen. Es war eine der amüsantesten Teestunden, die ich je erlebt habe. Nur eins habe ich nie verstanden: wie die Leute ihn mit meinem Wilhelm verwechseln konnten!"

5 GESCHÄFT MIT DER GEISTERWELT

Walter Hubbell – William Roy

Esther schwillt an

> „Amherst in Neuschottland ist ein hübsches Städtchen, an der berühmten Bucht von Fundy gelegen, und ist entweder von Halifax oder Saint John in Neubraunschweig aus mittels der ausgezeichnet verwalteten Inter-Colonial Railway zu erreichen; es liegt etwa 225 km von jedem dieser Orte entfernt. Es hat eine Bevölkerung von ungefähr 3500 Seelen sowie vier Kirchen, eine Akademie und ein Varietétheater samt Kulissen, in dem häufig Bühnen- und Opernaufführungen stattfinden. Amherst besitzt auch eine Eisenschmelzerei, eine Schuhfabrik und wahrscheinlich mehr Läden der verschiedensten Art als irgendein anderes Städtchen dieser Größe in der ganzen Provinz. Die Privathäuser der wohlhabenderen Bewohner haben ein malerisches Aussehen; sie sind von herrlich angelegten Gärten umgeben, mit schattenspendenden Zierbäumen und zahlreichen Blumenbeeten voll exquisiter und zum Teil seltener Pflanzen ..."

Das Büchlein, dessen erste Seiten diese Informationen enthalten, wurde im Jahre 1879 in New York veröffentlicht und war im Nu ein Bestseller. Innerhalb der folgenden drei bis vier Jahrzehnte erlebte es eine Neuauflage nach der andern, bis es mit der 10. Auflage von 1916 allein in Amerika 55000 Exemplare erreicht hatte; es wurde auch in viele Sprachen übersetzt. Jene etwas lahme und wenig elegant stilisierte Einleitung hätte allerdings die Leser kaum derart faszinieren können. Aber nach den ersten Seiten kommt der Autor auf ein gemütliches kleines Haus in Amherst zu sprechen – und damit auf den Kern der Sache.

Dieses Haus war „das bescheidene Heim des biederen Daniel Teed", eines Vorarbeiters in der Schuhfabrik des Ortes, seiner arbeitsamen Frau Olive und ihrer beiden Söhne, des fünfjährigen Willie und des siebenjährigen George. Ferner wohnten in dem Häuschen Frau Olives zwei Schwestern, Jennie und Esther Cox: die erste eine zweiundzwanzigjährige Schönheit mit vielen Bewunderern, die andere ein untersetztes, blasses Mädchen von neunzehn Jahren mit großen grauen Augen, deren „sehr ernsthafter Ausdruck" zu sagen schien: „Warum schaut ihr mich so an? Kann ich dafür, daß ich anders bin als die andern?" Noch zwei weitere Personen wohnten in diesem Haus: Daniel Teeds Bruder John und der Bruder der Schwestern Cox, William, beide ebenfalls „biedere, schwer arbeitende Männer". Eine frohe Atmosphäre scheint in diesem überfüllten Heim geherrscht zu haben; aber Anfang September 1878 wurde sie grausam zerstört.

„Das Abendmahl war gerade beendet", so lesen wir in dem Büchlein. „Mr. und Mrs. Teed saßen im Wohnzimmer mit Jennie, die sich nach einer Weile in ihr Schlafzimmer im Obergeschoß begab, wo Esther bereits im Bett lag ... Etwa zehn Minuten lang hatten beide ganz still gelegen, als Esther plötzlich mit einem Schrei aus dem Bett sprang und rief, unter ihrer Bettdecke sei eine Maus. Ihr Schrei erschreckte die Schwester, die fast schon eingeschlafen war; sie stand ebenfalls auf und zündete sogleich die Lampe an. Beide durchsuchten Esthers Bett, konnten aber keine Maus finden ...

Am darauffolgenden Abend hörten die Mädchen, wie sich unter dem Bett etwas bewegte ... Dort lag eine grüne, mit Stoffresten gefüllte Kartonschachtel, aus der man ein Rascheln hörte. Sie stellten die Schachtel in die Mitte des Zimmers. Zu ihrem größten Schreck sprang die Schachtel etwa dreißig Zentimeter hoch in die Luft und fiel umgekehrt wieder herunter. Die Mädchen trauten ihren eigenen Augen nicht; Esther stellte die Schachtel wieder in die Zimmermitte, und beide beobachteten sie unausgesetzt. Der gleiche Vorfall wiederholte sich.

Cagliostro zur Zeit seines ersten Besuchs in London

Kardinal Fürst de Rohan, Grand-Amônier von Frankreich, elsässischer Landgraf, Fürstbischof von Straßburg und französischer Botschafter in Wien

Cagliostro in Mitau bei der Familie von Medem

Cagliostro (links am Tisch sitzend) wird in einer Londoner Freimaurer-loge verspottet. Karikatur von Gillray

Eze
Duce
Trua
Tan
Zennee
Sendee
Tam
Nunta
Berteen
Tashman
Limmenee
Judgbennee
Artinne
Ferney
Fissmen

»*Prinzessin Carabu aus Javasu*« *in ihrer orientalischen Aufmachung. (Unten links:) Die von ihr erfundenen Zeichen und Wörter für die Zahlen von 1 bis 15. (Unten rechts:) Von Carabu aufgezeichnete Wörter in* »*Javasu-Schrift*«*; darunter ihre Unterschrift mit ihrem wirklichen Namen*

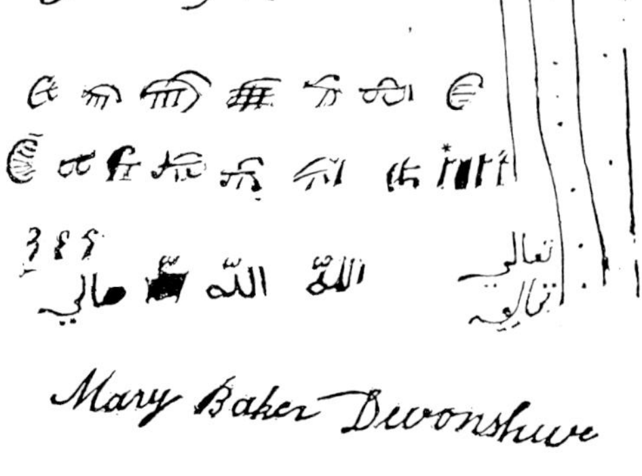

General MacGregor nach einem in Venezuela gemalten Porträt

Wilhelm Voigt, der »Hauptmann von Köpenick«, in seiner Uniform (links) und am Tag der Entlassung aus dem Gefängnis Tegel nach Verbüßung seiner Strafe (unten)

»Die reductio ad absurdum des preußischen Militarismus« lautete die Unterschrift dieser berühmt gewordenen zeitgenössischen Karikatur des Hauptmanns von Köpenick im »Simplicissimus«

Die »Mannschaft« des Hauptmanns, die als Zeugen geladenen Grenadiere, beim Marsch nach Moabit

Prinz Wilhelm von Hohenzollern, der Enkel Kaiser Wilhelms II. (oben), und Harry Domela in Pose vor dem Standbild eines seiner »Ahnen« in Berlin

Walter Hubbell, Schauspieler und »okkulter Forscher«

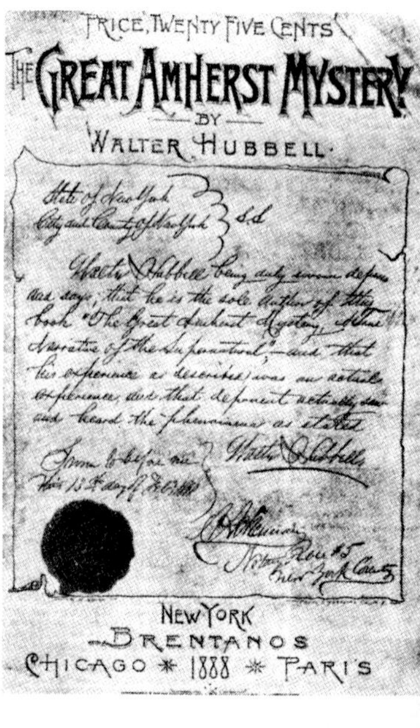

PRICE, TWENTY FIVE CENTS

THE GREAT AMHERST MYSTERY

BY

WALTER HUBBELL.

State of New York
City and County of New York } ss

Walter Hubbell being duly sworn deposes and says, that he is the sole author of the book "The Great Amherst Mystery, a True Narrative of the Supernatural," and that his experience as described was an actual experience, and that deponent actually saw and heard the phenomena as stated.

Walter Hubbell

Sworn to before me

Notary Public #5 New York County

NEW YORK
BRENTANOS
CHICAGO ✻ 1888 ✻ PARIS

Titelblatt der 2. Auflage von Hubbells Buch über die Vorfälle in Amherst (1888) mit seiner notariell beglaubigten eidesstattlichen Versicherung über deren Echtheit

Das Medium William Roy mit einem Kehlkopfmikrophon zur Kontrolle der Echtheit seiner »Geisterstimmen«

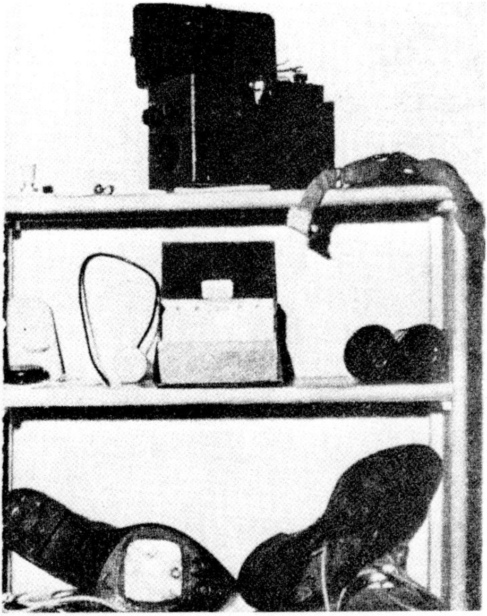

Der in die Redaktion der Londoner »Psychic News« gebrachte Koffer mit Roys Ausrüstung (elektrische Geräte, Schuhe mit Metallsohlen, Kundenkartothek, Kopfhörer)

Thérèse Humbert im Jahre 1901

Marthe Hanau am Redaktionstisch ihrer »Gazette du Franc« im Jahre 1930

Thérèse Humbert in ihrer Glanzzeit

Frédéric Humbert mit Deputierten-Schärpe und -Abzeichen im Jahre 1901

Madame Hanau beim Verlassen des Pariser Gerichtsgebäudes. Neben ihr Lazare Bloch

»Goldmacher« Franz Tausend

Eine der von Franz Tausend erworbenen mitteldeutschen Frabrikanlagen, in denen er Gold erzeugen wollte

General Erich Ludendorff

Edith Marion Rosse
um 1910

Die Exhumierung von Edith Marion Rosse aus ihrem »flachen Grab« an der Themse

Maundy Gregory um 1930

Nun fürchteten sich Jennie und Esther sehr und schrien, so laut sie konnten, nach Daniel, der rasch ein paar Kleidungsstücke überwarf und heraufkam, um zu sehen, was denn los sei. Sie beschrieben, was vorgefallen war, aber er lachte nur, schob die Schachtel zurück unter das Bett und erklärte, die Mädchen seien wohl verrückt oder hätten alles nur geträumt; und nachdem er noch geschimpft hatte, weil man ihn in seiner Nachtruhe gestört habe, ging er wieder ins Bett ..."

In der nächsten Nacht, so erfahren wird, fand man Esther in ihrem Zimmer mit blutrotem Gesicht und hervorquellenden Augen; die Haare standen ihr zu Berg. „Mein Gott!" rief sie. „Was ist mit mir los? Ich sterbe!" Die Familie war der Ansicht, sie habe den Verstand verloren. Man brachte sie zu Bett, aber bald fing sie zu ächzen an: „Ich schwelle an ... ich werde platzen, bestimmt werde ich platzen!" Sie platzte zwar nicht, aber Daniel sagte, Esther scheine tatsächlich anzuschwellen. Während alle herumstanden und sich überlegten, was man für das angeschwollene Mädchen tun könne, das vor Schmerzen stöhnte und mit den Zähnen knirschte wie bei einem epileptischen Anfall, ertönte ein lauter Knall, „wie ein Donnerschlag, aber ohne jenes schreckliche Grollen, das sonst zu folgen pflegt", wie das Büchlein berichtet.

„Großer Gott!" rief Mrs. Teed. „Das Haus ist vom Blitz getroffen worden – sicher sind meine Jungen umgekommen!" Aber man fand sie in festem Schlaf in ihren Betten. Anscheinend hatten sie den Lärm gar nicht gehört. Es folgten drei weitere Donnerschläge, die unter Esthers Bett hervorzukommen schienen. Darauf schrumpfte Esther auf ihr normales Format zurück und schlief ein.

Und so ging es Abend für Abend zu im bescheidenen Heim des biederen Daniel Teed. Esthers Bettdecke flog zu Boden, es donnerte, das Mädchen schwoll wieder an. Man holte den Arzt, der zu der Ansicht gelangte, Esther leide an nervöser Überreizung und habe „sichtlich irgendeinen furchtbaren Schock erlitten". Während Dr. Carritte auf ihrem Bett saß, bewegte sich ihr Kissen unter dem Kopf hervor und wieder zurück, worüber er höchst verdutzt war. Als das Kissen denselben Trick noch einmal versuchte, wollte John Teed es festhalten, aber „es wurde seinen Händen von einer Kraft, die stärker war als er, entrissen". Alles, was Dr. Carritte dazu sagen konnte, war: „Das ist erstaunlich!", und als er zur Tür ging, folgten ihm sozusagen laute Donnerschläge unter dem Bett hervor. Dann flog Esthers Decke wieder vom Bett herunter. Einen Augenblick danach hörte man ein kratzendes Geräusch, „als schriebe jemand etwas an die Wand" – und tatsächlich, zu jedermanns Überraschung erschienen dort die Worte: „Esther Cox, du bist mein, und ich bringe dich um!"

Der Arzt stand noch immer an der Tür. Ein großes Stück Verputz löste sich von der Mauer und flog in einem Bogen auf ihn zu, um ihm vor die Füße zu fallen. Als er es aufhob, ertönten neue Donnerschläge. „Während dieser ganzen Zeit", heißt es in dem Bericht, „lag Esther auf ihrem Bett, fast zu Tode erschreckt. Nachdem diese Vorfälle etwa zwei Stunden lang angehalten hatten, wurde alles wieder ruhig, und die arme Esther schlief ein."

Als Dr. Carritte am nächsten Morgen wiederkam, war Esther gesund und munter und half ihrer Schwester beim Anrichten des Frühstücks, aber sie war so nervös, daß jedes plötzliche Geräusch sie zusammenzucken ließ. Sie beklagte sich auch, daß im Keller jemand sei, der „ein Stück Holz nach ihr geworfen" habe; der Arzt stieg mit ihr hinunter, und beide wurden von unsichtbarer Hand mit Kartoffeln bombardiert. Am nächsten Tag hörte der Arzt Donnerschläge, die vom Dach kamen, und in der darauffolgenden Woche „wußte ganz Amherst bereits, daß in Daniel Teeds Haus merkwürdige Manifestationen einer unsichtbaren Kraft vor sich gingen". Die Zeitung des Ortes berichtete darüber.

Nun war es höchste Zeit, daß sich auch die Geistlichkeit um die Affäre kümmerte. Der baptistische Geistliche Dr. Edwin Clay wurde beim Eintritt in das Haus der Teeds mit einer ganzen Reihe von Donnerschlägen begrüßt. Seine Erklärung dafür lautete, daß Esthers überreizte Nerven sie „auf geheimnisvolle Art in eine elektrische Batterie verwandelt" hätten, daß „unsichtbare Blitze ihren Körper verließen" und daß die Knallphänomene „winzige Gewitter" seien. Dr. Clay hielt sogar Predigten und Vorträge über die Vorfälle und „verteidigte stets Esther Cox und ihre Familie energisch, wenn sie von gedankenlosen Leuten des Betrugs bezichtigt wurden", wie unser Chronist hinzufügt.

Die Methodisten beschlossen, den Fall nicht ausschließlich in den Händen der baptistischen Konkurrenz zu lassen. Als ihr Geistlicher, Dr. R. A. Temple, das Haus der Teeds besuchte, wurde er Zeuge eines erstaunlichen Schauspiels. Er sah, wie „ein Eimer mit kaltem Wasser in Bewegung geriet, während er auf dem Tisch stand, und das Wasser allem Anschein nach zu kochen begann". Auf Grund der Augenzeugenberichte der zwei geistlichen Herren, deren Vertrauenswürdigkeit über jeden Zweifel erhaben war, „wurde das Haus zum beliebten Ziel selbst der exklusivsten Kreise, die jene Wunder sehen wollten. Die Neugierigen kamen in Gruppen; und oft, während das Haus voller Besucher war, stand eine zahlreiche Menge draußen und wartete auf Einlaß."

Den ganzen Sommer und Herbst hindurch dauerten die Phänomene an, bis zum Dezember, als Esther schwer an

Diphtherie erkrankte. Während sie darniederlag, „hörte die Kraft auf, sie zu quälen". Nach ihrer Genesung wurde sie von ihrer verheirateten Schwester Mrs. Snowden nach Sackville in Neubraunschweig eingeladen, wo sie sich zwei Wochen lang erholte. „Die Kraft", so erfahren wir, „folgte ihr nicht."

Aber nach ihrer Heimkehr ging es dramatischer zu denn je. Eines Abends sagte Esther zu Jennie, eine Stimme habe sie gewarnt, daß das Haus von einem Geist angezündet werden würde. Die Familie nahm dies nicht ernst, aber plötzlich sah man ein brennendes Streichholz von der Zimmerdecke auf ein Bett fallen; Jennie löschte es sofort aus. Der Vorfall wiederholte sich mehrmals, und man hörte auch von neuem Donnerschläge.

Schließlich versuchte Daniel Teed, mit der „Kraft" zu reden, und fragte sie, ob sie sagen könne, wie viele Personen sich im Zimmer befänden. „Klopfe die Zahl auf den Boden!" Und wirklich hörte man es sechsmal klopfen – die richtige Antwort. Nun hatte die Familie eine Methode gefunden, um mit der „Kraft" zu kommunizieren. Ein Besucher schlug vor, einen Klopf-Code einzuführen: einmal für „nein", dreimal für „ja", zweimal für „ich weiß nicht".

Als wieder brennende Streichhölzer von der Decke fielen, fragte Daniel, ob die „Kraft" das Haus in Flammen aufgehen lassen wolle, und man hörte drei Klopfzeichen. Fünf Minuten später löste sich ein Kleid, das Esther gehörte, von dem Haken an der Wand, an dem es hing; unsichtbare Hände rollten es zusammen, schoben es unter das Bett und zündeten es dort an. Daniel zog es heraus und löschte es. Die Streichhölzer, die für diese Späße verwendet wurden, stammten aus einer in der Küche liegenden Schachtel.

Drei Tage später sah Mrs. Teed, wie aus der Kellertür Rauch drang; die Tür führte in das Eßzimmer, in dem Esther saß. Mrs. Teed holte einen Eimer voll Wasser, eilte in den

Keller und schüttete es auf einen Holzstoß, der in einer Ecke brannte, während Esther auf die Straße lief, um die Nachbarn zu warnen.

„Nur die Familie und Dr. Carritte wußten, daß der Geist das Feuer angezündet hatte", lesen wir. „Die Feuerwehr von Amherst dagegen war der Ansicht, Esther selbst habe auf irgendeine Art den Brand entfacht. Die anderen Bewohner äußerten verschiedene Theorien."

Nun gab sich die „Kraft" deutlicher zu erkennen. Es handelte sich nicht um *einen* Geist, sondern um zwei! Und zwar um Poltergeister, wie der aus dem Deutschen übernommene Gattungsname lautete. Sie stellten sich mittels Klopfalphabet vor als „Bob Nickel" und „Maggie Fisher". Bob gab unumwunden zu, er sei ein böser Geist und wolle Esther zu Tode quälen; er bewies seine ernsten Absichten durch weitere Missetaten wie etwa dadurch, daß er Nadeln in das Mädchen steckte. Im April 1879 hatten sich die Dinge so verschlimmert, daß Esther zu Freunden aufs Land verschickt wurde, zur Familie van Amburgh, die vier Kilometer von ihrem Heim entfernt wohnte.

Dort gab es nur gelegentliche Klopfzeichen. Mittlerweile hatte Esther wieder begonnen, als Hausgehilfin bei einem Mr. John White und seiner Familie in Amherst zu arbeiten, was sie bereits getan hatte, ehe ihre Leidenszeit begann. Etwa einen Monat lang blieb alles ruhig. Aber eines Tages, als sie bei den Whites den Boden schrubbte, verschwand die Bürste aus ihrer Hand, um plötzlich von der Zimmerdecke zu fallen; geheimnisvolle Schritte und zuknallende Türen waren überall im Haus zu hören; Esther wurde mit dem Messer geritzt; Stühle wurden im Wohnzimmer aufeinandergeschichtet, um dann mit gewaltigem Krach auf den Boden zu fallen ...

Doch dann, nach neun Monaten unheimlicher Geschehnisse, änderte sich Esthers Leben mit einem Schlag.

An diesem Punkt unserer Erzählung müssen wir eine neue Figur einführen, die sich bald als der eigentliche Held des Dramas erweisen wird: Walter Hubbell, Autor des Büchleins, aus dem wir so ausführlich zitiert haben. Er nannte es zuerst „Das Spukhaus – eine wahre Geistergeschichte", aber die revidierte Ausgabe von 1888 bekam einen neuen, endgültigen Titel: *„The Great Amherst Mystery"*, das große Rätsel von Amherst. Unter diesem Titel wurde das Werk zu einem der berühmtesten in den Annalen der Parapsychologie und des Spiritismus.

Hubbell war ein amerikanischer Schauspieler, der Sohn eines Anwalts aus Philadelphia, der neben seiner Rechtspraxis mit zahlreichen Erfindungen Erfolg hatte (unter anderen militärischen Dingen erfand er zum Beispiel eine Explosivgranate für die amerikanische Armee). Seit seinem Knabenalter hatte Walter auf der Bühne gestanden, und später schloß er sich wandernden Schauspielertruppen als Charakterdarsteller an. Zum jugendlichen Liebhaber brachte er es allerdings nie, und nach vielen Jahren eintöniger Tourneen war er es wohl müde, zu kleinen Gagen für andere zu arbeiten. Er sah sich daher nach einer Gelegenheit um, selbst zum Impresario zu werden.

Zu Beginn des Jahres 1879 – er war nun 28 – machte seine Truppe eine Tournee durch Neuschottland. In Halifax las er in der Zeitung von den mysteriösen Vorfällen in Amherst, und der Gedanke daran ließ ihn nicht mehr los. Im März, während einer Spielpause, fuhr er nach diesem Ort und besuchte das Haus der Teeds. Esther war nicht daheim; sie erholte sich gerade in Saint John. Hubbell blieb zwei Tage lang in Amherst und unterhielt sich lange mit den Teeds; dann begab er sich zu Mr. White, Esthers Arbeitgeber, und machte ihm ein geschäftliches Angebot. Ohne das Mädchen oder irgendeine der seltsamen „Manifestationen" gesehen zu haben, schlug er Mr. White vor, mit ihm „eine Partnerschaft zum Zweck von Vorträgen über das Rätsel von Amherst einzugehen ... vorausgesetzt, daß Esther teilnehme und auf der Bühne sitze, während ich über den Fall spreche", schrieb Hubbell. „Meine Absicht war es, das Rätsel zu erklären und damit Geld zu verdienen – ein Plan, der mir genau das Richtige für die Sommersaison erschien."

Schließlich fuhr Mr. Hubbell wieder ab, um inzwischen eine Vortragstournee mit Esthers persönlichem Auftreten zu organisieren. Mr. White, ein geldgieriger und ungebildeter Mann, dem bei Hubbells Voraussagen von wunderbaren Kasseneinnahmen schon der Mund wässerte, wurde bereits ungeduldig; drei Wochen nach Hubbells Besuch schrieb er an ihn (sein Brief, voller orthographischer Fehler, ist hier in korrektem Deutsch wiedergegeben):

> „Geehrter Herr, ich dachte ich schreibe mal an Sie und lasse Sie wissen, wie die Sache, über die wir sprachen, inzwischen weitergelaufen ist. Das Mädchen ist jetzt wieder in Amherst in meiner Obhut ... Alles geht in Ordnung, aber ich wünschte, Sie wären hier, damit wir bald anfangen könnten. Ich finde, wir verlieren Zeit. Die Manifestationen gehen weiter ... Ich glaube, es wäre gut, zuerst nach Halifax zu fahren, aber das überlasse ich Ihnen. Bitte lassen Sie bald von sich hören; andere Leute möchten sie auch mitnehmen, aber sie sagt, sie geht nicht mit ihnen.
>
> Hochachtungsvoll
> J. W. White."

Erst im Juli konnte Hubbell sich freimachen und nach Amherst kommen. Hier sah er Esther zum ersten Mal, und sofort begann er in größter Eile den Text für seinen Vortrag zu schreiben, während Esther ihren Koffer packte; denn schon am nächsten Tag fuhr sie mit Hubbell und Mr. White zur „Premiere" nach Moncton ab. Man weiß nicht, warum sich der biedere Daniel Teed so leichten Herzens entschloß, das Mädchen abreisen zu lassen; wahrscheinlich versprach Hubbell auch ihm und seiner Familie einen Anteil an den Einnahmen. Man muß andererseits aber auch Hubbell bewundern, daß er den Mut hatte, sich so blindlings in sein erstes Unternehmen als Impresario zu stürzen und über Phänomene zu sprechen, die er gar nicht selbst erlebt hatte, und die Esther nun auf der Bühne produzieren sollte. Alles, was er davon wußte, hatte er nur vom Hörensagen erfahren; er hatte gar keine Zeit, irgendwelche Recherchen anzustellen oder die „Vorstellung" zu proben. Er war jedoch, wie er später schrieb, „vertraut mit den Methoden und Tricks der Zauberkünstler, die in den Varietés auftreten".

Vielleicht wagte er nicht, diese Tricks anzuwenden, um „okkulte" Phänomene hervorzurufen; jedenfalls war das Publikum in Moncton enttäuscht. Aber Hubbell hatte zumindest seine Erklärung bei der Hand: „Bob Nickel, der Poltergeist, teilte mir auf eingehendes Befragen den Grund für das Ausbleiben von Klopfzeichen mit und dafür, daß sich keine Gegenstände in Esthers Gegenwart auf der Bühne bewegten: sie hatte nämlich Lampenfieber und verlor dadurch die Fähigkeit, die Poltergeister zu Handlungen zu veranlassen, wie sie sonst nur lebenden Menschen auf Erden möglich sind ..."

Die guten Leute von Moncton akzeptierten anscheinend diese etwas lahme Ausrede, aber ein paar Tage später, in Chatham, gab es einen Krawall, der Vorhang mußte herabgelassen werden, und später auf der Straße warf die wütende Menge Steine und andere Gegenstände auf Esther, Hubbell und White. Esther verlor völlig die Nerven, und White hatte genug von seinem Ausflug ins „Show business". So wurde beschlossen, die Tournee abzubrechen.

Aber Walter Hubbell gab die Sache nicht so einfach auf. Selbst wenn das Publikum Esther nicht sehen wollte, sollte es zumindest Gelegenheit haben, von ihr zu lesen. Er beschloß, ein Buch über die Vorkommnisse in Amherst zu schreiben. Er blieb zwei Wochen bei den Teeds, notierte sich alles, was man ihm erzählte, und versuchte, selbst das eine oder andere der Phänomene zu beobachten. Als Esther bald darauf zu den van Amburghs zog, besuchte er sie dort, aber es war nichts Übernatürliches zu sehen. Das war das letzte Mal, daß er mit Esther Cox sprach.

Im Herbst 1879 vollendete er das Manuskript seines Buches, und schon gegen Ende des Jahres kam es im Verlag Brentano in New York heraus. Er hatte in den Text auch ein paar Zwischenfälle aufgenommen, die sich nach seiner Abreise aus Amherst dort ereignet hatten. Esther hatte eine Stelle als Tageshilfe bei einem Farmer namens Davison angenommen (anscheinend wollten die Whites sie nicht mehr haben); und dort „stahl der Dämon Bob Nickel einige Kleidungsstücke, die den Kindern der Familie gehörten und die später auf der Farm versteckt gefunden wurden", wie Hubbell schrieb. „Esther war gerade im Begriff, die Farm zu verlassen, um nach Hause zu gehen, begab sich aber vorher noch in eine Scheune, um dort jemanden zu treffen. Bald darauf entdeckte man, daß die Scheune brannte. Es war unmöglich, das Feuer zu löschen, und die Scheune und andere Nebengebäude brannten nieder. Bob, der dämonische Brandstifter, hatte es getan! Das arme Mädchen wurde jedoch als die Täterin verhaftet, vor Gericht gestellt und zu vier Monaten Gefängnis verurteilt. Der Richter und die Geschworenen glaubten nicht an Geister, und ich war nicht an Ort und Stelle, um den Zusammenhang zu erklären", fügte Hubbell bedauernd hinzu.

Wie erfuhr er von dem Pech des armen Mädchens? Durch einen Brief, den ihm Jennie schrieb:

> „Sie wollen wissen, wo Esther ist. Ich muß Ihnen die traurige Geschichte erzählen: sie ist im Gefängnis, schon

seit einer Woche, und soll dort vier Monate sitzen. Oh, Mr. Hubbell, es ist schwer für sie und noch viel schwerer für mich, denn ich empfinde die Sache noch schlimmer als sie selbst – ich kann den Kopf nicht hoch halten, wenn ich ausgehe, denn die Leute starren mich an und denken an sie. Aber ich muß Ihnen berichten, warum man sie eingesperrt hat. Sie hat ein paar Kleider bei den Davisons genommen und etwas davon zu den van Amburghs gebracht und erzählt, man habe die anderen Kleider bei ihr gefunden, und die Scheune wurde angezündet und brannte nieder und zwei andere Gebäude auch, und man war sicher, sie habe es getan aus Rache, denn sie war die letzte Person, die in der Scheune gewesen war ..."

Der Vergleich zwischen diesem Bericht der Schwester und seiner phantasievollen Wiedergabe durch den Autor und okkultistischen „Forscher" Walter Hubbell ist recht aufschlußreich. Neun Jahre später, als er eine zweite, neu bearbeitete Ausgabe seines Buches – das bereits ein Bestseller geworden war – vorbereitete, schrieb er wieder an Jennie und fragte an, ob Esther inzwischen noch unter ihren „Teufeln" zu leiden gehabt hätte. Jennie antwortete schlicht: „Seit Sie bei uns waren, hatte Esther Ruhe."

Nach einem Monat Gefängnishaft wurde Esther begnadigt und freigelassen. Bald darauf heiratete sie. Sie wurde nie mehr von „Dämonen" oder Poltergeistern geplagt und starb friedlich im Alter von 52 Jahren in Brockton, Massachusetts, im Jahre 1912.

Fünf Jahre vor ihrem Tod wurde sie von einem bekannten parapsychologischen Forscher, Dr. Hereward Carrington, besucht; sie erklärte ziemlich unwirsch, sie könne sich an nichts erinnern und spreche im übrigen nicht gern von ihrem früheren Leben. Ihr Ehemann meinte, ein Honorar von hundert Dollar würde wohl ihr Gedächtnis beleben, aber Dr. Carrington konnte sich nicht zu diesem ungewöhnlichen Geschäft entschließen.

Der Bericht, den Walter Hubbell über das große Rätsel von Amherst verfaßt hatte, wurde zu Esthers Lebzeiten von den Spiritisten niemals als Beweis für die Existenz von Poltergeistern angezweifelt, und bis heute gilt er als obligatorische Lektüre für alle, die an derartige Phänomene glauben. Die autoritative „Encyclopaedia of Psychic Science", die als maßgebendes Nachschlagewerk auf diesem Gebiet gilt, beschreibt die Poltergeister als „lärmende Geister, die an bestimmten Orten periodische psychische Störungen bösartigen Charakters verursachen ... Es scheint, daß es nicht nur Spukhäuser, sondern auch vom Spuk besessene Menschen gibt ..."

Der Begriff „Poltergeist" wanderte wohl von Deutschland nach England und Amerika aus, wo er um die Mitte des 19. Jahrhunderts Fuß faßte, und zugleich mit dem Wort tauchten auch Berichte von derartigen Manifestationen in den angelsächsischen Ländern auf. Einer der ersten und berühmtesten Fälle war der „Poltergeist" der Familie Phelps im Jahre 1850: Harry Phelps, der zwölfjährige Sohn eines Pfarrers aus Connecticut, der an okkulten Dingen interessiert war, wurde von einem Poltergeist zum Opfer auserkoren; der Junge wurde in eine Wasserzisterne gesteckt und an einem Baum aufgehängt, sein Bett wurde angezündet, und seine Kleider wurden zerrissen, um nur einige der Vorfälle zu erwähnen. Auch andere Familienmitglieder litten unter den boshaften Späßen des Poltergeists. In ganz Nordamerika sprach man von diesen Phänomenen, aber objektive Untersuchungen scheinen nicht vorgenommen worden zu sein. Manche Skeptiker glaubten sogar, der Junge selbst habe den ganzen Schabernack angezettelt, vielleicht im Einverständnis mit seinem okkultistischen Vater; andere meinten, Harrys Schwester, eine lebhafte Sechzehnjährige, sei dem Poltergeist an die Hand gegangen.

Ähnliche Vorfälle wurden immer wieder in den Zeitungen gemeldet, und Ende der siebziger Jahre, als Esthers Leidenszeit begann, waren Poltergeister bereits eine Art nationaler Institution in den Vereinigten Staaten und Kanada. Man darf ohne weiteres annehmen, daß jenes empfindsame und in sich gekehrte Mädchen viel von diesen Geistern gehört und gelesen hatte. Vor allem aber ereignete sich am 28. August 1878, ein paar Tage vor dem Beginn der „Manifestationen", ein Zwischenfall, der den Schlüssel zu Esthers Geheimnis zu liefern scheint – denn sie hatte wirklich ein Geheimnis. Vierzig Jahre später grub der führende amerikanische Forscher auf dem Gebiet angeblicher okkulter Vorkommnisse, Dr. Walter F. Prince, die diesbezüglichen Dokumente aus und veröffentlichte sie. Er brachte einen ausführlichen Bericht über das „große Rätsel von Amherst" im Bulletin der „American Society for Psychical Research" im Jahre 1919. Hier findet man zum ersten Mal eine umfassende Aufzählung, Auswertung und kritische Untersuchung aller Fakten des Falles.

Was an jenem Tag Ende August geschah, war dies: ein junger Mann, der Esther eine Weile nachgestellt hatte, nahm sie auf einen Spaziergang in den Wald mit und versuchte sie zu vergewaltigen; er hielt ihr sogar einen geladenen Revolver vor. Das ohnehin höchst nervöse Mädchen erlitt einen schweren Schock, dessen Auswirkungen Dr. Carritte noch feststellen konnte, als er sie eine Woche später untersuchte – nachdem die „Poltergeister" bereits ihr Werk begonnen hatten. Walter Hubbells Erklärung lief allerdings darauf hinaus, daß Esther „an einer Störung ihres ganzen Systems litt, die ihren vitalen Magnetismus ausströmen ließ" – so daß die Poltergeister einziehen konnten.

Wohl der interessanteste Punkt ist der, daß der Name des allzu hitzigen Freiers Bob McNeal war – nicht gar so verschieden von dem des „Poltergeists", der sich (laut Esther)

Bob Nickel nannte. Hier spielt wohl überdies eine Wort-Assoziation mit dem Ausdruck „Old Nick" eine Rolle: so heißt im englisch-amerikanischen Volksmund der Teufel, und Esther sprach von ihren Quälgeistern oft als von ihren „Teufeln". Woher der Name des anderen „Poltergeists", Maggie Fisher, stammte, konnte Dr. Prince nicht feststellen, aber es mag da wohl einen ähnlichen Zusammenhang gegeben haben.

Tatsache ist jedenfalls, daß „Bob Nickel" seine Tätigkeit eine Woche nach Bob McNeals Notzuchtversuch begann, und während dieser Woche schluchzte Esther jeden Abend in ihre Kissen. Ein weiteres interessantes Moment ist der Umstand, daß ihre Manifestationen sich in regelmäßigen Abständen von 28 Tagen wiederholten – die Menstruationsperiode, die im Leben eines geistig labilen jungen Mädchens eine besonders große Rolle spielt. Alle von Dr. Prince zusammengetragenen Daten deuten darauf hin, daß Esthers Gemütszustand stark gestört war: daß sie eine Neurotikerin war und an Symptomen von Bewußtseinsspaltung litt; und daß sie selbst es war, oder vielmehr ein Teil ihrer Persönlichkeit, der sich als „Poltergeist" betätigte. Vor allem fand Dr. Prince, daß die sogenannten Augenzeugenberichte nur von geringem wissenschaftlichen Wert waren, und daß es bei der ganzen Affäre nur einen einzigen Nutznießer gab – Walter Hubbell.

Entlarvte Poltergeister

Die erste Ausgabe seines Büchleins enthielt keinen einzigen Bericht irgendeines unabhängigen, mit Namen aufgeführten Augenzeugen, obwohl er behauptete, daß sein Bericht „von den Einwohnern von Amherst und Besuchern aus entfernten Orten, mit denen ich sprach, in vollem Ausmaß bestätigt" worden sei. Er zitiert auch eine Reihe von Zeitungsmeldungen, die jedoch zumeist auf dieselbe Quelle zurückgeführt werden konnten, nämlich Hubbell selbst. Er erwähnt einen einzigen anderen Artikel, der in zwei Zeitungen erschien und in dem es heißt: „Das Rätsel von Amherst, so hören wir von höchst zuverlässiger Seite, ist gar kein Rätsel, außer für Leute, die sich weigern, ihre Beobachtungsgabe und ihren gesunden Menschenverstand auszunützen. Rätselhaft ist es allerdings, daß so viele Personen, die es besser wissen müßten, sich täuschen ließen."

Noch 1908 ließ sich Hubbell, um die Skeptiker zum Schweigen zu bringen, von Mrs. Teed, Esthers Mutter, einen Brief schreiben, in dem sie manche der Dinge, die sie ihm dreißig Jahre vorher erzählt hatte, bestätigte. Aber Dr. Prince übt vernichtende Kritik an ihrer „Zeugenaussage":

> „Mr. und Mrs. Teed schauten eines Nachts von ihrem Bett aus bei Mondlicht in Esthers Zimmer (wie starkes Mondlicht? Welchen Teil des Zimmers beleuchtete es?); sie beobachteten, wie ein Stuhl sich von der Wand zu ihrem Bett bewegte (hätte nicht eine am Stuhlbein angebundene Schnur die gleiche Wirkung erzielt, und deutet nicht die Bewegungsrichtung des Stuhls darauf hin?); ein Kissen glitt unter Esthers Kopf hervor auf den Stuhl (hätte das nicht auch eine menschliche Hand bewirken können, vor allem im Halbdunkel?); ein Geist setzte sich auf den Stuhl und zwickte und kratzte das Mädchen unter der Bettdecke (so behauptete sie jedenfalls), alle Möbel mit Ausnahme des Betts wurden in den Vorraum geworfen, während Esther ruhig im Bett lag (wie viele Möbelstücke? Wie groß waren sie? Was konnten die Eltern von Esthers Körper sehen? War es überhaupt Esther, die im Bett lag? Zusammengerollte Kleider und geschickt arrangierte Kissen können bekanntlich bei schlechtem Licht die Illusion eines Körpers im Bett vortäuschen!); dann schaukelte ein anderer Geist das Bett (wahrscheinlich lag Esther nun wieder darin); schließlich wurde Esther in einem anderen Zimmer mit ihren Verwandten schlafen gelegt, worauf die ‚Manifestationen' aufhörten (da man sie nun besser beobachten konnte?), außer daß ein Kofferdeckel ‚zum Abschied zuknallte' befand sich der Koffer praktischer-

weise nahe Esthers Lager? War die Pause vor dem Knall lang genug, daß die anderen Personen im Zimmer inzwischen eingeschlafen waren – ein der späten Stunde angemessener Zustand, in dem man stets die Augen geschlossen hat?).“

Dann gibt es auch noch das Zeugnis des Mr. Davison, Farmer und Schreiber am Amtsgericht zu Amherst, in einem 1893 abgefaßten Brief. Er glaubt, daß Hubbell zwar von Tatsachen berichtete, die er aber „so aufbauschte, daß sich das Buch besser verkaufen würde“. Davison sah dem Mädchen einen Pferdestriegel folgen, als sie aus dem Stall trat. „Natürlich würde der Striegel genau dies tun, wenn sie ihn mit der Hand an einem Faden hinter sich herzog“, schrieb Dr. Prince. „Der Striegel stieß gegen einen Türpfosten und blieb liegen: die logische Folge des Umstands, daß der Faden gerissen war!“

Der unzuverlässigste Zeuge ist natürlich Hubbell selbst; denn welchen Wert hätte sein Buch gehabt, wenn er darin keine unheimlichen Phänomene beschrieben hätte? Für die Dinge, die er erlebt zu haben behauptete, gibt es keine Bestätigung aus dem Mund anderer Zeugen; wir haben nur seine eigene eidesstattliche Aussage (reproduziert auf dem Einband der Ausgabe von 1888), daß er „tatsächlich die aufgeführten Phänomene gesehen und gehört“ habe. Aber sogar Mrs. Teed, die an die Teufel glaubte, die ihre Tochter verfolgten, beichtete später dem Dr. Carrington, daß sie „niemals sah, wie ein Gegenstand anfing, sich durch die Luft zu bewegen“, und soweit sie sich erinnern konnte, habe sie auch keinen „in der Luft“ gesehen; daß sie nicht selbst beobachtete, wie Esthers Kleid den Nagel an der Wand verließ, sich unter ihrem Bett zusammenrollte und zu brennen anfing – was sie laut Hubbells Aussage berichtete. Was das „Anschwellen“ Esthers betraf, so erklärte Mrs. Teed selbst, dies sei durch Glassplitter in ihren Schuhen verursacht worden! Hubbell sah die Geisterschrift an der Wand nicht persönlich, sondern – wie er in einer späteren Ausgabe seines Buches zugibt – nur „Sätze auf einem Stück Papier, das entweder mit einem Klebemittel an der Wand befestigt war oder aus der Luft vor unsere Füße fiel". Jennie, die sich bei ihrer Schwester befand, während viele der angeblichen Manifestationen vor sich gingen, beschrieb sie niemals – weder gegenüber Hubbell noch irgend jemand anderem – in Form eines Augenzeugenberichts; und ihr Privatbrief an Hubbell über die Ereignisse, die zu Esthers Gefängnisstrafe führten, erwähnt nicht einmal die Möglichkeit übernatürlicher Eingriffe.

Und so kommt denn Dr. Prince – der im Prinzip an die Existenz okkulter Kräfte glaubte – zu dem Ergebnis: welche Leiden Esthers „Poltergeister" ihr auch angeblich zugefügt haben mochten – sie selbst war ihr eigener Quälgeist. Sie war schon immer etwas „eigenartig" gewesen, eine Neurotikerin, die ein Schock, eine übergroße Nervenbeanspruchung völlig aus dem Gleis werfen mußte; und diesen Schock versetzte ihr Bob McNeal. Sie versuchte, seine Attacke zu „verdrängen", mit dem Ergebnis, daß „dieser gefährliche Komplex abgeriegelt war und sein schädliches Werk im Unterbewußtsein verrichtete, ein Vorgang, der heute den Psychologen wohlbekannt ist" (man muß sich vor Augen halten, daß in der Zeit zwischen den Vorfällen in Amherst und Dr. Princes Veröffentlichung im Jahre 1919 die Arbeiten Freuds bekannt wurden und die Begriffe Neurose, Komplex, Unterbewußtsein und so weiter sich bereits eingebürgert hatten).

Dann, so schreibt Dr. Prince weiter, kam die „Explosion", ein sekundäres Bewußtseinsstadium drang an die Oberfläche und „führte mit erstaunlicher, aber keineswegs beispielloser Schlauheit jene Streiche aus, die so viele Leute zum Narren hielten".

Kann man dieses kranke Mädchen eine Schwindlerin und

Lügnerin nennen oder sie im juristischen Sinn des Betrugs oder der Brandstiftung schuldig sprechen? Sie handelte unter Zwang – nicht einem Zwang überirdischer Kräfte, sondern dem ihres eigenen verwirrten Geistes. Für Walter Hubbell bedeutete sie jedoch nichts anderes als ein Glücksfall; er hatte nicht nur großen Erfolg als Autor – der Ruhm, den er sich mit jenem Büchlein erwarb, half ihm entscheidend bei seiner weiteren Bühnenlaufbahn. So sehen wir ihn um 1890 zum ersten Mal den Macbeth spielen; es folgten Tourneen, bei denen er die Hauptrollen in allen wichtigen Shakespearestücken gab. 1913 nannte ihn eine New Yorker Zeitung „einen der beliebtesten Stars der amerikanischen Bühne". Seine schriftstellerische Karriere ging allerdings nicht weit über jenes Büchlein hinaus. Er schrieb zwar noch ein Werk mit dem Titel „Der Fluch der Ehe", mehrere Gedichtbände sowie eine „Geschichte der Familie Hubbell", aber keines dieser Bücher erzielte viel Erfolg. Nur das „Große Rätsel von Amherst" brachte ihm zeitlebens ein sicheres Einkommen an Tantiemen, bis er um 1920 starb.

Ausrüstung für ein Medium

Ein Mann mit einem mittelgroßen Handkoffer erschien eines Tages im Jahre 1952 im Londoner Büro der *Psychic News*, der führenden englischen Spiritistenzeitschrift, und verlangte den Redakteur zu sprechen. Er wurde hereingebeten und öffnete ohne lange Einleitung seinen Koffer. Der Redakteur sah eine Anzahl elektrischer Geräte: Mikrophon, Verstärker, Kopfhörer, einen Miniaturlautsprecher, ein Paar Schuhe mit Kupferplättchen an den Sohlen und einen wie ein Teleskop ausschiebbaren Metallstab, nicht unähnlich der Antenne eines Autofunkempfängers.

„Ich bin der Assistent des Mediums William Roy", erklärte der Besucher, „und hier sehen Sie die komplette elektrische Ausrüstung, die er für sein neues Haus anfertigen ließ. Die Geräte sind zum Teil für den Verkehr zwischen Roy im Séanceraum und mir im Nebenzimmer bestimmt ..."

Der Redakteur war weniger überrascht, als der Besucher es erwartet haben mochte. Schon eine Weile lang hatten ernsthafte Spiritisten gewisse Zweifel an der Ehrlichkeit der Methoden gehegt, mit denen Englands berühmtestes Medium seine Erfolge erzielte; allerdings war die Entlarvung William Roys als Schwindler durch seinen eigenen Assistenten etwas ungewöhnlich.

Das Ergebnis dieses Besuchs war, daß eine Reihe bekannter englischer Spiritisten William Roy und seinen Assistenten einluden, einer Besprechung der Angelegenheit beizuwohnen. Beide kamen – und schienen wieder gute Freunde zu sein. Die Erklärung, die der Assistent jetzt abgab, war ziemlich verschieden von der Version, die er dem Redakteur aufgetischt hatte. Nach einem privaten Streit, so erzählte er, habe er sich so über Roy geärgert, daß er ihn als Betrüger bloßstellen wollte, der diese Geräte zur Täuschung seiner Klienten während der Séancen verwende. Nun hätten sie beide den Streit beigelegt. Die Geräte seien lediglich „wegen einer Wette" hergestellt worden.

Die Spiritisten berieten sich. Sollten sie die Geschichte an die Öffentlichkeit bringen und es dem Publikum überlassen, welche Erklärung es akzeptieren wolle? Würde die Ausrüstung als Beweis für einen Betrugsversuch ausreichen, falls es zu einem Prozeß käme? Andererseits – sollte man das Schwindelmedium seine Praxis weiterführen lassen? William Roy bat sie dringend, keine Schritte gegen ihn zu unternehmen. Er gab das Versprechen ab, England zu verlassen und nach Südafrika auszuwandern, wo er versuchen werde sich ohne seine „psychischen Kräfte" durchbringen. Das Versprechen Roys genügte den Spiritisten, und sie beschlossen, nichts weiter gegen ihn zu unternehmen; aber sie schrieben an ihre Freunde in Südafrika und teilten ihnen die bevorstehende Ankunft des Mediums mit – samt einigen Einzelheiten über seine Praxis.

So schien William Roys glänzende Laufbahn plötzlich zu Ende zu sein, und die gläubigen Spiritisten waren höchst erleichtert. Sie hatten ihn als eine Belastung und Gefahr für ihre Bewegung betrachtet. Nachforschungen hatten ergeben, daß sein ursprünglicher Name William George Holroyd war; später hatte er ihn in Plowright umgewandelt. Er war 1911 geboren und als junger Mann mehrere Male in Konflikt mit den Behörden geraten. Eine Zeitlang hatte er in einer Telefonzentrale der Post gearbeitet und sich dort einiges Wissen auf dem Gebiet der Elektrotechnik angeeignet.

Erst während des zweiten Weltkriegs wurde aus William Plowright William Roy, das spiritistische Medium – Tröster der Hinterbliebenen, die sich danach sehnten, mit ihren Lieben im Jenseits in Verbindung zu treten. Bald hörte man nichts als Lob und Bewunderung seiner Fähigkeiten in allen spiritistischen Kreisen. „Großartige Beispiele von Stimmenübertragung aus dem Jenseits erlebte man bei einer öffentlichen Demonstration durch William Roy in der Londoner Kingsway Hall", berichteten die *Psychic News* 1947. Ein Jahr später widmete man ihm die begeisterte Schlagzeile: *„Geisterstimmen sprachen, obwohl der Mund des Mediums mit gefärbtem Wasser gefüllt war!"* Das gefärbte Wasser, so erläuterte der Artikel des spiritistischen Blattes, wurde von einem Beobachter, der alle Tricks der Schwindelmedien kannte, in Roys Mund gespritzt – und es war noch immer dort am Ende der Séance, in der die verschiedensten Geister „gesprochen" hatten. Er konnte also unmöglich diese Stimmen selbst erzeugt haben.

Ärzte prüften das Medium; man band ihm die Hände zusammen und klebte Heftpflaster über seinen Mund – die Geister sprachen dennoch. Manche der Teilnehmer schworen, sie hätten Roys „Führer" aus der Geisterwelt Gestalt annehmen sehen; sie hätten jene unverkennbare kalte Zugluft verspürt, die den Spiritisten so vertraut ist ... als hätten sich plötzlich die Tore der jenseitigen Welt geöffnet. Sie rochen überirdischen Fliederduft, hörten Geisterbotschaften auf Schwedisch und Spanisch, Französisch und Jiddisch, ja sogar auf Malaiisch; und – was ihnen mehr bedeutete als alles andere – sie erkannten die Stimmen ihrer dahingegangenen Freunde und Verwandten, die von Dingen sprachen, die ein Außenstehender unmöglich wissen konnte...

In England allein gab es mehr als hunderttausend Menschen, die für William Roys Echtheit als Vermittler zwischen unserer Welt und dem Geisterreich die Hand ins Feuer gelegt hätten; es hieß, der kanadische Premierminister Mackenzie King, ein überzeugter Spiritist, habe die Stimmen der Königin Victoria und des Mister Gladstone während einer Privatséance bei William Roy gehört.

Wie war es nur möglich, daß dieser Mann seine vielen Anhänger so zum Narren hielt? Die Frage blieb zunächst ohne Antwort. Roy hatte England verlassen und den Spiritismus aufgegeben – so glaubte man wenigstens. Aber im Jahre 1955 erfuhr man aus Südafrika, daß er wieder angefangen hatte, Séancen abzuhalten. Und es dauerte nicht lange, da war er nach London zurückgekehrt.

„Tinka nur simpler Indianer"

Maurice Barbanell, Redakteur der Londoner Spiritistenzeitschrift *Two Worlds* (Zwei Welten), war nun entschlossen, Roys Unfug ein Ende zu bereiten. Im August 1955 veröffentlichte er eine redaktionelle Warnung und nannte William

Roy als eines von vier Medien, die „zwar als Schwindler entlarvt worden sind, aber trotzdem weiter Séancen abhalten".

Kurz nach Erscheinen der betreffenden Nummer dieser Zeitschrift wurde Barbanell von einem Unbekannten angerufen. Der Mann berichtete am Telefon, er habe eine Anzahl hervorragender Photos von Geistern aufgenommen; Mr. Barbanell möge doch gleich kommen und sie sich ansehen. Als Barbanell das Redaktionsgebäude verließ, „begann eine junge Frau, die auf der Lauer gelegen hatte, mit einer Reitgerte auf ihn einzuschlagen", wie ein Polizist aussagte, als die Sache vor Gericht verhandelt wurde. Es war Mrs. Mary Plowright, William Roys treue Lebensgefährin, die der Ansicht war, so müsse man einen Kerl behandeln, der an der Ehrlichkeit ihres Gatten zweifelte. Es kostete sie drei Pfund Strafe sowie die Reitgerte, die im Verlauf ihrer Aktion entzweibrach; aber ihre Entrüstung war noch keineswegs verflogen. „Was ich getan habe, tut mir nicht leid", erklärte sie dem Richter.

Aber William Roy selbst war nicht der Ansicht, daß die altmodischen Methoden seiner Frau genügten, um seine Ehre wiederherzustellen. Er verklagte Mr. Barbanell. Während der Fall „sub judice" war, hatte die Anhänger des Spiritismus nach britischem Gesetz keine Möglichkeit, ihre Bemühungen um Ausmerzung dieses Schwindelmediums aus ihren Reihen fortzusetzen. Zweieinhalb Jahre hatte Roy Ruhe. Dann, im Februar 1958, zog er plötzlich und ohne Erklärung seine Klage zurück und verpflichtete sich sogar, die Kosten seiner Aktion zu tragen. In der nächsten Ausgabe von *Two Worlds* zog Barbanell vom Leder und berichtete alles, was er von seinen Vertrauensleuten über Roys Praxis erfahren hatte. Es muß diesen Redakteur einen großen inneren Kampf gekostet haben, sich dadurch der Verdammung von seiten all der Legionen von Gläubigen auszusetzen, die es einfach nicht wahrhaben wollten, daß ihr berühmtes Medium sie hinters Licht geführt hatte. Aber was sich nun ereignete, war noch verblüffender als der Besuch des Assistenten mit seinem Koffer.

Das Londoner Wochenendblatt *Sunday Pictorial*, das hinter dem Bericht Barbanells einen sensationellen „Knüller" witterte, schickte einen Reporter zu William Roy, um ihn zu fragen, was er auf jene Enthüllungen zu entgegnen habe. „Nicht viel", erklärte Roy, *„außer daß ich natürlich ein Schwindler bin!* Andere Medien sind's auch. Es ist richtig, daß ich in meinen Séancen Tricks anwendete. Aber ich habe damit keinem Menschen geschadet ..."

Und er schloß mit dem *Sunday Pictorial* einen Vertrag ab über die Veröffentlichung seiner ausführlichen Selbstentlarvung in fünf Fortsetzungen – oder, um eine der Schlagzeilen zu zitieren, unter denen dieses ungewöhnliche Dokument erschien: *„Erschütternde Beichte: Wie William Roy sich seinen Ruhm als spiritistisches Medium erschwindelte"*.

Wie die meisten Hochstapler konnte auch Roy wahrheitsgemäß darauf hinweisen, daß er viele seiner Opfer „nicht nur ärmer, sondern auch glücklicher" gemacht habe; daß er ihnen schließlich „verschaffte, was sie haben wollten". Auch er selbst verschaffte sich dabei, was er haben wollte: ein luxuriöses Leben, Ruhm, Anbetung und fünfzigtausend Pfund auf der Bank als Ergebnis seines zehnjährigen spiritistischen Hokuspokus. Wie hatte er es gemacht? Ganz offen erzählte er von seinen Methoden.

Lange ehe die Teilnehmer an einer Séance in seinem Bungalow in Nordwest-London, genannt „Hampsteader Zentrale für psychische Forschung", eintrafen, begann er mit seinen Vorbereitungen. Nur wer sich Wochen vorher angemeldet hatte, wurde zugelassen, so daß Roy genug Zeit hatte, eine Menge Informationen über seinen Klienten einzuholen. Jeder hatte seine eigene Karte in der Kartei des Mediums.

Bei seinem Eintreffen mußte der Teilnehmer ein Formular unterschreiben, in dem es hieß: er habe zur Kenntnis genommen, daß „überirdische Botschaften oder andere spezielle Phänomene" nicht garantiert werden könnten. Die Teilnehmer mußten alle ihre Mäntel, Handtaschen, Aktenmappen und andere nicht unmittelbar zur Kleidung gehörige Gegenstände im Vorraum lassen; diese Regel wurde so erklärt, daß die Teilnehmer versucht sein könnten, während der Séance daran herumzufingern und so die „Atmosphäre" zu stören. In Wirklichkeit machte sich Roys Assistent an die genaue Durchsuchung der im Vorraum gelassenen Taschen, während die Teilnehmer im Warteraum saßen; Briefe, Notizbücher, Ausweise und ähnliche Dinge lieferten erfahrungsgemäß wichtige Aufschlüsse über persönliche Angelegenheiten. Im Warteraum versteckt befanden sich Mikrophone, so daß Roy und sein Helfer die Gespräche der Klienten abhören konnten – auch dabei ergaben sich manche Hinweise auf persönliche Probleme und auf die Erwartungen, die man im Lauf der Séance erfüllt zu sehen hoffte.

Meist waren es zwölf Teilnehmer, die dann im verdunkelten Raum eng beieinander saßen. Um sie in die richtige Stimmung zu versetzen, spielte ein Tonbandgerät oder Plattenspieler „Ave Maria". Roy, der am Kopfende des Tisches saß, begann nun schwer zu atmen und mit der Stimme eines seiner „Führer" aus der Geisterwelt zu sprechen: manchmal als „Dr. Wilson", „Marie" oder „Joey", aber am häufigsten mit exotischem Akzent – das war „Tinka der Indianer". Roy hatte einen guten Grund, warum er Tinka als seinen „Führer" bevorzugte – wenn er nämlich die Fragen der Teilnehmer nicht beantworten konnte, dann erklärte dieser Bote zwischen zwei Welten: „Tinka nicht wissen – Tinka nur simpler Indianer!"

Nach weiterem schwerem Atmen kündigte Roy an, daß „Ihre dahingegangenen Freunde und Verwandten" nun gegenwärtig seien und versuchen würden, zu den Teilnehmern zu sprechen. Mittels seines ausziehbaren Stabes, den er unbemerkt aus der Brusttasche holte, hob er seinen „Sprechtrichter" vom Fußboden auf; dieser Trichter war mit fluoreszierender Farbe angestrichen, so daß er in dem dunklen Raum in der Luft zu schweben schien. Das war der Augenblick, da das erste Raunen der Verwunderung unter den Teilnehmern zu hören war.

Inzwischen hatte Roy einen kleinen Kopfhörer, wie er von Schwerhörigen getragen wird, an seinem Ohr befestigt und die Anschlußdrähte an Kontakte unter der Tischkante eingeknipst; nun war er in ständiger telefonischer Verbindung mit seinem Assistenten im Nebenraum, der dort bereits darauf wartete, die von den Gegenständen im Vorraum gelieferten Informationen durchzusagen. So verfügte Roy über einen reichen Vorrat an Namen, Adressen, Geburts- und Todesdaten, Reiseplänen, Verabredungen; er wußte Bescheid über vergangene und bevorstehende Ereignisse, Krankheiten, Probleme und Sorgen.

Jetzt war es an der Zeit, die „Geister" sprechen zu lassen. Oft kamen die Stimmen aus verschiedenen Richtungen; zu diesem Zweck verwendete er meist einen winzigen Lautsprecher, den er an die Spitze des ausziehbaren Stabes gesteckt hatte. Sondereffekte konnten dadurch erzielt werden, daß sein Assistent im Nebenraum die „Geisterstimmen" produzierte, wobei die Verbindung zu dessen Mikrophon durch Kupferplatten an Roys Sohlen hergestellt wurde, die er auf Kontakte im Teppich drückte. Gelegentlich kamen die Stimmen auch von einem Tonband, wenn die beiden Schwindler genügend Zeit zur Vorbereitung gehabt hatten.

Diese Stimmen wandten sich jeweils an einzelne Teilnehmer, die sie fast immer als die ihrer abgeschiedenen Freunde oder Verwandten „erkannten". Manchmal machte sich Roy auch die Mühe, einen Geist „materialisieren" zu lassen –

mit der üblichen Methode, eine vage Gestalt aus Musselin (genannt „Ektoplasma" in der spiritistischen Fachsprache) aus seinem Mund hervorzuzaubern. Er verwendete auch geisterhafte Masken oder ließ seinen weißgekleideten Assistenten aus einer Geheimtür auftauchen. Bei ganz besonderen Gelegenheiten erschien auf diese Art auch „Tinka der Indianer" – über zwei Meter groß!

Natürlich verließ sich Roy als systematisch arbeitendes Medium nicht nur auf die durchsuchten Taschen seiner Klienten. Ehe er zum Beispiel eine wohlhabende Witwe oder ein anderes vielversprechendes Opfer zu einer Séance zuließ, suchte er nach dem betreffenden Namen in der Einwohner-Liste oder in „Who's Who", verglich Todesanzeigen oder schaute auf dem Londoner Hauptstandesamt im Somerset House nach, wo auf den Geburts-, Todes- und Heiratseintragungen auch die Namen der Eltern und Großeltern vermerkt sind. Vor allem Testamente, die man ebenfalls auf den Behörden einsehen kann, waren stets eine faszinierende Lektüre für William Roy. So war er auf jede nur mögliche Weise vorbereitet auf private Séancen, um die ihn viele reiche Frauen baten, die ihre Geheimnisse nicht vor anderen Sitzungsteilnehmern aufdecken wollten. Roy hatte auch Vereinbarungen mit anderen Schwindelmedien getroffen, die mit ihm Informationen über wichtige Klienten austauschten; einmal unternahm er sogar eine transatlantische Aktion mit einem amerikanischen Kollegen, wobei „Geisterbotschaften" auf Tonband per Telefonkabel hinüber und herüber geschickt wurden.

Natürlich gab es immer wieder ungläubige Thomasse oder zumindest enttäuschte Teilnehmer. Ein Brief an die Redaktion einer Londoner spiritistischen Zeitschrift drückte aus, was einer dieser Skeptiker von Roys Geistertheater hielt: „Mein Freund und ich bedauerten, was wir da an Zeit und Geld verschwendet hatten ... Die Séance wurde nur zu einem einzigen Zweck abgehalten – nämlich um Honorare einzukassieren ... 120 Mark für eine Séance von nur einer Stunde ist nicht übel, aber echter Spiritismus ist es nicht." Doch der Wahrheit die Ehre: Roy bot seine Dienste den Rentnern, die zu ihm kamen, gratis an. Er konnte sich diese Großzügigkeit leisten bei einem Monatseinkommen von durchschnittlich fünftausend Mark!

Die Uhr der Königin Victoria

„Möge keiner überheblich sagen: mich hätte Roy mit seinen Tricks nicht hinters Licht geführt", schrieb er in seiner Beichte im *Sunday Pictorial*, „denn ich täuschte die Größten im Land genauso wie die einfachsten Menschen. Wenn ich an alle die Prominenten denke, die auf meinen faulen Zauber hereinfielen, dann komme ich mir fast wie ein Großwildjäger vor, der stolz seine Trophäen zählt ... Mein bedeutendster Klient war wohl einer der größten Staatsmänner und politischen Redner der Welt – the Right Honourable Mackenzie King. Jawohl, sogar er ließ sich durch meine spiritistische Taschenspielerei täuschen!"

Roys Erfolg bei dem damaligen Premierminister von Kanada ist um so erstaunlicher, als sich diese Episode während des zweiten Weltkriegs abspielte, also noch ehe das Medium viel praktische Erfahrung gesammelt hatte. Aber was William Roy an technischer Routine fehlte, wurde mehr als aufgewogen von Mr. Kings Mangel an Skepsis in spiritistischen Dingen. Ein Beamter des Haushalts des Herzogs von Connaught, bei dem sich Mackenzie King während seiner Besuche in London aufhielt (wo er den Sitzungen des Kriegsrates beiwohnte), verabredete die Zeiten der Séancen mit Roy. Das erste Mal jedoch erschien Mr. King inkognito – Roy wurde lediglich verständigt, daß eine „wichtige Persönlichkeit" um eine private Séance bitte.

Das Medium stand zunächst vor einem Rätsel. Es war absolut notwendig, die Identität des Klienten vorher zu wissen: sorgfältige Vorbereitung war ja die Seele seines Geschäfts. War es der Herzog von Connaught selbst, der sich durch einen Untergebenen anmelden ließ? Roy sah sich die Eintragung über den Herzog in „Who's Who" an. Er fand, daß der Herzog, der damals schon über neunzig Jahre alt war, von 1911 bis 1916 Generalgouverneur von Kanada gewesen war. Und jedes Medium wußte, daß der prominenteste der gläubigen Spiritisten in Kanada kein anderer war als der damalige Premierminister! Daß sich Mr. King in London bebefand, stand in der Zeitung. Alles übrige war ein Kinderspiel für William Roy.

Während jener ersten Séance war er höchst vorsichtig. Es gab keine geheimen Drähte, keinen Assistenten im Nebenzimmer, keine „Materialisierung" – nur ein paar „Geisterstimmen", die er schon immer so glänzend produzieren konnte. Schließlich ließ er Mr. King mit Ihrer Majestät Königin Victoria persönlich plaudern. „Ihre Stimme strengte mich ein bißchen an", gab Roy zu, „aber die Imitation schien ganz gut gelungen zu sein."

Und wovon sprachen Königin und Premier? Von der Uhr natürlich – jener unter den Spiritisten berühmten Uhr, die Victoria im Jahre 1864 dem Medium Miß Georgina Eagle „für ihre verdienstvollen und hervorragenden hellseherischen Leistungen" im Schloß Osborne House auf der Insel Wight überreicht hatte. Nach Miß Eagles Tod erbte ein amerikanisches Medium, Etta Wiedt, die Uhr, und vor ihrem eigenen Hinscheiden bestimmte Miß Wiedt, daß die Uhr nach England zurückgebracht werden sollte. Sie übergab sie Mr. Mackenzie King, der damals ein junger Minister im kanadischen Kabinett war, während einer Séance, und Mr. King händigte sie in England der Herzogin von Hamilton aus, die sie wiederum der britischen „Spiritualist Alliance" überreichte. All dies war den meisten Medien gut bekannt, aber der kanadische Premier war höchst beeindruckt davon, daß Victoria mit ihm über „ihre" Uhr sprach und ihm dankte, daß er sie nach England zurückgebracht habe!

Bei einer der folgenden Séancen imitierte Roy die Stimme Gladstones (er hatte sich Edison-Walzen mit dessen Stimme angehört) und sagte etwas Passendes über „diese schweren Zeiten für Großbritannien und das Empire". Mr. King war höchst zufrieden mit dem Medium. Nun wurde Roy noch kühner und informierte sich über Mackenzie Kings engere Familie, so daß er den Bruder und die Schwester des Premiers aus dem Jenseits mit ihm „sprechen" lassen konnte.

Nie wurde William Roy ertappt. Ärzte, Geistliche, mit allen Tricks der Schwindelmedien vertraute und höchst skeptische Forscher kontrollierten ihn bei seinen Darbietungen, fanden aber nichts Verdächtiges. Bei einem öffentlichen Auftreten in Bedford im Jahre 1948 befestigte ein Forscher, Brigadier R. C. Firebrace, ein Kehlkopfmikrophon an Roys Hals. „Jede Bewegung des Kehlkopfes oder des Halses, selbst beim Flüstern, wäre aufgenommen und verstärkt worden, und der Lautsprecher hätte sie wiedergegeben", erklärte der Brigadier nach dem Versuch. „Aber aus dem Lautsprecher kam kein Ton." Natürlich nicht – denn Roy sah, daß die Drähte vom Kehlkopfmikrophon zum Verstärker zwischen seinen Beinen hinunterführten, und indem er seine Knie zusammenpreßte, konnte er das Mikrophon während seiner „Geisterstimmen"-Darbietung von seinem Hals wegziehen!

Ein anderer Forscher kam auf die bereits erwähnte Idee, Roys Mund mit gefärbtem Wasser zu füllen, so daß er nicht selber sprechen konnte; jede Stimme, die trotzdem zu hören war, mußte also wohl eine echte Geisterstimme sein. Aber Roy hatte sich auf diesen Test vorbereitet. In seiner äußeren Brusttasche steckte eine kleine Phiole mit einem Gummischlauch, durch den er im Dunkeln das gefärbte Wasser ausspuckte, um es nach seiner Darbietung der Stimmen wieder aufzusaugen. Als man ihm Heftpflaster auf den Mund klebte (sachgemäß von einem Arzt angebracht) und beide Hände an den Stuhllehnen festband, war es ihm ein leichtes, sich im Dunkeln herunterzubeugen, mit der einen festgebundenen Hand das Pflaster zu lösen und nach der Darbietung wieder anzukleben ...

Seine getreuesten, wenn auch unschuldigsten Komplizen waren seine Klienten, die ihm schon auf das leiseste Stichwort hin weiterhalfen. Einmal kam der Pfarrer von Hampstead zu einer Séance; Roy, der herausbekommen hatte, daß dieser Mann einst Kaplan in Malaya gewesen war, hatte die malaiischen Worte für „Guten Tag" auswendig gelernt. Kaum hatte er sie ausgesprochen, als der Pfarrer bereits eine ganze Suada auf Malaiisch in das Geistersprachrohr losließ. Nachher erklärte er mit Überzeugung, sein „Geisterbesucher" sei Mitglied des Haushalts eines Maharadschas gewesen, und er habe ihn gut gekannt!

Zweifellos war William Roy ein Genie unter den Schwindelmedien unseres Jahrhunderts. Sein bester Schutz vor Entlarvung war der unerschütterliche Glaube derer, die er beglückte, indem er ihnen – wenn auch nur für ein paar flüchtige Minuten – ihre geliebten Dahingeschiedenen „zurückbrachte". Nur einen einzigen Fehler beging er in seiner Laufbahn – nämlich den, sich mit seinem Assistenten zu verzanken. Es mag nur ein trivialer Streit um eine unwichtige Sache, nur ein Aufeinanderprallen entgegengesetzter Temperamente gewesen sein; aber diese Meinungsverschiedenheit führte schließlich zu Roys Selbstentlarvung.

Es ist nicht bekannt, was seitdem aus ihm geworden ist. Vielleicht hat er sich irgendeinem anderen, alltäglicheren Beruf zugewandt, möglicherweise auf dem Gebiet der Elektrotechnik, die er so glänzend beherrschte. Vielleicht praktiziert er aber auch wieder als Medium unter einem anderen

Namen. Doch selbst der durch seine gedruckte Beichte berüchtigte Name William Roy hätte ihm seiner eigenen Ansicht nach keineswegs den Weg zu weiteren Erfolgen als Medium versperrt. „Ich weiß", schrieb er überzeugt, „daß ich sogar nach dieser öffentlichen Selbstentlarvung wieder genau wie einst meine Séancen mit Menschen füllen könnte, die Trost in dem Glauben finden, daß ich ein echtes Medium sei."

6 DIE GENIALEN DAMEN

Thérèse Humbert – Marthe Hanau

Das Geheimnis der alten Truhe

Das Bauernmädchen, das um 1860 im Häuschen der Familie Aurignac in Bauzelles bei Toulouse zur Welt kam, ging nur kurze Zeit zur Schule. Aber als sie fünfzehn Jahre alt war, erhielt Thérèse eine Lektion, die sie mehr über die Welt und die Menschen lehrte, als man ihr an der Sorbonne hätte beibringen können. Dies geschah an dem Tag, an dem ihr Vater starb.

Monsieur Aurignac war zeitlebens ein großer Raconteur gewesen, mit all den Gaben der Beredsamkeit und Phantasie, auf die man im Süden Frankreichs so stolz ist. Gewissermaßen als Ausgleich für die Plackerei und Langeweile des Bauerndaseins – und als geeignetes Mittel, um sich das nötige Kleingeld für seinen Alkoholgenuß zu verschaffen – hatte er eine fabelhafte Geschichte erfunden, die er nicht müde wurde zu erzählen, so lange die Dorfbewohner ihm zuhörten. Eigentlich, so erklärte er, sei sein Familienname d'Aurignac, und drüben in der Auvergne gebe es ein Schloß dieses Namens. Dort sei er aufgewachsen, aber wegen irgendeiner Missetat, die er als junger Mann begangen habe, sei er von seiner adligen Familie ausgestoßen worden; nach seinem eigenen Tod würden jedoch seine Kinder das Schloß, den Adelstitel und das Riesenvermögen der d'Aurignacs erben. Und er zeigte seinen Zuhörern eine alte, mit Metallnägeln beschlagene Eichentruhe, die seine Familiendokumente enthalte. Erst nach seinem Ableben dürfe sie geöffnet werden. Inzwischen – so pflegte seine Geschichte zu enden – wäre er dankbar für ein kleines Darlehen ...

An jenem Tag des Jahres 1874, als man ihn zu Grabe getragen hatte, umstanden Thérèse und ihre Brüder die alte Truhe und schauten mit angehaltenem Atem zu, als der schwere Deckel, in den rostigen Angeln ächzend, hochgeklappt wurde. Die Truhe war leer bis auf einen einzigen Gegenstand: einen Ziegelstein.

Das Bauernhaus mußte verkauft werden, um Monsieur Aurignacs Schulden zu zahlen, und die Familie wurde auseinandergerissen. Thérèse zog mit ihrer Mutter nach Toulouse. Die Mutter eröffnete einen kleinen Wäscheladen, während das Mädchen eine Zeitlang als Wäscherin arbeitete; schließlich fand sie eine Stellung in der Waschküche im Haus eines erfolgreichen Anwalts und ehrgeizigen Politikers namens Gustave Humbert, der bereits zum Posten des Bürgermeisters von Toulouse aufgestiegen war.

Thérèse war nicht gerade hübsch zu nenen: ein dralles Landmädchen mit dunklen Augen und Haaren und einem energischen Kinn. Aber sie hatte etwas Faszinierendes an sich – vielleicht war es nur ihre starke Persönlichkeit, ihr eiserner Wille und das Talent, die Menschen von der Wahrheit dessen, was sie ihnen weismachte, zu überzeugen. Und sie erzählte jedem, der es hören wollte, ein Märchen, das eine gewisse Ähnlichkeit mit der Familienfabel ihres Vaters hatte. Wenigen jungen Wäscherinnen wäre es gelungen, ihre Arbeitgeber derart zu düpieren; aber ihr gelang es.

Sie erzählte von einer sehr alten Dame, Mademoiselle de Marcotte, die ihr das Schloß, in dem sie wohne, ihren Grundbesitz und ihr stattliches Vermögen vermacht habe. Jeden Tag könne die alte Dame sterben, und dann war sie, Thérèse, eine reiche Erbin. Vielleicht fiel der Bürgermeister, der ja schließlich Jurist war, nicht ganz auf die Geschichte herein, aber sein Sohn Frédéric tat es. Der junge Mann, Student der Rechte an der Universität Toulouse, war ein etwas schwacher und romantischer Mensch; ihm wäre es lieber gewesen, hätte man ihn malen und Gedichte schreiben lassen – aber die Familie hatte beschlossen, daß er Advokat werden sollte wie der Vater, ein Beruf, der ihn nicht im geringsten interessierte. Thérèse hatte leichtes Spiel, ihm den Kopf zu verdrehen. Er wurde der Geliebte des Mädchens mit dem starken Willen, und es dauerte nicht lange, da teilte er seinen Eltern mit, er wolle sie heiraten. Schließlich war sie doch eine reiche Erbin! Es gab einen gewaltigen Familienkrach, und der Bürgermeister erklärte, sein Sohn müsse das Haus verlassen, wenn er darauf bestünde, das Mädchen aus der Waschküche zu heiraten. Aber Thérèse siegte. Sie ließen sich heimlich trauen und zogen nach Paris.

Trotz seiner Abneigung gegen den Advokatenstand ließ sich Frédéric, da er nichts anderes gelernt hatte, als Anwalt nieder; aber die Praxis ging schlecht, und bald ließ er sich von seiner jungen Frau zu einem Leben verführen, zu dem sie geradezu geboren schien: Schulden, Prätentionen, Luxus auf Pump. Inzwischen mußte er ja wohl erfahren haben, daß die sagenhafte Erbschaft ein Schwindel war; und doch brachte sie ihn dazu, die Fabel vom Marcotte-Vermögen weiterzuverbreiten. Schließlich wurden die Lieferanten und andere Gläubiger ungeduldig und verlangten ihr Geld; man hatte nachgeforscht und festgestellt, daß es weder ein Château de Marcotte noch eine Mademoiselle dieses Namens gab.

Das Paar hatte jedoch Glück; Gustave Humbert wurde Justizminister. Als sein Sohn ihn aufsuchte und ihm gestand, daß die Gerichtsvollzieher bereits an die Tür pochten, griff der Minister in die Tasche und beglich Frédérics Schulden, um einen öffentlichen Skandal zu vermeiden. Nun fand Thérèse, daß es an der Zeit sei, sich mit ihrem Schwiegervater zu versöhnen. Sie hatte ein langes Gespräch mit ihm, und ihre Überredungskunst war so groß, daß er an ihre Aufrichtigkeit glaubte. Sie schieden als Freunde ... um nicht zu sagen Mitverschworene.

So hatte sie eine der wichtigsten Vorbedingungen geschaffen für ihren großen Coup. Sie führte ihn durch mit einer Geschicklichkeit, die dieser jungen Frau Anfang der Zwanzig alle Ehre machte.

Die Crawford-Erbschaft

Schon um 1881 gelang es ihr, den Pariser Stadtklatsch mit einem neuen Thema zu versorgen. Es handelte sich wieder um eine Erbschaft, die ihr angeblich zustand, und bald sprach man in den Salons mit ehrfürchtigem Staunen vom Glück der Madame Humbert – von der sogenannten Crawford-Erbschaft und ihrer seltsamen Vorgeschichte.

Zwei Jahre zuvor – so hieß es – hatte Thérèse in einem Abteil der Ceinture-Eisenbahn gesessen, die dem Verkehr zwischen den Vororten rings um Paris dient. Im selben Abteil fuhr ein älterer Herr, ein Amerikaner, der plötzlich einen Herzanfall erlitt. Sie bemühte sich um ihn, half ihm über seinen Anfall hinweg und brachte ihn in sein Hotel. Vor dem Abschied ließ er sich von ihr und ihrer Familie erzählen, in welchen Verhältnissen sie lebte, und bat um ihren Namen und ihre Adresse.

Nun hatte sie plötzlich wieder von ihm gehört – oder vielmehr von den Testamentsvollstreckern des verstorbenen Millionärs Robert Henry Crawford aus Chicago; denn sein Testament bestimmte, daß die Hälfte seines Vermögens zwischen seinen beiden Neffen und Thérèses Schwester Marie, die noch zur Schule ging, geteilt werden sollte. Diese drei Erben sollten Thérèse jährlich die Summe von 70 000 Dollar zahlen, und zwar aus den anfallenden Zinsen; das Kapital jedoch sollte erst ausgeschüttet werden, wenn Marie die Volljährigkeit erreicht hatte. Die New Yorker Anwaltsfirma, die – laut Thérèses erfinderischer Phantasie – an sie geschrieben und ihr all dies mitgeteilt hatte, vertraute ihr Goldpfandbriefe und andere Wertpapiere in Höhe des Gesamtbetrags von Maries Erbschaft an. Madame Humbert bewahrte nun dieses Vermögen auf ... in einem versiegelten Geldschrank.

Es war eine mit allen juristischen Finessen ausstaffierte Version von Monsieur Aurignacs alter Truhe, kompliziert genug, um glaubwürdig zu klingen. Dazu kam, daß die Hauptfigur der Geschichte die Schwiegertochter des Justizministers war, der als ehrlicher und aufrechter Mann galt; und der Umstand, daß Gustave Humbert niemals ein Wort des Zweifels äußerte, wurde als Bestätigung angesehen.

Thérèse und Frédéric nahmen nun Anleihen in großem Maßstab auf, nicht mehr von Freunden oder kleinen Geschäftsleuten, sondern von Banken und Personen der höheren Gesellschaftskreise. Sie machten enorme Schulden bei den besten Pariser Juwelieren und Haute-Couture-Salons. Sie zogen in eine schöne Villa in der Avenue de la Grande Armée. Engere Freunde bekamen einen großen, feuerfesten Stahlsafe in Madames Schlafzimmer zu sehen: darin, so erklärte Thérèse, befänden sich Wertpapiere in Höhe von Millionen von Francs – aber die eindrucksvollen Siegel durften nicht vor Maries 21. Geburtstag entfernt werden. Die Gläubiger, ob sie nun Bankiers waren, die eine Rückzahlung ihrer Anleihen mit hohem Zins und Zinseszins erwarteten, oder Emporkömmlinge, die sich mit der Familie des Justizministers gut stellen wollten, beäugten den Safe mit bewundernden Blicken.

Das ehemalige Mädchen aus der Waschküche hatte ein erstaunliches angeborenes Talent nicht nur dafür, Geld aus den Menschen herauszuholen, sondern auch dafür, es in großem Stil auszugeben. Abgesehen von ihrem luxuriös eingerichteten Pariser Haus schaffte sie sich einen Herrensitz auf dem Land an und mietete eine Villa an der Riviera. Es hieß, daß sie im Jahr 10 000 Mark für Kleider und zusätzliche

20 000 Mark allein für Hüte ausgäbe; ihr Schmuck stellte ein ansehnliches Vermögen dar. Während der Pariser „Saison" sah man sie mit ihrem Mann bei allen wichtigen Gesellschaften und in den teuersten Restaurants und Nachtlokalen. Thérèses Brüder Émile und Romain kamen häufig nach Paris zu den Humberts – und die kleine Marie, die noch weit von ihrer Volljährigkeit entfernt war, verbrachte ihre Schulferien bei ihnen, ohne zu ahnen, welche Schlüsselstellung sie in dem großen Schwindel einnahm.

Eines Tages erschien jedoch ein gewisser Monsieur Delatte aus Lyon, einer der Bankiers, die beträchtliche Summen auf die „Crawford-Erbschaft" vorgeschossen hatten. Madame Humbert hatte nicht den Eindruck, daß sein Besuch bei ihr mehr bedeute als eine Höflichkeitsvisite; und auch als Delatte ganz en passant fragte, wo denn Mr. Crawfords Neffen eigentlich wohnten, schöpfte sie keinen Verdacht. „In Somerville, einer Vorstadt von Boston", antwortete sie; auf derartige Fragen war sie vorbereitet, und irgendwo hatte sie gelesen, daß es einen Vorort dieses Namens gab. Sie fühlte sich völlig sicher.

Aber der Bankier wußte genau, warum er gefragt hatte. Er befand sich auf dem Wege nach Amerika und hatte die Absicht, dort ein paar Recherchen anzustellen. Tatsächlich besuchte er Boston, aber er konnte weder in Somerville noch in irgendeinem anderen Stadtteil die Brüder Crawford entdecken. Und in Chicago wußte man nichts von einem verstorbenen Millionär dieses Namen ...

Delatte schrieb an einen Pariser Freund und berichtete ihm von seiner ergebnislosen Suche; wahrscheinlich plante er, nach seiner Rückkehr die Pariser Behörden zu informieren. Aber so weit kam es nicht. Er wurde in New York ermordet; man fand seine Leiche im East River.

Delattes Freund, selbst einer von Thérèses Gläubigern, zeigte ihr den Brief aus Amerika. Sie reagierte geschickt. Mit all ihrer Bauernschlauheit überredete sie den Mann, darauf zu verzichten, von Delattes Entdeckungen der Polizei oder irgend jemand anderem auch nur ein Sterbenswörtchen zu erzählen; wahrscheinlich zahlte sie ihm sein Geld sofort aus. Jedenfalls hielt er den Mund. Aber nun mußte sie vorsichtig sein; dieser erste Riß in dem großartigen Lügengebäude, das sie errichtet hatte, durfte sich nicht ausweiten.

So verbreitete sie denn eine neue Nachricht: ein zweites Testament des verstorbenen Mr. Crawford war gefunden worden, und die Neffen fochten nun Madame Humberts Recht an, die Wertpapiere in ihrem Safe zu behalten! Eine Reihe von Advokaten – einer davon war natürlich Frédéric – wurde mobilisiert, um an diesem voraussichtlich langdauernden Rechtsstreit auf Madames Seite teilzunehmen; Briefe und Dokumente – alles gefälscht – beschäftigten zahlreiche Juristenköpfe, und die Zeitungen wurden mit Berichten darüber versorgt, was an den amerikanischen Gerichten vorging.

Dieser raffinierte, mit allen Mitteln der Bestechung und Fälschung durchgeführte Feldzug bereitete den nagenden Zweifeln der Gläubiger ein Ende. Wie konnte man die Existenz der prozeßsüchtigen Brüder Crawford in Frage stellen?

Doch allmählich kam Maries einundzwanzigster Geburtstag näher, und ihre Schwester mußte sich eine neue Methode des Gelderwerbs ausdenken.

Schwindel mit der Lebensversicherung

So entstand die „Rente Viagère". Madame Humbert ließ, während sie sich selbst diskret im Hintergrund hielt, ihre beiden Brüder Émile und Romain eine Versicherungsgesellschaft aufziehen, die sich auf Lebensversicherungen vor allem für den gutsituierten Mittelstand spezialisierte, mit lockenden Angeboten hoher Auszahlungen und niedriger

Einlagen, wie sie der französische Bürger liebt. Die „Rente Viagère" erwarb ein imposantes Gebäude auf dem Boulevard des Capucines und engagierte die smartesten Versicherungsagenten; schick uniformierte Portiers rissen den Kunden die Türen auf. Das Geld, das hereinströmte, verschwand in den Taschen der Familie Humbert – nicht ein Franc wurde in mündelsicheren Papieren oder Hypotheken angelegt, wie dies im Versicherungsgeschäft üblich ist. Auszahlungen fanden zunächst prompt statt, und die Gesellschaft erfreute sich daher eines guten Rufs. Madames neues Projekt erwies sich als noch viel einträglicher als die Crawford-Fabel.

Am erstaunlichsten an Thérèse Humberts Gaunereien war der Umstand, daß sie sie so lange Zeit hindurch betreiben konnte – insgesamt fast zwanzig Jahre; und noch dazu in Frankreich, diesem in Geldangelegenheiten ungewöhnlich wachsamen und vorsichtigen Land, das nach den bitteren Erfahrungen so vieler Finanzskandale hellhörig war für jedes Anzeichen von Korruption und Schwindel. Selbst der Panamaskandal der achtziger Jahre tat ihren Unternehmungen keinen Abbruch. Natürlich mußte sie darauf gefaßt sein, daß früher oder später die ganze Seifenblase platzen würde; aber sie wollte ihren Erfolg bis zur Neige auskosten – sie warf das Geld mit vollen Händen um sich, ihre Extravaganz kannte keine Grenzen mehr. Nach verschiedenen Schätzungen waren in diesen zwei Jahrzehnten etwa 64 Millionen Francs (damals fast sechzig Millionen Mark) durch ihre Tasche geflossen: alles anderer Leute Geld. Mit vierzig Jahren hatte „La Grande Thérèse", wie man sie in der Pariser Gesellschaft nannte, bereits ein Leben hinter sich, wie es sich eine Französin nur in ihren künsten Träumen erdenken kann. Vielleicht hatte sie sich bereits mit dem Gedanken abgefunden, daß das unausbleibliche Ende nicht mehr lange auf sich warten lassen würde.

Maries 21. Geburtstag war längst vergangen, ohne daß auch nur einer der Gläubiger der Madame Humbert sein Geld wiedergesehen hatte; immer stand jener „amerikanische Prozeß" zwischen ihrem „Wunsch", ihre Schulden zu begleichen, und dem berühmten Safe, der noch nicht geöffnet werden durfte. Aber da gab es einen Monsieur Jules Bizat, einen höheren Beamten der Banque de France, dem gewisse Gerüchte über die Humberts zu Ohren gekommen waren. Er interessierte sich für die Art der Deckung, über die jene Versicherungsgesellschaft verfügte. Man teilte ihm mit: alle Einlagen seien in Goldpfandbriefen angelegt. Diese Antwort war Madames Kardinalfehler; denn Monsieur Bizat ging der Sache nach und stellte fest, daß von der „Rente Viagère" oder der Familie Humbert keine Kupons einkassiert worden waren. Er überlegte sich, was man da machen könne; sein eigener Schwiegervater hatte Thérèse auf Grund der „Crawford-Erbschaft" eine größere Anleihe gewährt. Wenn man sie jetzt als Schwindlerin entlarvte, würde seine eigene Familie mit unter den am schwersten betroffenen Leidtragenden sein. Zunächst schwieg er – wenigstens in der Öffentlichkeit. Aber er nahm Verbindung mit einer Reihe von anderen Gläubigern auf, die an Madame Humberts Ehrlichkeit gewisse Zweifel hatten. Man wandte sich diskret an den damaligen französischen Premierminister, der zugleich ein hervorragender Anwalt war, Maître Waldeck-Rousseau, den Mann, der in den stürmischsten Jahren der Dreyfus-Affäre an der Spitze der Regierung stand.

Waldeck-Rousseau entschied sich gegen einen unmittelbaren Frontalangriff auf Madame Humberts Finanzfestung; aber die Sparer mußten davor gewarnt werden, der „Rente Viagère" weiterhin Geld anzuvertrauen. So „inspirierte" er, wie der Ausdruck lautet, eine Artikelserie in *Le Matin*. Es war im Grunde eine komplette Entlarvung der „Grande Thérèse" und ihrer Mitverschworenen. Einige dieser Artikel waran von keinem Geringeren als Émile Zola verfaßt worden. Madames Anwalt, der angesehene Maître du Buit, nahm den Fehdehandschuh auf und drohte den „Verleumdern“ mit Klagen; noch hatte er anscheinend volles Vertrauen zu ihr – so sehr, daß er sich öffentlich bereit erklärte, alle bösen Zungen zum Schweigen zu bringen, indem er persönlich den Safe öffnete, trotz aller juristischen Komplikationen. Er bot sich an, die ganze Verantwortung dafür zu übernehmen. Madames Gläubiger sollten eingeladen werden, dem feierlichen Akt beizuwohnen.

Thérèse stellte ihn wegen dieses unvorsichtigen Angebots zur Rede und wies nochmals darauf hin, daß der „Prozeß“ mit den Brüdern Crawford ja noch nicht entschieden sei und sie daher „kein Recht“ habe, den Safe zu öffnen. Der Anwalt beantwortete ihre Vorwürfe mit Zitaten aus dem Code civil, der Klauseln enthielt, auf Grund deren man sich über das „Verbot“ hinwegsetzen könne. So wurde sie von ihrem eigenen Anwalt, der ja nur ihr Bestes wollte, in die Enge getrieben. Nun hatte sie sich hoffnungslos in ihr eigenes Lügengewebe verstrickt. Ihr Schwiegervater konnte ihr nicht mehr helfen; er war längst gestorben.

„Wozu der Ziegelstein?“

Zwei Tage, ehe die Öffnung des Safes angesetzt war, brach im Haus der Humberts in Paris ein geheimnisvolles Feuer aus. Madams Schlafzimmer brannte aus; aber zu ihrem Pech war der Geldschrank tatsächlich feuerfest. Nun erklärte sie, daß sie sich nach den Aufregungen dringend auf eine Erholungsreise begeben müsse. Am Abend des 9. Mai 1902 holte sie ihre gesamte Familie zusammen – Frédéric, Marie, Émile und Romain – und nahm den Nachtzug nach Madrid.

Maître du Buit hatte sich die zur Öffnung des Safes nötigen Gerichtsbeschlüsse beschafft, und am Morgen des folgenden Tages versammelte sich im ausgebrannten Schlafzimmer des Hauses in der Avenue de la Grande Armée eine kleine Gruppe speziell eingeladener Bankiers und Geschäftsleute, die insgesamt ein paar Millionen Schulden der Madame Humbert repräsentierten. Die Siegel wurden aufgebrochen, und als die Stahltür des Safes aufging, erwies er sich als leer bis auf einen einzigen Gegenstand: einen Ziegelstein.

Haftbefehle für die Festnahme der Familie Humbert wurden erlassen und in alle Windrichtungen gekabelt. Die Polizei vieler Länder Europas begann nach den Humberts zu suchen. Es dauerte mehrere Monate, bis man sie aufspürte – raffinierterweise waren sie einfach in Madrid geblieben, wo sie unter falschen Namen in einer Pension wohnten. Mit allem Eifer betrieben die französischen Behörden die Verhandlungen zwecks Auslieferung, und am 9. März 1903 saßen Thérèse, Frédéric, Émile und Romain auf der Anklagebank eines Pariser Gerichtssaals. Gegen Marie, die offensichtlich schuldlos war, wurde keine Anklage erhoben.

Der Prozeß war nicht nur eine französische Sensation; ganz Europa verfolgte ihn gespannt. Millionen Zeitungsleser erwarteten eine Antwort auf die Frage, die sich allen aufdrängte: wie diese Frau aus dem Bauerndorf so viele Menschen so lange hatte an der Nase herumführen können. Aber man wartete vergeblich; Madame Humberts Erfolg blieb im Grunde ein psychologisches Rätsel. Die Korrespondenten der Auslandspresse, die sich auf der Galerie drängten, hatten wohl erwartet, eine „grande dame" der Verbrecherwelt, eine Intrigantin mit einem Stich ins Dämonische zu sehen; statt dessen fanden sie eine rundliche, unattraktive, halsstarrige Provinzlerin mit ungesundem Teint, die ihre besten Jahre längst hinter sich hatte und die kläglich versuchte, sich mit ihrer lispelnden, unschönen Stimme aus der Misere herauszureden, in die sie hineingeraten war. Welchen Charme sie auch einst ausgestrahlt, welche magische Macht sie über ihre Opfer ausgeübt haben mochte – nicht eine Spur davon war mehr zu entdecken. Ein enttäuschter Reporter beschrieb sie als eine „typisch französische Köchin".

Nur ganz gelegentlich verriet sie ein wenig von ihrer einstigen Verve, indem sie den Richter oder Staatsanwalt unterbrach und leidenschaftlich irgendwelche Anklagepunkte bestritt. So behauptete sie zum Beispiel, der Safe habe in Wirklichkeit Banknoten im Wert von vielen Millionen Francs enthalten, die ihr der große Verräter Marschall Bazaine übergeben hätte; aber sie habe sie verbrannt, weil sie dem Manne gehört hatten, der als Kommandant von Metz im Jahre 1870 die Festung samt ihrer Besatzung von hunderttausend Soldaten den „Boches" ausgeliefert hatte. Sie wollte nichts mehr mit diesem „besudelten Geld" zu tun haben.

„Aber wozu dann der Ziegelstein?" fragte der Richter sarkastisch. Sie hätte antworten können, daß es sich da um eine Familientradition der Aurignacs gehandelt habe; aber sie zog es vor zu schweigen.

Und doch – das französische Publikum, obwohl es schwer für seine Leichtgläubigkeit hatte bezahlen müssen, schien eine Menge Bewunderung für die zähe kleine Frau auf der Anklagebank zu empfinden: so wenig moralisch ihre Taten auch waren, sie stellten doch ein Beispiel jener Leistungen dar, deren das französische Genie fähig war.

Nicht weniger als 257 Fragen wurden den Geschworenen vorgelegt. Sie brauchten 24 Stunden, um alle Angeklagten für schuldig zu befinden. Thérèse und Frédéric erhielten fünf Jahre Einzelhaft; Romain Aurignac wurde auf drei und Émile auf zwei Jahre ins Gefängnis geschickt. Angesichts der riesenhaften Dimensionen ihrer Betrugsaktionen war das Urteil gegen die Humberts und Aurignacs milde zu nennen; die Richter, die sich wohl der allgemeinen Sympathie mit den Angeklagten bewußt waren, ließen mildernde Umstände gelten.

Madame Humbert war eine Mustergefangene; nach Abbüßung von nur dreieinhalb Jahren ihrer Strafzeit wurde sie entlassen. Zum letzten Mal erschien La Grande Thérèse im Rampenlicht der Öffentlichkeit, als die Zeitungen nach der Freilassung ihr Bild brachten: das einer üppigen, schwarzgekleideten, unauffälligen Frau, die soeben den Zug nach Paris bestieg. Man interviewte sie auch bei dieser Gelegenheit; sie erklärte mit augenscheinlicher Überzeugung, sie sei das Opfer eines Justizirrtums, und bald würden die Brüder Crawford auftauchen und ihre Unschuld bezeugen. Das war das letzte, was man von Madame Humbert hörte. Als sie zehn Jahre später starb, hatte die Presse zu viel über die Ereignisse an den Kriegsfronten zu berichten, als daß man ihrem Hinscheiden mehr als zwei kleingedruckte Zeilen hätte widmen können.

Schönheitskrem und Hochfinanz

Marthe Hanau war keine Schönheit. Plump, mit einem Mondgesicht und starkem Nacken – diese Tochter eines Industriellen aus Lille, geboren um 1890 und aufgewachsen in Paris, konnte nicht hoffen, eines Tages eine vielbewunderte Salonattraktion zu werden. Sie war nicht die Art von Frau, die erwarten durfte, die Männer zu ihren Füßen zu sehen, um ihre Gunst bettelnd. Sie mußte sich ihre Stellung in der Welt mit anderen Mitteln sichern, und sie war entschlossen, dies zu tun. Ihre Willensstärke, ihre Energie, ihre Intelligenz und ihr Ehrgeiz wären für einen Mann ungewöhnlich gewesen: für ein Mädchen, das die Zwanzig noch nicht erreicht hatte, waren diese Eigenschaften einzigartig. Und doch verrieten nur ihre blitzenden dunklen Augen ein wenig von dem, was sich in dieser reizlosen Körperhülle verbarg.

Ein oder zwei Jahre vor dem ersten Weltkrieg heiratete sie Lazare Bloch, einen tüchtigen, aber nicht sehr einfallsreichen Geschäftsmann. Das tat nichts, denn für die Einfälle war Marthe zuständig. Ihr erster war ein Schönheitskrem. Sie erfand ihn. Aber das war nur ein Anfang; Schönheitskrems brauchen keine Wunder zu bewirken – der eine ist so gut wie der andere, aber es geht immer darum, die Frauen davon zu überzeugen, daß der eine wirklich besser sei als die anderen. Und dies war Lazare Blochs Aufgabe – mit den Reklameideen, die seine Gattin beisteuerte. Das Produkt hatte großen Erfolg; man baute eine Fabrik, die 1914 bereits hundert Arbeiter beschäftigte. Doch der Krieg nahm sie fort und schickte die Männer in die Schützengräben, die Frauen in die Munitionsfabriken.

Marthes Ehe hielt nicht lange. Sie war zweifellos eine Lesbierin – ein Umstand, den sie zum Zeitpunkt ihrer frühen Heirat wohl nicht erkannt hatte. Aber Bloch blieb noch nach der Scheidung nicht nur ihr treuer Freund, sondern auch ihr engster Geschäftspartner bis zum Ende ihrer erstaunlichen Laufbahn.

Bei Kriegsende wußte sie nicht, was sie nun anfangen sollte. Sie hatte ein wenig Geld, und als sie hörte, daß ein obskures Finanzblättchen, die *Gazette du Franc et des Nations,* in Schwierigkeiten war, kaufte sie es billig auf. Ein guter Journalist und früherer Beamter, der in Wirtschaftsdingen erfahren war, Pierre Audibert, wurde als Redakteur verpflichtet, und Lazare Bloch bemühte sich um die Abonnentenwerbung. Dabei half ihm Madames Großzügigkeit in Honorarangelegenheiten, und bald gehörten Frankreichs bekannteste Publizisten zu den Mitarbeitern der Zeitschrift.

Das Blatt hatte eine originelle politische Einstellung. Es unterstützte sowohl Poincaré wie Briand, verlangte eine nationalistische Wirtschaftspolitik zur Stärkung des Franc, stellte sich jedoch gleichzeitig auf die Seite derer, die (schon damals) eine europäische Wirtschaftsgemeinschaft und engere Bindung an das neue Deutschland empfahlen – kurz, was man nach 1925 „Locarno-Politik" nannte. Innerhalb kurzer Zeit hatte die *Gazette* einen guten Ruf als zuverlässiges, wenn auch eigenwilliges Organ erlangt – eine lebendig geschriebene, gut informierte Zeitschrift, obligatorische Lektüre für jeden, der sich mit finanziellen und wirtschaftlichen Fragen befaßte.

Kein schlechter Anfang für Marthe Hanau (sie hatte sich nach ihrer Scheidung wieder ihren Mädchennamen zugelegt); aber sie wollte mit ihrem Wochenblatt nicht nur Lesestoff und Informationen bieten – oder vielmehr: diese Informationen waren nicht Selbstzweck, sondern dienten ganz bestimmten Plänen.

Ob Marthe Hanau wohl vor Beginn ihres großen Unternehmens ihr Gewissen über das Recht oder Unrecht der ganzen Aktion befragte? Falls sie es tat, so mochte sie vielleicht unter diesen Gesichtspunkten mit ihrem besseren Ich argumentiert haben: In der modernen Gesellschaft bedeutet das Geld ein Tauschmittel, einen Wertmesser und einen Maßstab des persönlichen Kredits. Es verschafft Sicherheit und einen gesellschaftlichen Status. Der Durchschnittsbürger eignet es sich dadurch an, daß er seine Arbeit oder andere Dienstleistungen dafür eintauscht. Aber manche Leute versuchen, einen Abstecher zu machen, indem sie ihr bereits erworbenes Geld dazu benützen, es weiteres Geld ausbrüten zu lassen – weit über den üblichen Zinssatz hinaus. Sie betrachten es nicht als ein praktisches Medium, das uns im Alltag gewisse wichtige, wenn auch untergeordnete Dienste leistet – für sie ist es ein Fetisch, vielleicht ein Mittel, ihre sozialen Minderwertigkeitsgefühle zu ersticken (dies mag bei Marthe Hanau selbst der Fall gewesen sein), ein Rezept gegen ihre neurotische Furcht vor der Armut oder einen anderen irrationalen Gefühlskomplex. Solche Menschen sind bereit, mit hohem Einsatz zu spielen und das Geld, das sie bereits besitzen, zu riskieren, wenn die Chance besteht, damit wesentlich mehr zu erwerben – statt ein ganzes Leben mit Arbeit und Sparen zu verbringen. Einer der beliebtesten Abstecher zu unverdientem Reichtum ist die Spekulation an der Börse.

Die normale Funktion dieser Einrichtung – so mag Madame Hanau ihr Zwiegespräch mit ihrem Gewissen fortgesetzt haben – ist die eines öffentlichen Marktes für den An- und Verkauf von Aktien und anderen Wertpapieren. Hier können sich Industrie und Handel, der Staat und öffentliche Körperschaften um Kapital bemühen, und das Vertrauen des Bürgers, der ihnen sein Geld aushändigt, wird durch Dividenden und Zinsen belohnt. Aber die Börse ist kein Warenhaus, wo man Konsumgüter zu festen Preisen kauft; in der Regel wechseln diese Papierstücke ihre Besitzer zu dem Preis, den in einem gegebenen Augenblick der Käufer zu zahlen und der Verkäufer anzunehmen bereit ist. So schwanken die Kurse von Tag zu Tag, ja von Stunde zu Stunde. Und dies ist das System, das dem Spekulanten die Chance für sein Börsenspiel bietet.

Warum aber schwanken die Kurse? Da gibt es keine Regeln und Gesetze. Ein optimistischer Jahresbericht über die Geschäfte und Aussichten eines Unternehmens läßt den Aktienkurs emporschnellen, ein Gerücht über Schwierigkeiten der betreffenden Firma läßt ihn stürzen. Erfolgreiche oder fehlgeschlagene Abschlüsse, bevorstehende neue Emissionen, Fusionen oder Konjunkturrückgänge, Regierungssturz oder Meinungsumfragen über Wahlaussichten bestimmter Parteien, die Gefahr eines Krieges oder die – für die Rüstungsindustrie noch größere – eines dauernden Friedens, Streiks und öffentliche Skandale – so ziemlich alles, wovon man spricht oder schreibt, beeinflußt die Börsenkurse, ob mit oder ohne logischen Grund.

Der Spekulant versucht natürlich Aktien zu kaufen, wenn der Kurs möglichst niedrig ist, und sie zu verkaufen, wenn er möglichst hoch steht – das ist die einfache Regel seines Spiels. Normalerweise hat er selbst keine Möglichkeit, den Kurs zu beeinflussen, außer durch seine eigenen Käufe oder Verkäufe; wenn er nicht ein mächtiger Finanzmann ist, der gewaltige Transaktionen unternehmen kann, so bleibt ihm nichts übrig, als die Anzeichen künftiger Entwicklungen scharf zu beobachten und dementsprechend zu kaufen oder zu verkaufen.

In den Finanzspalten der Presse spiegeln sich diese Tendenzen der Börse wider. Wirtschaftsfachleute schreiben über derzeitige und voraussichtliche Entwicklungen und empfehlen dem Leser, wie er sein Geld anlegen soll, um es schnell wachsen zu lassen. Aber warum – so fragte sich Madame Hanau – sollte sich eine Zeitschrift auf die bescheidene Rolle des Beobachters und Beraters beschränken? Warum sollte man nicht den Ruf eines Organs wie ihrer *Gazette* dazu verwenden, jene kursbildenden Einflüsse zu erzeugen und in die gewünschten Kanäle zu leiten? Mit anderen Worten: war es moralisch zu verurteilen, wenn man irgendeinen kleinen Zipfel der Aktienbörse fest in die Hand nähme und ihn dem Bereich des Zufalls und Glücksspiels entrisse?

Madame Hanaus Königreich

Nachdem sich Marthe Hanau einmal über das Grundprinzip ihres Plans schlüssig geworden war, fand sie es überraschend einfach, die Einzelheiten auszuarbeiten. Am einen Ende sollte die *Gazette* ihren Lesern raten, bestimmte Aktien zu Spekulationszwecken zu kaufen; am anderen Ende leiteten Madames Verbündete eben jene Aktiengesellschaften und brachten neue Emissionen auf den Markt, deren Anschaffung in der Zeitschrift als reizvolle Kapitalanlage empfohlen wurde.

Es versteht sich von selbst, daß die Verbindung zwischen dem Blatt und den Firmen streng geheimgehalten werden mußte.

Vielleicht war Madame Hanau nicht die Erfinderin dieses genialen Systems, aber bestimmt war es vor ihr noch nie in derartigem Umfang ausprobiert worden. Es funktionierte großartig. Leute, die an der Börse spekulieren und Aktien nur deshalb kaufen, um einen schnellen Gewinn damit zu erzielen, stellen meist keine eingehenden Nachforschungen an, welche Erzeugnisse oder Dienstleistungen die betreffenden Aktiengesellschaften liefern. Madame Hanaus Firmen waren keine nützlichen Produzenten, auf die man im französischen Wirtschaftsleben hätte stolz sein können – sie machten weder Schiffe noch Schuhe, noch dienten sie der Gemeinschaft auf irgendeine Weise. Ihre Namen waren absichtlich vage gehalten; aber niemand schien daran Anstoß zu nehmen, solange die Kurse ihrer Aktien stiegen als Ergebnis der Ankäufe seitens der *Gazette*-Leser.

Es war kein reiner Zufall, daß zu Beginn dieser neuen redaktionellen „Linie" – wenn man Madames System so nennen darf – die Gehälter und Honorare des Personals und der Mitarbeiter der *Gazette* wesentlich erhöht wurden. In manchen Fällen zahlte sie für Artikel bekannter und als vertrauenswürdig angesehener Publizisten zehnmal so viel wie andere Verleger; alles, was sie dafür verlangte, waren gewisse „inspirierte" Hinweise. Und da viele Pariser Journalisten die Angewohnheit hatten, weit über ihre Verhältnisse zu leben, so bot sich ihnen hier eine großartige Chance, einen Teil ihrer Schulden loszuwerden. Sie hüteten sich, indiskrete Fragen zu stellen. Madame Hanau war Zahlmeisterin; sie befahl, und alle Federn gehorchten ihr.

Aber ihr Ehrgeiz war noch nicht befriedigt. Sie dehnte ihr Unternehmen aus und schuf ein ganzes Netz kleiner Journale, die ihrerseits mit Aktiengesellschaften verbunden waren und deren Kurse und Emissionen manipulierten. Schließlich dachte sie daran, wie es manche französische Wirtschaftskapitäne getan hatten, eine große Tageszeitung zu erwerben; aber dann kam sie auf eine bessere und weniger riskante Idee. Sie gründete eine Presseagentur für Finanznachrichten.

In den zwanziger Jahren wurden die Wirtschaftsspalten der französischen Presse nach einer Methode redigiert, die uns recht eigenartig anmutet. Sie wurden für beträchtliche Summen an eine der Presseagenturen „verpachtet", die dann für den redaktionellen Inhalt verantwortlich war. Die größte, *Agence Havas,* war die Pächterin der meisten dieser „bulletins financiers", der Finanzseiten der Tageszeitungen; Havas servierte den Lesern ein typisch französisches Gericht aus Geschäft und Politik, allgemeinen und Börsennachrichten, gut vermischt, mit Witz gewürzt und amüsant garniert.

Madame Hanau war überzeugt, daß sie sowohl geschickter als auch erfolgreicher arbeiten könne als alle anderen, die sich mit finanziellen Dingen befaßten, und so wagte sie es, die mächtige Agence Havas durch Gründung einer Konkurrenz, der *Agence Interpresse,* herauszufordern. Indem sie bessere Bedingungen und einen umfassenderen Dienst anbot, gelang es ihr, der Agence Havas ein paar kleinere Pariser und größere Provinzblätter wegzuschnappen. Diese Zeitungen wurden nun mit den Nachrichten beliefert, die Madame Hanau gedruckt sehen wollte.

Zugleich baute sie ihr Königreich aus: neue Aktiengesellschaften wurden gegründet, bestehende aufgekauft – natürlich immer durch Mittelsmänner. Nur Lazare Bloch und einige wenige eingeweihte Mitarbeiter kannten das Ausmaß ihrer Unternehmungen, die sich bald auch auf andere westeuropäische Länder erstreckten.

Je verzweigter ihr Reich wurde, um so mehr Spielraum zum Manövrieren bot es ihr. Geriet eine ihrer Firmen in

Schwierigkeiten bei der Ausschüttung von Dividenden und Zinsen, so kam sie ihr zu Hilfe, indem sie von einer anderen Gesellschaft neue Emissionen ausgeben ließ und mit dem einkommenden Geld das Loch zustopfte. Im Sommer 1928 fühlte sie sich stark genug, unter ihrem eigenen Namen eine Ausgabe kurzfristiger achtprozentiger Obligationen zu lancieren, mit denen eine Gewinnverteilung gekoppelt war, die – laut Madame Hanaus Versprechungen – bis zu 40 % des Anlagekapitals betragen konnte. Als Sicherheit für die Bezahlung dieser Obligationen akzeptierte sie von ihren Kunden Aktien anderer Gesellschaften; aber sobald diese Aktien bei ihr deponiert worden waren, verkaufte sie sie.

Madame Hanau hatte viel Vergnügen an ihrem Reichtum. Schönheit, Charme und Eleganz konnte sie sich nicht kaufen mit all ihrem Geld; aber sie amüsierte sich königlich, indem sie es in Deauville und Biarritz ausgab, in ihrem Rolls-Royce oder Hispano-Suiza spazierenfuhr und ihre Freundinnen mit Geschenken überschüttete.

Schließlich wurden die größeren und mittleren französischen Banken denn doch etwas unruhig. Mit der Agence Havas im Bunde bereiteten sie einen Feldzug gegen die Friedensstörerin vor. Gerüchte über Madame Hanaus Verbindung mit jenen Gesellschaften mit den vagen Namen, hinter denen nichts zu stehen schien, begannen umzugehen. Eine Zeitlang konnte sie verhindern, daß ihr diese Gerüchte Schaden zufügten, indem sie Gelder aus ihrem „Reptilienfonds" verteilte – die „Reptilien" waren bestechliche Politiker und höhere Beamte, die in der Lage waren, drohende Aktionen gegen sie zu stoppen. Aber auch Bestechungen konnten die große Abrechnung nicht auf ewig vertagen. Die feindlichen Banken taten, was sie konnten, um Unruhe unter Madames Geldgebern zu stiften, und man fing an, Aktien ihrer Gesellschaften en masse abzustoßen. Sie kaufte so viele auf, wie sie nur konnte.

Anfang Dezember 1928 bildete Marthe Hanau den Hauptpunkt auf der Agenda einer Kabinettssitzung. Das Büro des Generalstaatsanwalts war überflutet von Anzeigen gegen sie; man konnte die Sache nicht länger ignorieren. Die Minister mußten nun entscheiden, ob man sie unverzüglich verhaften lassen oder lediglich zwingen sollte, ihre ganzen Unternehmungen zu liquidieren. André Tardieu, der wenige Monate später Premierminister werden sollte, warnte sehr davor, Marthe Hanau verhaften zu lassen, was den plötzlichen Zusammenbruch ihres Finanzreiches, die Untergrabung der finanziellen Sicherheit Frankreichs und viel Unruhe unter der Bevölkerung hervorrufen würde. Aber sein Rat wurde von den Ministern nicht befolgt, und der Haftbefehl gegen Marthe Hanau, Lazare Bloch und ihre engsten Mitarbeiter wurde noch am gleichen Tag erlassen.

Hungerstreik und Flucht

Hatte der phantastische Aufstieg Madame Hanaus gezeigt, über welche hervorragende Intelligenz und Organisationsgabe sie verfügte, so enthüllte ihr Fall noch ungewöhnlichere Eigenschaften: einen hohen Grad von seelischem und körperlichem Mut, bewundernswerten Kampfgeist, einen unerschütterlichen Glauben an sich selbst und – bis zu ihrem letzten Atemzug – den eisernen Willen, Herrin ihres eigenen Geschickes zu bleiben. Vom Augenblick ihrer Verhaftung an folgte ganz Frankreich mit faszinierter Anteilnahme den Kampf einer Frau, die sich – so sträflich und skandalös ihre Handlungen auch gewesen sein mochten – mit einem Elan verteidigte, der einer besseren Sache würdig gewesen wäre.

Die Anklage gegen sie und ihre Mitarbeiter Lazare Bloch, Pierre Audibert, Paul Hersant und Maurice-Bernard de Courville lautete, daß sie alle in ein Komplott verwickelt seien, auf betrügerische Art Gelder als Kapitalanlagen in den mit der *Gazette du Franc* verbundenen Gesellschaften zu erlangen, und daß diese Zeitschrift lediglich dem Zweck diene, die Öffentlichkeit zum Ankauf von Aktien der betreffenden Unternehmungen zu bewegen; ferner, daß Madame Hanau Wertpapiere als Sicherheit für den Ankauf von Obligationen angenommen, sie aber sofort verkauft habe. Ihr „internationaler Konzern, der nahezu offiziellen Status hatte", wie es in der Anklageschrift hieß, brach jedoch nicht völlig zusammen, als die Nachricht von ihrer Verhaftung bekannt wurde; erstaunlicherweise wurden die Aktiva der *Gazette* auf nicht weniger als 31 Millionen Francs geschätzt, denen allerdings ein Defizit von 50 Millionen Francs gegenüberstand.

Vom Beginn ihres Verhörs an stellte sich Marthe Hanau auf den Standpunkt, daß der Untersuchungsrichter keine blasse Ahnung von der Materie habe, daß der Staatsanwalt die Anklagen nur aus Rachsucht vorbringe, daß sie selbst keinerlei Unrecht begangen habe und daß sie das Geld ihrer Kunden mit Zins und Zinseszinsen und Dividenden zurückgezahlt hätte, wenn man sie nur in Ruhe gelassen hätte. Sie verlangte die Einsetzung einer Gruppe von Fachleuten, deren Namen sie vorschlagen wolle und die alle Fehler und Irrtümer in der Anklageschrift des Staatsanwalts aufzeigen würden. Wenn man gegen sie ohne Zuziehung dieser „Gegenexperten" – wie sie sie nannte – verhandle, so würde sich der Prozeß in eine „Travestie der Justiz" verwandeln. Im übrigen sei sie selbst bereit, die „Gegenexperten" zu zahlen.

Dieses Angebot war natürlich ein Fehler, und ihr Verlangen wurde abgelehnt. Nach fünfzehn Monaten Untersuchungshaft im Gefängnis von St. Lazare sollte sie endlich vor dem Geschworenengericht erscheinen. Statt dessen trat sie in einen Hungerstreik. Ihr Verteidiger versuchte, sie davon abzubringen; schließlich sei sie fast vierzig Jahre alt, und ihre Gesundheit werde schwer leiden, wenn sie längere Zeit die Nahrungsaufnahme verweigere. Sie warf ihn aus ihrer Zelle hinaus.

Nach elf Hungertagen überführte man sie in das Cochin-Krankenhaus in Neuilly. Sie hungerte weiter; was sie damit zu erzielen hoffte, wurde allmählich immer unklarer: wahrscheinlich handelte es sich immer noch um die Zulassung der von ihr bezahlten Gegenexperten. Aber sie wußte natürlich auch, daß das gefährliche Experiment, dem sie ihren Körper unterwarf, im Publikum eine Welle von Sympathie mit diesem „Opfer eines ungerechten Justizsystems" auslösen würde.

Ein Dutzend Wärter und Krankenpfleger versuchten ihr zwangsweise Nahrung einzuflößen, aber ohne Erfolg. Ihre physische Energie, ihr Mut schienen durch den Hunger ungeschwächt. Aber am 22. Tag geruhte sie, etwas Milchkaffee zu trinken. Das Krankenhauspersonal atmete auf: hatte sie nun doch beschlossen, am Leben zu bleiben, statt Selbstmord durch Verhungern zu begehen? Man ahnte nicht, zu welchem Zweck Marthe Hanau jene kleine Erfrischung benötigte.

Um halb 10 Uhr abends nach ihrem 23. Hungertag knotete sie ein drei Meter langes Bettlaken am Heizkörper ihres Krankenzimmers fest und kletterte aus dem Fenster. Die zwei Polizisten, die vor der Zimmertür Tag und Nacht Wache hielten, hörten nicht das leiseste Geräusch. Bei der nächsten Inspektion fand man statt der Gefangenen einen Zettel auf dem Kissen. Darauf stand: „Angewidert von den gewalttätigen Eingriffen, denen man mich unterworfen hat, gehe ich fort."

Was die Pariser am meisten an Madames Flucht amüsierte, war, daß sie auf der Straße ein Taxi nahm – und ins Gefängnis von St. Lazare zurückfuhr! Dort bat sie um „Gastfreundschaft". Der Torwächter wußte nicht recht, wie er auf diese ungewöhnliche Bitte reagieren solle, und rief den

Gefängnisdirektor an; der bestimmte, man solle sie nur einlassen. Sobald sich die Gefängnistore hinter ihr geschlossen hatten, brach sie zusammen. Sie hatte mehr als drei Wochen keinen Bissen zu sich genommen.

Die Zeitungen nannten Marthe Hanaus Fluchtepisode einen „erfrischenden Witz" nach der Langeweile der endlosen Vorbereitungen zum Prozeß. Monsieur Chiappe, der Polizeipräsident, der sich gerade auf dem Land von einer Erkältung erholte, fand die Sache allerdings weder erfrischend noch witzig, als man ihn mitten in der Nacht aus dem Bett holte: in jenen Jahren höchster politischer Nervosität konnten ein oder zwei derartige Zwischenfälle einen Polizeichef seine Stellung kosten. Er kehrte unverzüglich nach Paris zurück, um die übliche Untersuchung einzuleiten; aber es gab wenig zu untersuchen. Madame Hanau war wieder in ihrer Zelle in St. Lazare. Noch immer weigerte sie sich, Nahrung zu sich zu nehmen; sie verlor rapid an Gewicht. So entschloß sich Monsieur Chiappe, ihre Freilassung gegen Kaution zu empfehlen.

„Herrin meines Schicksals"

Anfang April 1930 war sie frei und begab sich in ein Sanatorium, um ihre Kräfte wiederzuerlangen. Inzwischen war der Prozeßtermin von neuem verschoben worden. Madame Hanaus Gläubiger, die auf Gerichtsbeschlüsse warten mußten, um wenigstens einen Teil ihres Geldes zurückzubekommen, wurden unruhig, ärgerlich und schließlich wütend. Mutig wie immer, erschien Madame persönlich auf ein paar Gläubigerversammlungen und erklärte mit Überzeugung, alles werde sich zum Guten wenden, wenn man sie freispräche und ihre frühere Tätigkeit wiederaufnehmen ließe. Die Hälfte ihrer Zuhörer rief Hoch, die andere Hälfte pfiff sie aus.

Endlich, am 20. Februar 1931, begann der Hanau-Prozeß. Während der ganzen Dauer der Verhandlungen taten die Richter, was sie konnten, um nicht die Namen jener Politiker zu nennen, die – zumindest durch ihr Schweigen – Madame Hanaus Aktionen gebilligt und davon profitiert hatten. Trotzdem wirbelte der Skandalprozeß gewaltigen Staub auf.

Marthe Hanau verteidigte sich nur am Anfang. Dann erklärte sie, daß sie nun schweigen werde, da der Gerichtshof ihre „Gegenexperten" nicht hören wolle. Natürlich brachte sie es nicht fertig zu schweigen, und es gab manche dramatischen und sogar pöbelhaften Szenen im Lauf des Prozesses, der sechs Wochen dauerte. Sie überließ jedoch den wesentlichen Teil ihrer Verteidigung den Anwälten, was sich auch als richtig erwies, denn das Urteil fiel milde aus: zwei Jahre Gefängnis, großenteils bereits verbüßt durch die Untersuchungshaft, und 3000 Francs Geldstrafe – damals nicht mehr wert als ein paar hundert Mark. Lazare Bloch erhielt anderthalb Jahre Haft, Hersant nur eine Geldstrafe, und Madames Redakteure Audibert und de Courville wurden sogar freigesprochen.

Gegen Ende des Jahres 1931 war Marthe Hanau wieder auf freiem Fuß – und setzte ihre Tätigkeit genau so fort, wie sie vor Jahren begonnen hatte: sie kaufte eine Zeitschrift namens *Forces*. Wenige Monate später, im April 1932, wurde sie von neuem verhaftet Sie hatte einen Artikel über Schiebungen auf dem Geldmarkt veröffentlicht, die Gelegenheit zu einer Verteidigung ihrer eigenen Tätigkeit benützt und ausgiebig aus einem geheimen Polizeibericht über sich selbst zitiert! Innerhalb einiger Stunden waren alle Exemplare der *Forces* an den Kiosken ausverkauft, und als die Polizei bei den Zeitungshändlern erschien, um die Ausgabe zu konfiszieren, war nichts mehr davon übrig. Madame Hanau humpelte auf Krücken ins Polizeipräsidium; sie hatte sich bei einem Autounfall das Bein gebrochen.

Im Kreuzverhör weigerte sie sich zu verraten, wie sie sich jene Polizeiakte beschafft hatte. Sie war frech wie zuvor, erklärte dem Untersuchungsrichter, die französische Justiz sei die korrupteste der Welt, und wurde dreimal wegen Mißachtung des Gerichts bestraft. Die mysteriöse Angelegenheit wurde eingehend untersucht, und es ergab sich, daß die Geheimakte, aus der Madame Stellen zitiert hatte, in der Schreibtischschublade keines anderen als des Finanzministers Monsieur Flandin selbst verschlossen gewesen war! Man fragte Marthe Hanau wieder, wie sie das Dokument aus der abgesperrten Schublade erhalten hatte; sie zuckte nur die Achseln und meinte, wahrscheinlich habe „jemand" einen Schlüssel für die Schublade gehabt. Wer dieser „jemand" war, stellte sich nie heraus. Nach zweijährigen Nachforschungen, die nichts ergaben, wurde Madame Hanau zu drei Monaten Gefängnis wegen Hehlerei – das heißt Erwerb eines gestohlenen Dokuments – verurteilt.

Sie legte Berufung ein und blieb zunächst auf freiem Fuß. Ihr Verteidiger, Maître Dominique, brachte es fertig, ihren Strafantritt immer wieder hinauszuschieben. Als sie hörte, daß ihre Berufung von der höchsten Instanz abgelehnt worden war, packte sie ihren Koffer und wollte ins Ausland fliehen. Sie hatte versucht, die Fäden ihrer einstigen erfolgreichen Laufbahn wieder aufzunehmen, aber es war ihr nicht gelungen; nun war sie 45 Jahre alt, und der Funke ihres Finanzgenies schien erloschen. Sie wollte nichts, als in Ruhe und Frieden leben – wo, das war ihr gleichgültig. Aber in letzter Minute vor der geplanten Abreise wurde sie verhaftet und ins Gefängnis zurückgebracht.

Am 19. Juli 1935 fand man Marthe Hanau tot in ihrer Zelle auf. Sie hatte eine Handvoll Schlaftabletten geschluckt, die – in einem Wattebausch versteckt – von einer entlassenen Mitgefangenen für sie eingeschmuggelt worden waren. In ihrer Zelle fand man eine kleine Bibliothek mit Werken von Montaigne, Marcus Aurelius' „Selbstbetrachtungen" und Epiktets philosophischen Abhandlungen. Stellen über den Tod waren von ihr unterstrichen worden.

Maître Dominique war untröstlich. „Ich hätte es ahnen müssen", seufzte er. „Als ich sie am Tag vorher besuchte, sagte sie zu mir: ‚Ich werde immer Herrin meines Schicksals sein'."

7 ECHTES FALSCHGELD FÜR ANGOLA

Arthur Virgîlio Alves Reis

Afrikanischer Wunschtraum

Die Gepäckaufbewahrung des Bahnhofs Liverpool Street in London war schon immer etwas schäbig und ausgesprochen unromantisch – ein Lagerplatz für das unelegante Strandgut des Reiseverkehrs von und nach der englischen Provinz, mit nur wenigen schicken Koffern kontinentaler Fahrgäste dazwischen. Und doch standen hier im Jahre 1925 drei Tage lang zwischen den schlechtverschnürten Pappschachteln und den rohgezimmerten Matrosentruhen zwei unauffällige Gepäckstücke, deren Inhalt ganz und gar nicht in diese armselige Umgebung paßte: funkelnagelneue portugiesische Banknoten im Wert von siebeneinhalb Millionen Mark.

Der holländische Herr, der die beiden Handkoffer hier deponiert hatte, zahlte einen Shilling und Sixpence Aufbewahrungskosten, als er sie wieder an sich nahm, und bestieg den Zug nach Harwich, um das Schiff zum Hoek van Holland zu erreichen. Erst fünf Monate später entdeckte die portugiesische Staatsbank den größten und frechsten Banknotenschwindel unseres Jahrhunderts.

Der geniale Kopf, der den Betrug bis in die kleinsten Einzelheiten ausgedacht und vorbereitet hatte, gehörte dem Sohn eines kleinen portugiesischen Zollbeamten. Arthur Virgílio Alves Reis wurde 1896 in Lissabon geboren; den Jungen fesselte die Lebensgeschichte des Cecil Rhodes, der Englands südafrikanisches Kolonialreich schuf, und sein Wunschtraum war es, einmal selbst solch ein Empire in Afrika zu errichten – für sein Vaterland Portugal. Er wurde Student der Technik und bewarb sich um eine Stellung in der Kolonialverwaltung. Aber seine Leistungen am Lissabonner Polytechnikum waren nicht gut genug dafür, und er fand einen Ausweg – er fälschte ein Diplom der Londoner Universität. Ingenieure, die in England studiert hatten, waren bei der portugiesischen Regierung besonders begehrt, und so erhielt er den Posten eines Eisenbahninspektors in der Kolonie Angola.

Mag sein, daß das gefälschte Diplom Alves Reis' Fähigkeiten gar nicht so sehr übertrieb – jedenfalls war er innerhalb weniger Jahre zum Verwalter der Staatsbahnen in Angola aufgerückt. Mit 25 Jahren wurde er bereits zum Generalinspektor für öffentliche Arbeiten in der Kolonie ernannt; ein hoher Posten, und doch war der ehrgeizige junge Mann noch nicht zufrieden damit. Er verließ den Staatsdienst, um seine eigene Firma, Alves Reis, in Lissabon eintragen zu lassen: ein Unternehmen, das sich der Ausbeutung der phantastisch reichen Bodenschätze Angolas, vor allem Gold und Diamanten, widmen wollte. Nun brauchte er nur noch Kapital in Höhe von mehreren Millionen Mark, um einen großen Konzern zum Betrieb der Minen aufzubauen. In Portugal gab es wenig Kapital, und so wandte er sich nach England und Holland.

Aber all seine Überredungskünste vermochten nicht die Geldschränke der Londoner City und Amsterdams zu öffnen. Er war schon fast entschlossen, seine geldlose Firma zuzusperren, als sich ihm eine goldene Chance bot. Die Transafrikanische Eisenbahngesellschaft von Angola bat ihn als den früheren Staatsbahnverwalter, ihr bei der Beilegung von Unstimmigkeiten mit ihren ausländischen Aktionären behilflich zu sein. Reis, ein ungewöhnlich geschickter Unterhändler, bewog die Gesellschaft, ihn zum zeitweiligen Präsidenten zu ernennen.

In dieser Eigenschaft gelang es ihm, die Goldreserven der Bahngesellschaft im Wert von 400 000 Mark – die zur Schuldenzahlung verwendet werden sollten – an die Firma Alves Reis zu übertragen. Er war überzeugt davon, daß nach wenigen Monaten des Schürfens und der Entdeckung neuer Diamantenfelder und Goldminen ausländisches Kapital in Hülle und Fülle hereinströmen werde, so daß ihm die Rückzahlung der kleinen „Anleihe" keine Schwierigkeiten bereiten würde. Aber alles, was entdeckt wurde, war seine Unterschlagung, und er wanderte ins Untersuchungsgefängnis.

Noch immer weigerte er sich, seinen Wunschtraum von einem afrikanischen Kolonialreich aufzugeben. In seiner Zelle las er Zeitungsartikel über die deutsche Inflation – man schrieb das Jahr 1923 – und ihre Beendigung durch Einführung der Rentenmark als Übergangswährung. Er überlegte: wenn man große Mengen portugiesischer Banknoten zur Verfügung hätte, um sie in Angola auszugeben, so käme man bestimmt ohne ausländisches Kapital aus – nur ein paar Tausend Stück Papier, auf denen Zahlen standen, und die Kolonie würde eine wunderbare Blütezeit erleben ... unter der genialen Leitung von Arthur Virgílio Alves Reis.

So entstand der Plan des großen Banknotenschwindels in der Zelle eines Lissabonner Gefängnisses.

Der falsche Kopf

Reis hatte ein paar zuverlässige Freunde, und er suchte sich die drei gescheitesten unter ihnen als Mitverschwörer aus. Die Hauptrolle dachte er einem Holländer zu, Karel Marang van Ysselveere, einem aalglatten, eleganten und redegewandten Finanzmann aus Den Haag; ihm wurde ein untergeordneter Beamter des diplomatischen Dienstes als „Assistent" beigeordnet, José Bandeira, der Bruder des portugiesischen Gesandten in Den Haag, während Reis' persönlicher Adlatus ein deutscher Abenteurer mit Namen Gustav Hennies sein sollte, der alle möglichen finanziellen Transaktionen in Südamerika durchgeführt hatte – nicht immer strikt im Rahmen der gesetzlichen Vorschriften.

Von seiner Zelle aus unternahm Reis mit Hilfe von Hennies seine Ermittlungen. Er mußte vor allem wissen, wie sich die portugiesische Staatsbank ihre Escudo-Banknoten verschaffte und wie sie sie in Umlauf brachte. Dabei stellte sich eine Reihe interessanter Dinge heraus. Zunächst einmal ergab sich, daß die Staatsbank weit mehr Papiergeld ausgegeben hatte, als sie es eigentlich laut ihrer in der Verfassung festgelegten Ermächtigung durfte. Zweitens: die Bank verfügte über kein verläßliches Kontrollsystem, um jederzeit feststellen zu können, wie viele Noten der einzelnen Werte im Umlauf waren. Und drittens: die höheren Werte, das heißt die 500- und 1000-Escudo-Noten, wurden nicht in der portugiesischen Staatsdruckerei hergestellt, sondern von der berühmtesten Banknotendruckerei Europas, der Firma Waterlow & Sons in London, deren Papiergeld außerordentlich schwer zu fälschen war.

Die Verhandlung gegen Reis endete damit, daß er der Unterschlagung schuldig befunden wurde. Er legte sofort Berufung ein. Drei Monate später, im November 1924, sprach ihn die nächsthöhere Instanz frei. Er wurde aus dem Gefängnis entlassen und begann unverzüglich und mit der Präzision eines gewiegten Strategen, seine Pläne in die Tat umzusetzen.

Schon Anfang Dezember begab sich Marang van Ysselveere nach London, ausgestattet mit Beglaubigungsschreiben der portugiesischen Regierung (geliefert von José Bandeira, der Zugang zu den vorgedruckten Briefbögen der Gesandtschaft hatte). Der Holländer besuchte Sir William Waterlow, den Chef des Druckereikonzerns, und bat ihn zunächst, die Unterredung als streng vertraulich zu behandeln – aus Gründen, die Sir William sicher verstehen werde. Er, Marang, sei nämlich Leiter eines Syndikats, das mit der portugiesischen Regierung übereingekommen sei, Deckung für eine neue Ausgabe von Escudo-Banknoten im Wert von 60 Millionen Mark ausschließlich für Angola bereitzustellen. Dafür werde das Syndikat eine Reihe von Schürf- und Handelskonzessionen in der Kolonie erhalten, um Angola wirtschaftlich zu erschließen. Und da die portugiesische Regierung zur Zeit eine Periode politischer Schwierigkeiten wegen Angola durchzumachen habe, dürfe der Druckauftrag für die Banknoten nicht auf dem üblichen diplomatischen Weg placiert werden. So habe man ihn, Marang, mit dieser Mission beauftragt, die mit höchster Diskretion durchgeführt werden müsse.

Sir William fand die Sache durchaus einleuchtend; derartige Situationen in politisch unstabilen Ländern waren ihm nichts Neues. Aber er war ein Geschäftsmann von strikten Grundsätzen: kein Druckauftrag könne mündlich akzeptiert werden; der Kunde – in diesem Fall natürlich die portugiesische Staatsbank – müsse ihn schriftlich erteilen. Das sei selbstverständlich, antwortete Marang; innerhalb weniger Tage werde Sir William das Bestätigungsschreiben vom Gouverneur der Staatsbank in Lissabon erhalten. Dann unterhielten sich die beiden Herren über die Einzelheiten des Auftrags: die Banknoten sollten von den bereits im Besitz von Waterlow & Sons befindlichen Klischees gedruckt werden, wie dies schon bei früheren Ausgaben geschehen war. Nach Lieferung, erklärte Marang, würden die Noten in Lissabon mit dem Wort „Angola" überdruckt werden, da ja die Ausgabe auf die Kolonie beschränkt sein sollte; es würde daher nichts ausmachen, wenn die Seriennummern die gleichen seien wie diejenigen von Banknoten, die sich bereits in Portugal selbst in Umlauf befänden. All das klang plausibel, und Sir William war damit einverstanden. Dann aber machte Marang einen Fehler, der um ein Haar das ganze Projekt im Keim erstickt hätte. Die Banknoten, sagte er, sollten alle im Wert von 500 Escudos ein, mit dem Kopf des portugiesischen Nationaldichters Devos.

Sir William sah seinen Besucher erstaunt an und unterbrach ihn: Waterlow hatte keine Klischees mit dem Kopf von Devos; diese Banknoten seien wohl von einer anderen Firma oder in Portugal selbst gedruckt worden. Es war ein höchst unangenehmer Augenblick für den Holländer, aber er war geistesgegenwärtig und zungenfertig genug, um Sir Williams keimendes Mißtrauen zu beschwichtigen. Schließlich war es Sir William selbst, der vorschlug, die in seinem Besitz befindlichen Klischees mit dem Kopf von Vasco da Gama zu verwenden wie bei früheren Ausgaben. Mit einem stillen Seufzer der Erleichterung erklärte sich Marang einverstanden.

Sobald sein sorgfältig chiffriertes Telegramm in Reis' Lissabonner Wohnung eingetroffen war, begann dieser mit der Fälschung von drei Dokumenten: das erste war ein Vertrag zwischen Oberst Régo Chavez, dem Hohen Kommissar für Angola, und der Firma Alves Reis, worin sie zur Ausgabe der Banknoten in der Kolonie autorisiert wurde; das zweite Dokument war ein Brief des Gouverneurs der portugiesischen Staatsbank, Rodrigues, der den Druckauftrag an Waterlow & Sons bestätigte; und das dritte war ein Schreiben des Oberst Chavez an den Gouverneur Rodrigues, mit dem der Hohe Kommissar sich mit der ganzen Transaktion einverstanden erklärte. Mit diesen drei Dokumenten sprach Marang wieder bei Sir William vor, der nun völlig beruhigt war und seine Druckerei anwies, den Auftrag durchzuführen.

Aber nun machte Marang seinen zweiten Fehler: er vergaß, Sir William um den üblichen Brief zu bitten, in dem die Firma Waterlow dem Gouverneur Rodrigues die Annahme des Druckauftrages bestätigte. So schickte Sir William diesen Brief per Post nach Lissabon. Hätte das Schreiben den Gouverneur erreicht, so wäre das ganze Unternehmen aufgeflogen; aber merkwürdigerweise gelangte der Brief niemals in die Hände des Adressaten. Durch irgendeinen nie aufgeklärten Zufall ging er verloren; es besteht jedoch die Möglichkeit, daß es einem von Reis' Mitverschworenen unter dem Bankpersonal gelang, ihn verschwinden zu lassen.

Während die Londoner Drucker damit beschäftigt waren, die Banknoten herzustellen, bereitete Alves Reis alles für ihre Verteilung vor. Er gründete seine eigene Bank. Im Juli 1925 öffnete die „Banco da Angola e Metropole" ihre Pforten in Oporto, Portugals zweitgrößter Stadt. Sie sollte der Kanal sein, durch den die neuen Banknoten ins Land strömen würden.

Dann kam der Tag, an dem Marang die erste Lieferung – Banknoten im Wert von 7 ½ Millionen Mark – in Empfang nahm. Waterlow & Sons gaben ihm auch noch zwei Handkoffer, um sie darin fortzutragen. Marang deponierte sie aus Gründen der Sicherheit zunächst in der Gepäckaufbewahrung am Bahnhof Liverpool Street: wäre irgend etwas schief gegangen, so hätte man ihn wahrscheinlich beim Besteigen des Schiffs in Harwich verhaftet, aber indem er drei Tage wartete, wollte er sich versichern, daß niemand Verdacht geschöpft habe. Als er die Handkoffer abholte und man ihm die Gebühr abverlangte, konnte er sich nicht zurückhalten, die Bemerkung fallenzulassen: „Donnerwetter – all das für anderthalb Shilling!" Erst viel später erinnerte sich der Beamte an der Ausgabe an diese etwas rätselhaften Worte und an den eleganten Holländer, der mit den Koffern zum Zug nach Harwich geeilt war.

Polizeibesuch im Stahlgewölbe

Marang kam gut in Oporto an. Vor den Augen der versammelten Bande wurden die Koffer geöffnet und enthüllten ihren wunderbaren Inhalt. Die erste Etappe des großen Plans war erfolgreich überwunden. Bei der Bezahlung der Rechnung von Waterlow & Sons ergaben sich nun keinerlei Schwierigkeiten.

Weitere Sendungen von Vasco-da-Gama-Banknoten – insgesamt im Nominalwert von 50 Millionen Mark! – trafen nun in Oporto in versiegelten diplomatischen Gepäckstükken ein; Marang war nämlich persischer Ehrenkonsul in Den Haag. Nun begann die schwere Aufgabe der Verteilung. Alves Reis erwies sich als ausgezeichneter und einfallsreicher Bankier; er gewährte Anleihen und Kredite gegen gute Sicherheit und überließ es damit anderen Leuten, das Geld in Umlauf zu bringen. Innerhalb eines halben Jahres hatte bereits ein Viertel der Scheine die Bank verlassen, und Reis hatte sich schnell den Ruf eines Geldgebers erworben, der stets gern bereit war, gute Firmen mit Kapital zu versorgen und unternehmungslustigen Geschäftsleuten bei der Durchführung ihrer Projekte finanziell zu helfen.

Früher oder später mußte der unaufhörlich steigende Umlauf der 500-Escudo-Scheine natürlich der Staatsbank auffallen. Aber zunächst konnte Gouverneur Rodrigues nichts anderes tun, als ein paar Exemplare der Banknoten prüfen zu lassen; sie erwiesen sich als echt. Auf der Lissabonner Börse begannen Gerüchte zu zirkulieren: die Staatsbank habe viel zu viele Banknoten drucken lassen, und eine Inflation sei nicht nur möglich, sondern wohl von der Regierung beabsichtigt – sie wolle ihre Schulden im Inland loswerden!

Auf die Dauer war also die Entdeckung der Schwindelaktion nicht aufzuhalten. Wie konnte Reis dies verhindern? Einfach, indem er sich selbst in die Staatsbank einschmuggelte ... Er fing an, durch Mittelsmänner Aktien der Staatsbank aufzukaufen. In ein paar Monaten würde er wohl über einen guten Teil des Aktienbestandes verfügen, und in einem Jahr mußte ihn die Staatsbank zu einem ihrer Direktoren ernennen – vielleicht sogar später zu Senhor Rodrigues Nachfolger! Hatte er einmal innerhalb der Staatsbank festen

Fuß gefaßt, so würde es ihm nicht schwerfallen, alle Nachforschungen nach dem Ursprung der vielen neuen Vasco-da-Gama-Banknoten zu unterbinden.

Aber nie verlor er sein Endziel aus dem Auge, jene Vision eines großen portugiesisch-afrikanischen Imperiums unter seiner Führung. Als er sicher sein konnte, daß die Dinge in Oporto ihren vorgesehenen Lauf nahmen, fuhr er ab nach Angola auf eine tour d'horizon. Unverschämt besuchte er Oberst Chavez, den Hohen Kommissar, dessen Unterschrift er gefälscht hatte, und unterbreitete ihm Pläne für alle möglichen Unternehmungen, die sein Syndikat in Angola durchführen und die seine Bank finanzieren wollte, wie etwa den Bau einer Eisenbahn, um das Kupfer der Bembe-Minen zum Hafen von Luanda zu bringen, die Ansiedlung von tausend portugiesischen Familien in der Hochebene von Angola, Erdölbohrungen und Gold- und Diamantenschürfungen mit den jüngsten technischen Geräten. Es war Reis' alter Tagtraum: hatte ihm sein großer Coup endlich die Möglichkeit gegeben, ihn zu verwirklichen?

Oberst Chavez zeigte sich höchst interessiert an all diesen schönen Ideen, die vielleicht seiner dahinsiechenden Kolonie wieder auf die Beine helfen konnten. Sein ehemaliger Generalinspektor für öffentliche Arbeiten schien es recht weit gebracht zu haben; anscheinend verfügte er über erhebliche Mittel. Plötzlich jedoch wurde Reis in dringender Angelegenheit nach Oporto zurückberufen.

Die Direktoren der Staatsbank hatten sich den Kopf zerbrochen, was hinter den massiven Käufen der Aktien ihrer Bank stecken könnte. Wer konnte ein Interesse an dieser Art von Wertpapieren haben – es sei denn zum Zweck eines undurchsichtigen Börsenmanövers? Gouverneur Rodrigues ging den Ankäufen vorsichtig nach. Reis hatte die Kauforders sorgfältig unter möglichst vielen Maklern verteilt, und Makler behandeln die Namen ihrer Auftraggeber als

Geschäftsgeheimnis. Rodrigues hatte jedoch seine eigenen Methoden, um herauszubekommen, was man ihm nicht verraten wollte. Alle Spuren, die er entdecken konnte, führten zu Alves Reis und seiner Bank in Oporto.

Nun zog der Gouverneur die Polizei ins Vertrauen. Es war natürlich kein Verbrechen, Aktien der Staatsbank aufzukaufen. Aber wenn man sich die Dinge zusammenreimte: das rätselhafte Ansteigen des Umlaufs an 500-Escudo-Scheinen ... Reis' Tour durch Angola ... nun, es war nur ein Verdacht, aber vielleicht lohnte es sich, der Sache nachzugehen. Rodrigues hatte von verschiedenen Seiten gehört, daß die „Banco da Angola" sich bei Transaktionen mit ausländischen Devisen nicht sehr genau an die Vorschriften halte, und dies gab der Kriminalpolizei die nötige Handhabe zu einer Durchsuchung der Bank in Oporto.

Reis befand sich noch auf der Rückreise von Angola. Wäre er an Ort und Stelle gewesen, so hätte sein schnell reagierendes Hirn vielleicht den rettenden Ausweg gefunden; aber die Angestellten, die er zur Erledigung der täglichen Geschäfte zurückgelassen hatte, wußten nicht, was unter ihren Nasen vorging. Sie sahen keinen Grund, der Polizei nicht alles offen zu zeigen, in der Überzeugung, daß es sich bei der Durchsuchung um einen Irrtum handle. Die Stahlgewölbe im Keller wurden aufgesperrt – und da fand man Kassetten über Kassetten mit 500-Escudo-Noten!

Die Polizei glaubte zuerst, es müßten „Blüten" sein, denn sie sahen so verdächtig neu aus, und es gab solch eine Unmenge davon. Aus Lissabon wurde ein Fachmann der Staatsbank herbeigeholt. Er kratzte sich am Kopf. Die Banknoten waren echt, daran war nicht zu zweifeln. Aber die Seriennummern waren merkwürdig. Der Fachmann, der ein gutes „photographisches Gedächtnis" hatte, war sicher, daß er manche dieser Nummern schon einmal gesehen hatte. Er veranlaßte den Kassierer der Staatsbank-Zweigstelle in Oporto, die Nummern aller ihrer Vasco-da-Gama-Scheine zu notieren. Innerhalb weniger Stunden wurden vier Banknoten gefunden, die genau dieselben Nummern hatten wie vier aus den Kassetten der „Banco da Angola". Das Netz um Reis zog sich zusammen.

Sir William muß zahlen

Ein Jahr war vergangen, seit Karel Marang van Ysselveere zum ersten Mal Sir William Waterlow besucht hatte. Nun, Anfang Dezember 1925, stand Portugal am Rand einer allgemeinen Währungspanik. Die Zeitungen hatten von der Geschichte mit den identisch numerierten Banknoten Wind bekommen. Tausende belagerten die Bankschalter, um ihre 500-Escudo-Scheine einzuwechseln; viele zogen Silbergeld vor, und bald herrschte eine katastrophale Knappheit an Hartgeld. Gerüchte überstürzten sich: Inflation, Abwertung, Falschgeld im Umlauf, Finanzkrise, bevorstehender Regierungssturz, Revolution ...

Der Escudo fiel von Tag zu Tag auf den Devisenmärkten der Welt. Das Kabinett hielt eine Notstandssitzung nach der anderen ab; Gouverneur Rodrigues nahm zumeist teil. Endlich dämmerte es ihm, was Reis eigentlich getan hatte, und er meldete ein Ferngespräch nach London an, um mit Sir William persönlich zu sprechen. In wenigen Minuten stellte sich die Wahrheit heraus, so unglaublich sie auch war.

Als Alves Reis im Hafen von Lissabon das Schiff verließ, wartete die Polizei schon auf ihn. José Bandeira wurde im Zimmer seines Bruders, des Gesandten, in Den Haag verhaftet, Marang van Ysselveere an der deutsch-holländischen Grenze. Gustav Hennies war verschwunden; vielleicht hatte er sich schleunigst wieder nach Südamerika begeben.

Die portugiesische Botschaft in London bat Sir William, unverzüglich nach Lissabon zu kommen, um seine Banknoten zu identifizieren und dem Untersuchungsrichter zu berichten, was er wußte. Die Staatsbank zog sämtliche Vasco-da-Gama-Scheine im Wert von 500 Escudos ein, alte wie neue. Der Gesamtwert belief sich auf ein Sechstel des ganzen Banknotenumlaufs!

Doch ein Mann wie Alves Reis streckt nicht so ohne weiteres die Waffen. Wieder „operierte" er von seiner Gefängniszelle aus. Es gelang ihm, verschiedene gefälschte Dokumente zu erlangen, die beweisen sollten, daß er das unschuldige Opfer eines politisch-finanziellen Komplotts sei, angezettelt von Gouverneur Rodrigues und seinen Freunden. Geschickte Anwälte halfen ihm, sich die Sympathie eines nicht unwesentlichen Sektors des breiten Publikums zu erringen und den Prozeß immer wieder hinauszuschieben – insgesamt über vier Jahre lang. Während dieser Zeit lebte Reis höchst komfortabel hinter Gittern; er kaufte sich alle Annehmlichkeiten, die einem Untersuchungsgefangenen gestattet waren, und dazu noch einige, die eigentlich verboten waren.

Endlich, im Mai 1930, begann der Prozeß. Reis, noch immer optimistisch, gab nur einen Teil der Dinge zu, die man ihm zur Last legte. Er behauptete nach wie vor, daß er als Sündenbock von den wirklich Schuldigen, den Direktoren der Staatsbank, mißbraucht worden sei. Der Staatsanwalt zerpflückte seine Lügengeschichte Stück um Stück. Das Urteil gegen Alves Reis lautete auf 28 Jahre Zuchthaus; Bandeira erhielt eine kürzere Gefängnisstrafe. Marang wurde in Holland abgeurteilt und dort nur als „Unterhändler" mit acht Monaten Haft bestraft. Der „große portugiesische Banknotenschwindel", wie die internationale Presse die Affäre nannte, war zu Ende.

Aber war sie es wirklich? Portugal und seine Wirtschaft hatten schwer gelitten durch den Coup des Hauptschwindlers, der nun, im Alter von 34 Jahren, seine lange Strafzeit antrat. Er selbst konnte nicht zur Wiedergutmachung des Verlusts herangezogen werden – sein Geld war nun zu Ende. Aber wie stand es mit Waterlow & Sons? Die Lissabonner Regierung beriet sich mit ihren finanziellen und juristischen Fachleuten, und es wurde beschlossen, bei den britischen Gerichten einen Zivilprozeß gegen die Londoner Firma anzustrengen. Man warf ihr Nachlässigkeit vor, betonte jedoch, daß der portugiesische Staat sie damit keiner Unehrlichkeit zeihen wolle. Was die portugiesische Staatsbank wollte, waren lediglich zwanzig Millionen Mark Schadenersatz.

Der Fall beschäftigte die Gerichte vom November 1930 an fast anderthalb Jahre, bis er schließlich vor der höchsten Instanz landete – dem House of Lords. Hier wurden ein paar interessante Argumente vorgebracht. Manche Oberhausmitglieder waren sich mit dem Lordkanzler einig, daß Portugal schwere Verluste erlitten hatte; obwohl die Escudo-Währung nicht auf dem Goldstandard beruhte, hatte die Bank doch mehr verloren als nur einen Haufen Papier: denn mit diesem Papier hätte sie Gold und Devisen einkaufen können, oder sie hätte damit Schulden zu zahlen vermocht. Daher, so argumentierte man, hatten die eingezogenen Banknoten „wirklichen Wert".

Andere Sprecher unter den Oberhausmitgliedern, darunter Lord Russell und Lord Warrington, waren der Ansicht, daß die Staatsbank nur um die Anschaffungskosten der eingezogenen 500-Escudo-Scheine – etwa 180 000 Mark – geschädigt worden sei; denn da sie nicht verpflichtet war, diese Banknoten in Gold einzulösen, konnte sie sie mit anderen Scheinen zurückkaufen – und dies war auch geschehen: bedrucktes Papier war gegen bedrucktes Papier eingetauscht worden ...

Ende April 1932 gelangte das House of Lords zu einer Mehrheitsentscheidung: Waterlow & Sons hatte der portugiesischen Staatsbank die Summe von £ 610.392 zu zahlen – nicht ganz 7 ½ Millionen Mark nach dem damaligen Umrechnungskurs.

Sir William zahlte. Die Angelegenheit, einschließlich Prozeßkosten, hatte die Firma um etwa zehn Millionen Mark ärmer gemacht; aber sie hat den Schlag überlebt und beliefert noch heute alle Welt mit Banknoten.

Alves Reis saß nicht seine ganze lange Strafe ab. 1946, nach sechzehn Jahren Haft, wurde er in Freiheit gesetzt; durch sein gutes Betragen hatte er sich des vollen Straferlasses würdig erwiesen. Er lebte noch weitere anderthalb Jahrzehnte; was er tat, wovon er lebte, und ob er vielleicht doch ein wenig von seinem unehrlich erworbenen Geld hatte verstecken können – das wird man wohl nie erfahren. Erst im Jahre 1961 hörte man wieder seinen Namen, als er in einer der ärmsten Lissabonner Vorstädte, wo er ein schmutziges Kellerzimmer bewohnt hatte, tot aufgefunden wurde. Lange vor ihm war sein großer Wunschtraum gestorben – der Traum, in dem er sich als Cecil Rhodes von Angola sah.

Sicher hätte er gern der Vernichtung seiner Banknoten beigewohnt. Im Oktober 1932 wurden seine „echten" falschen Escudoscheine mit zeremonieller Feierlichkeit verbrannt. Der Gouverneur der portugiesischen Staatsbank und eine Anzahl hoher Regierungsbeamter starrten in den Scheiterhaufen, der das Ende des großen Schwindels verkündete. Unter ihnen befand sich der frühere Finanzminister, der soeben zum Premierminister ernannt worden war. Er hieß Antonio de Oliveira Salazar.

8 GOLD FÜR DEN GENERAL

Franz Tausend

Ein Alchimist im 20. Jahrhundert

So arm und krisengeschüttelt Deutschland auch im Jahre 1923 war, das Weihnachtsfest wurde endlich wieder verhältnismäßig frohen Mutes begangen, zum ersten Mal seit einem Jahrzehnt. Die furchtbare Inflation war zum Stillstand gekommen; Millionen Menschen hatten ihre Ersparnisse verloren, aber zumindest war nun ein Anfang damit gemacht worden, die deutsche Wirtschaft von neuem aufzubauen. Forschung und Industrie standen zu diesem Aufbau bereit, und es gab sogar bald wieder Geldgeber, die ihr Kapital nutzbringend anlegen wollten.

In den *Münchner Neuesten Nachrichten* erschien 1924 diese Anzeige:

> *Suche mich mit mehreren hunderttausend Mark* an streng seriösem Großunternehmen zu beteiligen. Chemische Industrie bevorzugt. Angebote unter ...

In einem Münchner Café saß der vierzigjährige Franz Tausend, blätterte gelangweilt in den Zeitungen und sah dieses Inserat. „Mehrere hunderttausend Mark" – das war nicht zu verachten! Gewiß, er verfügte über kein „seriöses Großunternehmen"; er hatte überhaupt kein Unternehmen, nur ein Häuschen in einem bayerischen Dorf und ein paar Ideen. Aber es konnte ja nichts schaden, wenn er die Anzeige beantwortete. Am gleichen Abend steckte er seinen Brief in den Kasten.

Franz Tausend war ein schmächtiger Mann mit länglichem Gesicht, betonten Backenknochen, braunem Haar und einer Stirn, die ein wenig zu tief zu sitzen schien und seine großen grauen Augen überschattete. Seine Stimme – er sprach leise und langsam, mit einer fast weiblichen Klangfarbe – war angenehm und einschmeichelnd.

Seine Laufbahn (wenn man seinen bisherigen Lebensweg so nennen konnte) war an einem toten Punkt angelangt. Er war in Krumbach, einer schwäbischen Kleinstadt, als Sohn eines Spenglers, der sich nach Feierabend ein wenig mit „Heilmagnetismus" befaßte, zur Welt gekommen, hätte Lehrer werden sollen, war aber nach vier Jahren aus der Internatsschule fortgelaufen. Ein Hamburger Drogist nahm ihn als Laborant an. Dieser Beruf interessierte den Jungen sehr; er las alles, was er an Büchern über Chemie finden konnte, und wiederholte mit großem Eifer die darin beschriebenen Versuche. Die Jahre des ersten Weltkriegs verbrachte er auf Druckposten – im Militärbauamt – und 1918 saß er in einer „Abwicklungsstelle", was ihm Gelegenheit bot, etwas Geld nebenbei für sich selber „abzuwickeln". Er legte es sofort an, indem er eine Anzahlung auf ein kleines Gut bei Regensburg leistete.

So versuchte sich Franz Tausend als Landwirt, aber er hatte kein Talent und keine Ausdauer für diesen Beruf. Er hatte geheiratet, und seine junge Frau meinte, mit seinem chemischen Wissen könne er vielleicht etwas entdecken oder erfinden, was Geld einbrächte. Das Paar zog in eine Münchner Vorstadt um, und er richtete sich einen Raum als Laboratorium ein.

Was gab es noch zu entdecken? So groß die Möglichkeiten zu sein schienen, es war schwer, sich auf ein bestimmtes Forschungsgebiet festzulegen. Wieder studierte er Bücher und Zeitschriften über Chemie, aber nicht nur wissenschaftliche Abhandlungen, sondern auch historische Werke über die Alchimisten und ihre Vorstellungen. In seinem unmethodischen Kopf vermischten sich Magie und modernes Wissen wie Kraut und Rüben. Das Ergebnis war ein Büchlein aus seiner eigenen Feder, 1922 im Selbstverlag erschienen: „180 Elemente, deren Atomgewicht und Eingliederung in das harmonisch-periodische System".

Es war ein Durcheinander von halbverdauten Tatsachen und phantastischen Theorien. Die heutige Chemie, so schrieb er, beruhe auf Trugschlüssen; Metalle seien organische Stoffe, die wie Pflanzen wachsen könnten, wenn man sie nur richtig behandle; die Elemente, jedes mit seiner eigenen „Schwingungszahl", strebten nach Harmonie wie musikalische Akkorde und könnten umgewandelt werden, genauso, wie Akkorde von einer Tonart in die andere umgesetzt werden könnten ...

Glaubte er wirklich an diese Theorien? Wahrscheinlich tat er es, und sein Hauptzweck bei der Veröffentlichung des Büchleins war der, Geldgeber für Versuche auf dem Gebiet der Atomumwandlung zu finden. Aber es kamen keine Angebote, und so begann er mit seinen eigenen Experimenten in kleinstem Rahmen im Laboratorium daheim. Er versuchte, aus Kochsalz Morphium und aus Lehm Aluminium und Zinn herzustellen, billigere Methoden zur Erzeugung von Nickellegierungen und Feinstahl zu erfinden, chemische Mittel gegen Maul- und Klauenseuche und gegen Blattläuse zu entdecken ... Aber seine Bemühungen verrieten den hoffnungslosen Amateur, und die chemische und pharmazeutische Industrie weigerte sich, ihm irgendwelche Beachtung zu schenken.

Allmählich häuften sich die Mietschulden, und als Tausends Bruder starb und ihm ein Häuschen im nahen Aubing hinterließ, zog er mit seiner Frau dorthin um. Er experimentierte weiter. Auch der Versuch, einen Violinlack zu entdecken, mit dem jede Zehnmarkgeige wie eine Stradivari klingen würde – sein Großvater war Geigenbauer gewesen –, war erfolglos. Er war gerade aus Amsterdam zurückgekommen, wo er gehofft hatte, diese Idee an den Mann zu bringen, als er jene Anzeige in dem Münchner Blatt las.

Zu Franz Tausends Überraschung wurde sein Brief sofort beantwortet. Was er angeboten hatte, war im Grunde nur eine Hoffnung gewesen – die Hoffnung auf große Dinge, die er verrichten könne, wenn man ihm nur genug Geld zur Verfügung stelle. Aber auch der Inserent war alles andere als ein Realist. Sein Name war Rudolf Rienhardt, und er war ein 21jähriger Referendar, der gerade mit der Frau eines reichen preußischen Gutsbesitzers ausgerückt war! Sie war viel älter als Rudolf, in dessen Jugend und hübsches Gesicht sie sich Hals über Kopf verliebt hatte – so sehr, daß sie ihm Vollmacht gab, ihre finanziellen Angelegenheiten zu regeln. Wenn er nun aus all den zum Teil höchst seriösen Briefen, die er auf seine Anzeige erhielt, gerade den von Tausend herausgriff, so tat er das, eben weil es der am nebelhaftesten gehaltene war – weil er von einem Mann zu stammen schien, der mitten im 20. Jahrhundert noch an Alchimie glaubte. Rienhardt wollte Größeres tun mit dem ihm anvertrautes Geld, als die Herstellung von Hustensirup oder Kunstdünger zu finanzieren. Tausend war ein Mann nach seinem Herzen.

Ludendorff tritt auf

Rienhardt besuchte Tausend, und der junge Mann war fasziniert von den Experimenten des Schwaben, von seinem Redefluß, der gespickt war mit pseudowissenschaftlichen Ausdrücken. Dieser Mann, davon war Rienhardt überzeugt, war ein Genie. Man gründete eine G. m. b. H., und Tausend erhielt einen schönen Vorschuß aus dem Privatvermögen der ehemaligen Gattin des Gutsbesitzers. Tausend war jedoch ein vorsichtiger Mann. Statt das ganze Geld für Versuche zu verwenden, von deren Ausgang er nicht so ganz überzeugt war, leistete er eine Anzahlung auf das Schloß Paschbach in Südtirol – nicht in eigenem Namen, sondern in dem seiner Frau. Man konnte ja nie wissen ...

Zunächst mag er ganz ehrlich wieder versucht haben, aus Lehm Zinn zu gewinnen; natürlich ging es nicht. Auch Kochsalz ließ sich noch immer nicht in Morphium verwandeln. Um Rienhardt an der Zurückziehung seiner Unterstützung zu verhindern, mußte Tausend nun in ihm eine größere Hoffnung erwecken. Damals, zu Anfang des Jahres 1925, sprach der Alchimist zum ersten Mal von der Möglichkeit, unedle Metalle auf chemischem Weg in Gold zu verwandeln. Durch ihn, Franz Tausend, sollte der uralte Menschheitstraum verwirklicht werden!

Unkritisch und ungestüm, wie Rienhardt nun einmal war, wartete er gar nicht erst ab, bis ihm sein Kompagnon das erste selbstgemachte Kügelchen Gold zeigen konnte. Halb im Scherz hatte Tausend zu Rienhardt gesagt: wenn die Versuche gelängen, solle man den neuen Reichspräsidenten Hindenburg einladen, das Patronat über das ganze Projekt zu übernehmen. Der junge Mann nahm die Idee durchaus ernst; sie sagte ihm sehr zu, denn in seiner Studentenzeit hatte er sich dem nationalistischen Stahlhelm-Bund angeschlossen, und für ihn waren Hindenburg und die anderen Generäle des ersten Weltkriegs die Repräsentanten des alten monarchischen Systems, das ja wohl bald wieder die schwächliche Weimarer Republik ablösen würde. Mit diesen Gedanken, die damals unter der akademischen Jugend weit verbreitet waren, wußte er sich überdies in der besten Gesellschaft: ein großer Teil der Industriellen und des Landadels hatte sich auf die Seite eines rechtsradikalen Nationalismus gestellt, der die verschiedensten derartigen Bewegungen unterstützte, darunter auch die von Adolf Hitler gegründete Partei.

Rienhardt fuhr also nach Berlin und versuchte, die Ratgeber des Präsidenten an Tausends Tätigkeit zu interessieren. Vergebens; man konnte sich an so hoher Stelle unmöglich mit einem obskuren Alchimisten abgeben, ohne sich lächerlich zu machen. Der junge Mann fragte seine Freunde im Nationalclub, was er nun machen solle, und sie empfahlen ihm, sich an einen Mann zu wenden, dessen Name, trotz all seiner närrischen Philosophie und seiner verschiedenen exzentrischen Unternehmungen, noch immer hoch im Kurs stand in nationalistischen Kreisen: General Erich Ludendorff. Es fiel Rienhardt nicht schwer, bei ihm vorgelassen zu werden, und was er zu sagen hatte, ließ Ludendorff aufhorchen.

Der Mann, der einst Hindenburgs Hauptstütze an den Weltkriegsfronten gewesen war, hatte sich unter dem Einfluß seiner wirrköpfigen Gattin Mathilde auf Projekte eingelassen, die wenig zu seiner einstigen Rolle als Heerführer paßten. In seiner Wochenschrift wetterte er gegen die finsteren internationalen Mächte, die seiner Überzeugung nach die Welt regierten: Juden, Katholiken und Freimaurer. 1923 hatte er geglaubt, in Leuten wie Hitler und Göring verwandte Seelen entdeckt zu haben, und mit ihnen nahm er am mißglückten „Bierkellerputsch" vom November jenes Jahres in München teil. Nun, anderthalb Jahre später, spürte er wohl, daß es an der Zeit war, sich wieder einmal an die Rampe zu spielen, und vielleicht konnte ihm die Goldmachergeschichte dazu verhelfen. Im übrigen sah er hier eine gute Gelegenheit, die 300 000 Mark Schulden loszuwerden, die sein Blättchen bei den Druckern und Papierlieferanten gemacht hatte. Mit seinen mystischen Vorstellungen von der Welt war er außerstande, die Absurdität der Behauptungen Rienhardts und Tausends zu erkennen, und Mathilde, die ja einmal studiert und sich einen Doktortitel erworben hatte, redete ihm nicht davon ab, sich auf das neue Abenteuer einzulassen. Wenn die Kerls wirklich Gold machen konnten – was für eine Chance, auf ihrem Rücken zu Macht und neuem Ruhm zu gelangen! Ludendorff konnte sich schon fast als Deutschlands größter Nationalheld sehen, der die Hohenzollern zum Thron zurückführen und das Vaterland aus den Klauen der Juden, Katholiken und Freimaurer befreien werde. Ein tausendjähriges goldenes Reich würde anbrechen ...

Ludendorffs einzige Vorsichtsmaßnahme, ehe er den Bund mit den Goldmachern schloß, war die Entsendung eines „Fachmannes" in das Laboratorium, wo das Wunder sich angeblich vollzog. Dieser Mann war ein verkrachter Wissenschaftler mit Namen Kummer; er hatte wenig Ahnung von Chemie und war nichts weiter als ein ungebildeter Eigenbrötler, der sich dem Kreis des Generals angeschlossen hatte, weil ihn dessen ungereimte Ideen anzogen.

Einem Franz Tausend war Herr Kummer nicht gewachsen. Der Alchimist hatte inzwischen einen eindrucksvollen Prozeß zur „Goldherstellung" ausgearbeitet – so kompliziert, daß gescheitere Leute als Ludendorffs Fachmann darauf hereinfielen. Er operierte mit zwei Lösungen, die er während seiner Versuche dem Zuschauer in allen Einzelheiten beschrieb. Die eine bestand aus Bleichlorid, das in Kaliumhydrozyd geschmolzen worden war; nach dem Kaltwerden wurde die Masse mit einer Paraffinschicht überzogen. Die andere Lösung bestand aus Kalium, Natrium, Paraffin und Quecksilber; Tausend ließ sie stehen, bis sie hart war. Die Herstellung dieser beiden Legierungen war jedoch nur die Vorstufe für das eigentliche Experiment des Goldmachens.

Eine kleine Menge der Lösung Nr. 1 wurde eingeschmolzen, bis sie eine dunkelrote Farbe zeigte; bei der Abkühlung wurde sie gelb, wobei sich kleine Kristallnadeln bildeten. Dieser Schmelz- und Kühlvorgang wurde zweimal wiederholt. Nun fügte Tausend ein paar Gramm der zweiten Lösung hinzu, und die Mischung wurde wiederum erhitzt; nach dem Abkühlen zeigten sich goldgelbe Kristalle. Erhitzen und Abkühlen wurde wiederholt. Zum Schluß brach Tausend die metallartige Masse auseinander – und siehe da, auf dem Boden des Schmelztiegels lagen ein paar winzige Kügelchen, die wie Gold aussahen.

Tausend legte sie Herrn Kummer auf die Hand. Die Kügelchen sahen nicht nur aus wie Gold – sie *waren* aus Gold! Ein Juwelier bestätigte es. „Exellenz – die Sache stimmt!" berichtete Herr Kummer seinem Auftraggeber Ludendorff begeistert am Fernsprecher.

„Gesellschaft 164"

Mit dieser Sondervorstellung für Herrn Kummer begann Franz Tausends großer Aufstieg. Das Bemerkenswerteste an seinem Erfolg als Goldmacher ist nicht, daß er diesem Ignoranten Sand in die Augen streute, wie er es bald darauf auch mit dem törichten alten General selber tat – sondern daß Ludendorffs Name genügte, um Dutzende von Wirtschafts- und Industriekapitänen Deutschlands in sein Alchimistenstübchen zu locken, darunter Koryphäen wie den Berliner Ingenieur und Stahlfabrikanten Alfred Mannesmann und den einflußreichen Bankier Leopold Osthoff. Tausend zauberte ihnen allen seine Goldmacherei vor, und sobald die Herren das „Wunder" mit eigenen Augen gesehen hatten, holten sie die Scheckbücher aus der Tasche – so unglaublich es klingt, ohne ihre eigenen Fachleute die Behauptungen und Methoden Tausends nachprüfen und untersuchen zu lassen. Wahrscheinlich wollten sie so wenig Personen wie möglich in das große Geheimnis, daß es einen Goldmacher gebe, einweihen. Wie dem auch sei: Mannesmann investierte 100 000 und Osthoff 30 000 Mark in dem Unternehmen. Der sonst so leichtgläubige Ludendorff dagegen erwies sich als der gewiegtere Geschäftsmann: er sicherte sich den Löwenanteil an den Erträgen zu, mit denen man rechnete – er schloß im Oktober 1925 mit Tausend einen Vertrag über die

Gründung einer G. m. b. H. mit Namen „Gesellschaft 164"; der Deckname wurde gewählt, weil in Tausends „harmonisch-periodischem System" das Gold als Element Nr. 164 aufgeführt wurde. Nach diesem Vertrag sollte der General nicht weniger als 75 % des Gewinns aus der Ausbeutung des Tausendschen Verfahrens bekommen, der Erfinder selbst aber nur 5 %; 8 % sollten seine Mitarbeiter und 12% die Geldgeber erhalten.

Der Vertrag stipulierte, daß Ludendorff seinen Anteil für „vaterländische Zwecke" verwenden könne – welche, darüber wurden ihm keine Vorschriften gemacht, und er brauchte keine Rechenschaft abzulegen. Tausend verpflichtete sich, seine Methode streng geheimzuhalten, und Ludendorff bestand darauf, daß der Alchimist samt seinem Laboratorium in ein einsames Haus bei Gilching, mitten in den Wäldern Oberbayerns, umziehe. Das Recht der Entscheidung über die industrielle Auswertung des Verfahrens behielt sich der General vor.

In Wirklichkeit zahlte Ludendorff seine Druckerschulden mit dem Geld, das ihm Tausend verschaffte – nicht aus den Gewinnen der „Golderzeugung", die es natürlich nicht gab, sondern aus Geldern, die der „Gesellschaft 164" von seiten der Wirtschaftler und Industriellen zuflossen. Aber auch Tausend achtete darauf, daß er aus den Millionen Mark, die nun anrollten, sein Schäfchen ins trockene brachte. Da er sich der Vergänglichkeit dieser Konjunktur nur zu wohl bewußt war, verlangte er weit mehr „Arbeitskapital" aus der Kasse, als er für seine Chemikalien und Geräte brauchte. Ludendorff mußte die Auszahlung genehmigen, denn die Versuche durften nicht unterbrochen werden.

Tausend fand viel Vergnügen an seinem Exil im Wald, das er mit einer Anzahl junger Leute teilte. Der General hatte sie ihm geschickt, um ihm zu „assistieren" – in Wirklichkeit, um ihn auszuspionieren. Aber sie verstanden von wissenschaftlichen Dingen kaum mehr als Ludendorff selbst. Umgeben von diesen Beobachtern, die zu Bewunderern geworden waren und eine Atmosphäre von begeistertem Zutrauen zu dem Alchimisten schufen, redete sich Tausend nun allmählich ein, daß er eines Tages auf seinen Trick verzichten könnte, Goldkügelchen aus seinem Ärmel in den Schmelztiegel gleiten zu lassen – daß irgendwie tatsächlich Gold aus seinen Mixturen entstehen werde, wie er es in seinem „harmonisch-periodischen System" dargelegt hatte.

Auch Damen gab es in jenem Haus im Wald, abgesehen von Frau Tausend: Rienharts Freundin, die oft längere Zeit im nahen Gilching wohnte, und die Mädchen, die sich Ludendorffs junge Leute mitgebracht hatten. Alle beteten den Wundermann an, sprachen von seinen „Christusaugen" und nannten ihn „Meister". Und ein ständiger Strom von Industriellen, Geschäftsleuten und ihren Bevollmächtigten zog durch das Haus; sie starrten fasziniert auf Tausends Pinzette, mit der er sorgfältig jene glitzernden kleinen Kugeln aus dem Schmelztiegel fischte. Die Herren packten sie andächtig in Watte ein und nahmen sie mit in ihre eigenen Laboratorien oder zu ihren Juwelieren. Die Kügelchen waren Gold, echtes Gold ... Man kann es nicht begreifen, daß in all dieser Zeit keiner der Geldgeber einen zuverlässigen Wissenschaftler schickte, um Tausend auf die Finger zu sehen; oder wenn doch der eine oder andere Fachmann unter den Besuchern war und einen kritischen Bericht lieferte, so wurde er wohl ignoriert. Man glaubte, was man glauben wollte.

Die „Gesellschaft 164" begann sich auszudehnen. Leerstehende Fabriken in Bremen und Frankfurt wurden erworben, um die Massenproduktion von Gold aufzunehmen – Tausend sprach von einer Kapazität von zwanzig Kilo im Tag –, sobald das Verfahren völlig entwickelt war: ein Stadium, das jedoch nicht so schnell und einfach zu erreichen schien. Das Hauptproblem war, daß das Gold sich weigerte, aufzutauchen, wenn ein Assistent allein am Schmelztiegel arbeitete; nur der Meister selbst konnte es erzeugen. Hatten seine Hände magische Kräfte? Oder gab es eine geheime Zutat, die er keinem verraten wollte? Er spielte auf so etwas an, als er einmal ein Gespräch mit einem ernsthaften Wissenschaftler führte – was höchst selten geschah. „Sie diskutieren die Möglichkeit, Atome zu zertrümmern", sagte Tausend. „Ich arbeite in entgegengesetzter Richtung. Ich zerstöre nicht die Elemente, ich sondere sie aus: ich besitze einen Stoff, der Energie ausstrahlt und die Elemente aus der Mischung herauszieht wie ein Magnet." Diese magische Kraft pflegte Tausend sein „Produktionsgeheimnis" zu nennen.

Alle seine Geldgeber hatten es strikt vermieden, die Öffentlichkeit auf Tausend und sein Verfahren aufmerksam zu machen. Erstens lag ihnen daran, daß möglichst wenige Unternehmen oder Personen an der Sache beteiligt waren, und zweitens wollten sie verhindern, daß die Presse – die nicht an moderne Alchimie glauben wollte – über ihr Vertrauen zu diesem Goldmacher spottete. Schließlich waren ja einige der bekanntesten Persönlichkeiten des öffentlichen Lebens in die Geschichte verwickelt – und wenn es sich wirklich herausstellte, daß sie einem geschickten Gauner auf den Leim gegangen waren, so würden diese Herren, die Sache des deutschen Nationalismus und der Name Ludendorffs im besonderen der Lächerlichkeit verfallen. Aber als die Monate vergingen, ohne daß Tausend das Stadium der Massenproduktion erreicht hatte, begannen einige Geldgeber, sich doch etwas Sorgen zu machen.

Verhaftung im Schloß

Der erste Blitz, von Tausend insgeheim erwartet und befürchtet, schlug zu Beginn des Jahres 1927 ein. Ludendorff, der vielleicht doch nicht so leichtgläubig war, wie er zu sein schien, zog sich zurück. Er schützte Gesundheitsgründe vor, aber Tausend fragte sich, ob der General nicht doch Verdacht geschöpft hatte. Auf jeden Fall hatte Ludendorff nicht schlecht abgeschnitten; er hatte seine Schulden tilgen und sich darüber hinaus etwas auf die hohe Kante legen können. Da er in der „Gesellschaft 164" die Hauptrolle gespielt hatte, wurde sie nun aufgelöst, aber wenige Tage später wurde die „Tausend Chemische Studiengesellschaft e. V." bereits als ihre Nachfolgerin eingetragen. Ihre Teilhaber bestanden größtenteils aus den bisherigen Geldgebern, aber ein paar neue waren hinzu gekommen: einer der Direktoren der Hamburg-Amerika-Linie, ein bekannter Tabakimporteur und die zwei Prinzen Schönburg-Waldenburg, die sich mit 50 000 Mark an dem neuen Unternehmen beteiligten. Rienhardts Freundin hatte allerdings kein Zutrauen mehr zur Goldmacherei; sie verlangte ihr Geld zurück, und Tausend war auch in der Lage, es ihr ohne große Schwierigkeiten zu geben.

Er war tatsächlich ein „Meister" – nämlich der Kunst, Leute mit Geld an sich heranzuziehen. Je länger es dauerte, bis das goldene Wunder zur Wirklichkeit werden wollte, um so phantastischer wurden seine verschiedenen Projekte. Er arbeitete einen Plan für die Errichtung von Goldproduktionszentren in ganz Deutschland aus, um sein „jüngstes Verfahren" auszuwerten: damit, so versicherte er, könne man 20 Gramm Gold aus nur 27 Gramm seines „vorbereiteten Materials" gewinnen. Nur wenige Arbeitskräfte seien dazu erforderlich; die Produktion könne weitgehend automatisiert werden.

Aber das Projekt blieb auf dem Papier, und endlich weigerten sich die Geldgeber, noch mehr Kapital in Tausends Gesellschaft zu investieren. Nun kam er auf eine neue Idee: er gab „Goldgutscheine" aus, die dem Käufer garantierten, daß die entsprechende Menge reinen Goldes unter seinem Namen in Tausends Safe deponiert worden sei. Zunächst war dieser Vertrauensschwindel recht erfolgreich; aber als vorsichtiger Mann, der an die Zukunft dachte, investierte er seinerseits die eingenommenen Beträge in Grundstücken, Landhäusern und Mietshäusern, um sich ein gutes Einkommen zu sichern, wenn er sich einmal von seiner Tätigkeit zurückziehen werde.

Im Gegensatz zu den meisten anderen Hochstaplern lebte er bescheiden; er trank wenig, rauchte noch weniger, kaufte sich keine teuren Anzüge und war oft tagelang mit einfachen Salaten zufrieden. Abgesehen vom Schachspiel und dem Sammeln von Gesteinsproben hatte er keine Hobbies; er gab kein Geld für Frauen aus, obwohl er stets von einer Menge bewundernder Damen umgeben war. Tausend war im Grunde ein gutmütiger Mensch mit einer offenen Hand für jeden, der in Not war; die Freunde, denen er half, und deren Kinder, die ihn anschwärmten, waren unwissentlich die Nutznießer des Betrugs, den er an den Reichen beging. Auch seine Frau erhielt Geschenke, die sie nach all den mageren Jahren besonders erfreuten. Stets kaufte er die Häuser und Grundstücke in ihrem Namen, so daß sie versorgt war, falls er sich eines Tages nicht mehr um ihr Wohl kümmern konnte. Sie war die Treue selbst; nie kam ihr auch nur der Hauch eines Verdachts, daß er ein Betrüger sei (ihre Bildung war auch nicht gut genug, um sie an seinen „wissenschaftlichen" Thesen zweifeln zu lassen), und sie hielt unentwegt die Augen offen, um irgendwelche Intrigen gegen ihn aufzuspüren. Einmal vereitelte sie den Versuch, ihren Franz betrunken zu machen, damit er sein „Produktionsgeheimnis" preisgebe. Mit dem gesunden Instinkt des Bauernmädchens, das sie gewesen war, spürte sie deutlich, wie die feinen Herren aus der Industrie auf den schwäbischen Spenglerssohn herabsahen; sie fühlte den Snobismus der jungen Nationalisten und ihrer Damen, die meist aus Offizierskreisen stammten. Und sie ließ sich nicht irremachen, als gelegentlich versucht wurde, Franz und sie auseinanderzubringen – Gerüchte wurden ausgestreut, daß er sich mit Fräulein Mannesmann verloben wolle.

War es die alte deutsche Wanderlust, die sich in Franz Tausend regte, oder hatte er das Gefühl, sein weiterer Aufenthalt in dem Haus bei Gilching sei etwas zu riskant? Jedenfalls war er froh, seine Bewegungsfreiheit wiedergewonnen zu haben, die Ludendorff so unbarmherzig eingeschränkt hatte. Mit seinen Assistenten und ein paar ihrer Freundinnen reiste er durch Deutschland. Es war eine Kavalkade der Goldmacher; Laboratorien wurden in einer Reihe von Städten eingerichtet, und Produktionsstaffeln wurden dort eingesetzt, wo die „Gesellschaft 164" bereits Fabriken erworben hatte. Einige seiner Assistenten verließen ihn; sie hatten Blut geleckt – nichts hinderte sie daran, Konkurrenzunternehmen aufzuziehen und selbst auf die Suche nach Geldgebern zu gehen.

Tausend fuhr nach Berlin, um wegen weiterer Kredite zu verhandeln. Aber er war längst nicht mehr so selbstsicher wie einst; er war nervös und unruhig geworden, als fürchte er, seine riesige Seifenblase könne jeden Augenblick zerplatzen. Bei einer seiner Besprechungen fand er sich unerwarteterweise plötzlich einem Direktor der Reichsbank gegenüber, einem gewiegten Finanzfachmann und ehemaligen Minister, der ihn zynisch fragte, was er eigentlich mit den Hunderten von Goldbarren anfangen wolle, die er als Sicherheit für jene „Goldgutscheine" liegen hätte. Tausend antwortete ausweichend, verließ den Raum und fuhr so schnell wie möglich aus Berlin ab.

Wien war die nächste Station. Hier verhandelte er mit den führenden Stahlfabrikanten, Philipp und Richard von Schoeller, über die Anwendung seines Goldherstellverfahrens bei der Erzeugung von hochwertigem Stahl. Ein paar Tage später tauchte er in Tirol auf, wo er seine Frau auf Schloß Paschbach besuchte. Er brauchte ein paar Tage Erholung. Dann setzte er sich wieder in seinen schweren Fiat und flitzte in halsbrecherischem Tempo über die Alpenpässe. In Sachsen kaufte er aus der Konkursmasse einer Industriefirma deren Fabrikgebäude – sowie ein hübsches kleines Schloß. Wie er für seine Einkäufe zahlen sollte, war ihm im Moment noch nicht klar. Franz Tausend hatte offensichtlich den Kopf verloren: die Angst, daß das Ende unmittelbar bevorstehe, saß ihm an der Kehle.

Zwei Brüder namens Meinhold, die sich nach dem günstigen Verkauf ihrer Betriebe vom Geschäftsleben zurückgezogen hatten, waren schon mehrere Monate vorher auf Tausends Goldgutscheine hereingefallen und hatten nicht weniger als 320 000 Mark für diese wertlosen Stücke Papier auf den Tisch gelegt. Allmählich dämmerte es einem der Brüder, daß das Gold für seine Gutscheine nur in Herrn Tausends Erzählungen existierte, und er ging in München zur Polizei. Man suchte Tausend in Gilching, aber das Nest war leer, und es hieß, vielleicht sei der Goldmacher in Tirol bei seiner Frau zu finden. Damit wäre an sich die Sache erledigt gewesen, denn die bayerische Polizei hielt zunächst den Fall nicht für schwerwiegend genug, um ihre österreichischen Kollegen mit der Bitte um Nachforschungen zu bemühen.

Aber Tausend hatte Pech. Die Ironie des Schicksals wollte es, daß er im Januar 1929 in einer völlig anderen Angelegenheit mit den Behörden in Konflikt geriet. Als er mit Höchstgeschwindigkeit über den Brenner fuhr, verletzte er einen Fußgänger; verwirrt, wie er nun war, machte er den Fehler, weiterzufahren. Die österreichische Polizei suchte ihn wegen Fahrerflucht und fand ihn auf Schloß Paschbach, wo er verhaftet wurde.

Die Anzeige gegen ihn wäre eine rein österreichische Angelegenheit geblieben, hätte sein Wagen nicht eine bayerische Nummer gehabt. So wurde, wie in solchen Fällen üblich, die Münchner Polizei verständigt, und nun verlangte man dort seine Auslieferung.

Nach Erledigung langwieriger bürokratischer Formalitäten wurde er nach München gebracht und ins Untersuchungsgefängnis eingeliefert, während die Staatsanwaltschaft darangıng, die Anklage auszuarbeiten.

In der staatlichen Münze wird Gold gemacht

Zwei Jahre brauchte der Staatsanwalt, Dr. August Schäfer, um das Beweismaterial gegen Tausend zu sammeln. Die Arbeit war so langwierig aus dem einfachen Grund, daß außer Herrn Meinhold keines der fast sechzig Opfer, die festgestellt werden konnten, zur Aussage gegen den Goldmacher bereit war. Ein paar glaubten tatsächlich noch an ihn, aber die überwiegende Mehrzahl der Opfer schämte sich derart ihrer eigenen Dummheit und Leichtgläubigkeit, daß sie nun das Rampenlicht eines Sensationsprozesses um jeden Preis vermeiden wollten. Diese Leute, die nicht Zeugen sein wollten, waren Industriemagnaten, Bankiers und rechtsradikale Politiker, die Tausend so spielend hereingelegt hatte und die nun alle erklärten, sie fühlten sich „nicht geschädigt". Sie überließen es den Untersuchungsbehörden herauszufinden, wie sie von Tausend beschwindelt worden waren. Tausend selbst dagegen erwies sich als Helfer der Staatsanwaltschaft – obwohl er hartnäckig leugnete, unehrlich gehandelt zu haben, so gab er doch bereitwilligst Auskunft über Namen, Adressen, Daten und nähere Umstände. Er schien geradezu froh zu sein, daß die ganze Sache nun zu Ende war.

Staatsanwalt Schäfer addierte die Summen, die in die eigene Tasche des Angeklagten geflossen waren: fast anderthalb Millionen Mark. Das Geld hatte Tausend in Häuser, Schlösser und Grundstücke gesteckt, die – trotz der Vorsichtsmaßnahme, sie aller unter dem Namen seiner Frau zu erwerben – nun in die Konkursmasse geworfen wurden.

Höchst unerwarteter Weise erlebte er jedoch noch während der Untersuchungshaft seinen letzten Triumph. Sein Verteidiger, Dr. Graf Pestalozza, erlangte im Herbst 1929 für seinen Mandanten Tausend die Genehmigung einer Demonstration seines Verfahrens für Goldherstellung ... im staatlichen bayerischen Hauptmünzamt! Es war wohl das erste Mal seit dem Mittelalter, daß es einem Alchimisten gestattet wurde, seine Versuche sozusagen unter behördlichem Protektorat durchzuführen.

Einem der früheren Assistenten Tausends wurde es erlaubt, ihm bei der Vorführung an die Hand zu gehen. Polizeibeamte durchsuchten alles, was die beiden am Leibe trugen, um jede Möglichkeit eines Tricks auszuschließen. Dann begann die Demonstration vor dem Untersuchungsrichter und dem Staatsanwalt, scharf beobachtet vom Münzdirektor.

Der erste Versuch mißlang, wie dies vorauszusehen war; kein Gold wurde erzeugt. Aber über den zweiten Versuch gab Graf Pestalozza diese sensationelle öffentliche Erklärung ab:

> „Am 3. Oktober 1929 hat der seit Anfang Januar 1929 in Haft befindliche Franz Tausend im Hauptmünzamt in München unter Kontrolle des Münzdirektors und eines zweiten Münzbeamten sowie zweier besonders ausgewählter und erfahrener Polizeibeamten, sowie in Anwesenheit des Untersuchungsrichters und des Staatsanwalts, nach vorheriger eingehender körperlicher Untersuchung und genauer Durchsuchung der Kleidungsstücke, sein Verfahren zur Herstellung von Gold vorgeführt, wobei es ihm gelang, echtes und reines Gold in einer Menge herzustellen, die nach dem eidlich abgegebenen Gutachten des Münzdirektors in dem als Ausgangsmaterial verwendeten Blei und den sonstigen Zutaten unmöglich schon vorher enthalten gewesen sein kann."

Noch präziser drückte sich der offizielle Bericht des Münzamtes aus, der Tausends Triumph in allen Einzelheiten schilderte:

„Am Schluß des Versuchs übergab Tausend einen Edelmetallkern von nicht ganz einem Zehntel Gramm, der zweifellos aus reinem Gold besteht. Der Kern ist aus einer Bleiprobe im Gewicht von 1,67 Gramm ausgeschmolzen. Die Sachverständigen bezeichnen das Ergebnis als überraschend günstig und den bisherigen Erfahrungen der Wissenschaft widersprechend."

Ein paar Tage lang herrschte in München gewaltige Aufregung. Erfüllte sich wirklich der uralte Menschheitstraum? Ein Universitätsprofessor, um seine Meinung befragt, weigerte sich, an die Erfindung des „Tausendkünstlers" zu glauben: „Wurde am Ende des Versuchs tatsächlich Gold gefunden, so wurde es – ungeachtet aller Kontrollen – eben vor oder während des Versuchs in den Tiegel getan. Vielleicht hat es der Experimentator aus dem hohlen Zahn gespuckt! Ein Metall in ein anderes zu verwandeln, wird eines Tages nur auf dem Weg der Atomzertrümmerung möglich sein." Der Direktor des Münzamts, dem die Affäre viel Anfeindung und Kritik einbrachte, gab mit einem Seufzer zu, es wäre ihm viel wohler, wenn jenes Goldkügelchen nie aufgetaucht wäre.

Er seufzte wieder, aber diesmal erleichtert, als ihm ein Polizeibeamter, der die Vorführung beobachtet hatte, von einem Füllfederhalter berichtete, der in Tausends Besitz gewesen sei und nun nicht wiedergefunden werden könne – wahrscheinlich war er von dem Assistenten Tausends weggeskamotiert worden. Während des Experiments hatte man Tausend damit schreiben sehen, scheinbar, um die Ingredienzien, die er in den Schmelztiegel tat, nachzurechnen. Das Goldkügelchen, so nahm der Polizeibeamte an, mußte in diesem Füllhalter verborgen gewesen sein.

An einem sonnigen Wintermorgen im Januar 1931 wurde die Verhandlung im Münchner Justizpalast eröffnet. Staatsanwalt Schäfer begann mit der Verlesung der 46 Seiten umfassenden Anklageschrift. „Seit 1924", so schloß das Dokument, „hat der Angeklagte ausschließlich von Betrug gelebt. Er ist ein internationaler Hochstapler von Format."

Der Mann auf der Anklagebank sah jedoch gar nicht so aus. Während der langen Haft war sein Gesicht mager, seine Haut gelblich geworden, und die Augen erschienen noch größer als zuvor. Sein Harr war nun schütter und angegraut; tiefe Falten zogen sich von den Nasenflügeln zum Kinn hinunter wie bei einem alten Schauspieler. Er trug eine etwas schäbige braune Jacke, die einzige, die er noch hatte, und einen lächerlich hohen Kragen.

Ruhig, geduldig und immer noch selbstsicher antwortete er auf die Fragen des Richters. Jeden Zweifel, der an seinem Verfahren geäußert wurde, quittierte er mit einem überlegenen, sarkastischen Lächeln. Alle seine Laboratoriumsversuche, so betonte er immer wieder, seien erfolgreich gewesen, aber durch seine Verhaftung habe man ihm die Möglichkeit der Weiterentwicklung seines Verfahrens abgeschnitten. Hätte man ihn in Ruhe gelassen, so wäre er jetzt in der Lage, das ihm zur Verfügung gestellte Kapital durch Massenproduktion von Gold mit Zinsen und Gewinn zurückzuzahlen.

Die Zeugen traten auf, insgesamt 58. Selten hatte man so viele Träger bekannter Namen aus Industrie, Wirtschaft, Handel und Politik beieinander gesehen. Und doch – die Hauptzeugen, die der Staatsanwalt gern befragt hätte, fehlten. Ludendorff war gar nicht erst vorgeladen worden, angeblich „mit Rücksicht auf seine Gesundheit". Herr Mannesmann schickte ein ärztliches Attest: auch er war plötzlich erkrankt. So war es – welcher Zufall! – auch Herrn von Schoeller ergangen. Der Direktor der Hamburg-Amerika-Linie mußte leider einer höchst wichtigen Besprechung in Südamerika beiwohnen ... und so weiter.

Und die, die gekommen waren, blieben dabei: sie fühlten sich nicht geschädigt. Sie beschrieben Tausend als einfachen, bescheidenen, aufrichtigen Menschen; vielleicht – so meinte der eine oder andere Zeuge – sollte an seiner Statt seine Frau auf der Anklagebank sitzen, denn sie sei sein „böser Geist" gewesen. Die Arme, die im Publikum saß, brach in Tränen aus, als sie diese ungerechten Angriffe hörte.

„Ich hatte volles Zutrauen zu Tausend", erklärte der Tabakimporteur, „und eigentlich habe ich es noch heute." Er und zwei seiner Geschäftsfreunde hatten 50 000 Mark eingebüßt. „Tausends Verhaftung ist höchst bedauerlich", meinte der ehemalige Offizier, der als Sekretär der „Tausend Chemischen Studiengesellschaft e. V." fungiert hatte, „denn wenn er jetzt in Freiheit wäre, besäße Deutschland riesige Goldreserven."

Der Staatsanwalt hatte es nicht leicht, und zunächst sah es so aus, als könne er nicht genügend Beweismaterial für eine Verurteilung Tausends vorbringen. Aber er hatte noch eine Trumpfkarte – den letzten der Zeugen. Es war ein distinguiert aussehender Italiener namens Professor Sistini, dessen Namen vorher niemand gehört hatte. Was er zu sagen hatte, erwies sich jedoch als die Sensation des Prozesses.

Gegen Ende Oktober 1928, sagte der Professor aus, hatte sich Tausend an einen bekannten italienischen Politiker gewandt, Mussolinis Unterstaatssekretär Signor Bicci. Tausend bot ihm an, sein Verfahren zur Goldherstellung dem italienischen Staat zu verkaufen, und Bicci bat Professor Sistini, einer Vorführung beizuwohnen, die Tausend auf Schloß Paschbach vornehmen wollte. Als der Goldmacher der Masse im Schmelztiegel etwas Blei hinzufügte – so erklärte der

Professor –, fiel aus seiner Hand, die sich schnell öffnete, ein kleines Stückchen Gold.

„Ich wurde äußerst erregt", fuhr Sistini fort. „Ich sagte Tausend auf den Kopf zu, daß er ein gewöhnlicher Schwindler sei. Ich fuhr sofort ab und berichtete meinen Auftraggebern, daß man mit diesem Mann nicht verhandeln könne."

Tausend lachte verächtlich, als der Professor geendet hatte. Was er in den Schmelztiegel geworfen hatte, so erklärte er, sei nichts anderes gewesen als seine „geheime Zutat"...

Aber nun half ihm keine Erklärung mehr. Er hatte verloren. Anfang Februar 1931 wurde das Urteil verkündet: unter Zubilligung mildernder Umstände drei Jahre und acht Monate Gefängnis. Die Urteilsbegründung ging davon aus, daß er zunächst an die Richtigkeit seiner eigenen Theorien geglaubt habe und überzeugt gewesen sei, die „Magie" seines Systems würde schließlich doch noch zum Erfolg führen. Was der Richter nicht aussprach – obwohl es ihm auf der Zunge gelegen haben mochte – war, daß als die wirklich Schuldigen jene Leute dastanden, die Tausends Verfahren für ihre eigenen Zwecke ausbeuten wollten und dabei ihr Geld eingebüßt hatten. Ihre Dummheit war sträflicher als die Hochstapelei des Spenglerssohnes.

Hitler war gerade an die Macht gelangt, als Tausend aus dem Gefängnis entlassen wurde. Er versuchte, die Fäden seiner früheren Tätigkeit wieder aufzunehmen, und fand tatsächlich Leute, die ihm von neuem Geld für seine Versuche anvertrauten. Aber nun, da Hitler Herr im Land war und über alles Gold der Reichsbank verfügen konnte, war Tausends Wert für die rechtsradikalen Kreise stark gesunken. Am Ende versuchte er sich mit kleinen Betrügereien über Wasser zu halten, und im Jahre 1938 stand er wieder vor dem Richter, diesmal in Stuttgart. Das Urteil lautete auf drei Jahre Zuchthaus und Sicherheitsverwahrung. Ein Jahr später starb der Goldmacher hinter Gittern.

9 EIFFELTURM ZU VERKAUFEN

Arthur Furguson – „Graf“ Viktor Lustig

Der Schotte und die Amerikaner

Es ist wirklich schade, daß wir so wenig über Arthur Furguson wissen. Die Polizei zweier Kontinente beging die Unterlassungssünde, seine Laufbahn und sein Privatleben nicht näher zu erforschen. Wo kam dieser erstaunliche Mensch zur Welt? Wo und wie wurde er erzogen? Was sollte beziehungsweise wollte er werden? Wir wissen nur, daß er ein Schotte war und sich eine Zeitlang als Schauspieler sein Brot verdiente. Aber welches waren die wesentlichen Eigenschaften, die ihn zu dem Verkaufsgenie machten, das er ohne Zweifel war – ein Mensch, der (wie man in Amerika sagt) den Eskimos Kühlschränke verkaufen könnte? Diese Leistung wäre für einen Vertrauensschwindler vom Range Furgusons ein Kinderspiel gewesen.

Den einzigen Anhaltspunkt, den wir über sein Vorleben haben, liefert die Information, daß er während seiner Schauspielerlaufbahn einmal in Manchester die Rolle eines Amerikaners zu spielen hatte, der von einem Hochstapler hereingelegt wird. Zweifellos brachte ihn das auf den Gedanken, die Bühnensituation ins Leben zu übertragen – allerdings mit vertauschten Rollen.

Und so finden wir ihn denn eines schönen Sommertags in den frühen zwanziger Jahren auf dem Londoner Trafalgar Square auf der Suche nach einem Opfer. Ein Amerikaner – ein reicher Mann aus Iowa, wie sich bald zeigen sollte – starrte zu Nelson hinauf, der dort in fast fünfzig Meter Höhe auf seiner Säule steht. Furguson schlenderte vorbei. „Ganz hübsche Statue, nicht wahr?“ sprach er den Fremden an.

„Not bad", antwortete der. „Aber wen stellt sie eigentlich dar?"

Furguson erklärte mit patriotischem Eifer: Admiral Nelson, britischer Nationalheld. Ganz England ist stolz auf ihn. Schlacht von Trafalger. Schöne Säule, nicht wahr, zwei wunderbare Brunnen, und die riesigen Bronzelöwen! Wirklich schade, daß das alles nun bald verschwinden soll ...

„Verschwinden? Wieso? Wohin?"

Nun ja, erklärte Furguson, das ganze Zeug müsse nun für die Lappalie von sechstausend Pfund an einen privaten Käufer abgesetzt werden. Das arme alte Albion brauche das Geld, um ein wenig von seinen Kriegsschulden an die Vereinigten Staaten zurückzuzahlen.

„Aber wird's denn da nicht einen gewaltigen Skandal geben?" fragte der Amerikaner. „Was werden die Londoner zu der Sache sagen?"

Sie müßten sich eben damit abfinden, meinte Furguson. Im übrigen wüßten sie es noch gar nicht. Es sei noch Staatsgeheimnis.

„Aber woher wissen *Sie's* denn?"

Er sei Regierungsbeamter, erklärte Furguson. Er werde sich mit dem Verkauf der Nelsonsäule und ein bis zwei anderer Londoner Denkmäler von Amts wegen zu befassen haben. Sobald die Verkaufspläne bekannt gemacht würden, müsse man mit einer Flut von Angeboten rechnen. Vor allem aus Übersee, wo man Platz genug habe, um solche Objekte aufzustellen.

Nun zappelte der Mann aus Iowa bereits am Angelhaken. Ob Furguson ihm vielleicht helfen könne, außer der Reihe dranzukommen? Schließlich seien seine sechstausend Pfund so gut wie die irgendeines anderen Käufers; aber wenn er diese Säule samt Nelson, Löwen und Brunnen erwerben könne, würde er sie mitten in Des Moines auf einem Ehrenplatz aufstellen lassen, natürlich mit einer Plakette mit seinem eigenen Namen als dem des Spenders. Der Amerikaner hatte sich schon völlig in den Gedanken verliebt.

Furguson zögerte: solch eine Entscheidung könne er natürlich nicht eigenmächtig treffen. Aber schließlich erklärte er sich bereit, seinen Vorgesetzten die Sache zu unterbreiten. Die beiden Herren begaben sich in das Hotel des Amerikaners, und Furguson verschwand in der Telefonzelle. Er kam mit einem Lächeln zurück. Jawohl, es sei in Ordnung. Er könne den Scheck über die Summe akzeptieren und eine Quittung darüber ausstellen. Der Amerikaner holte sein Scheckbuch heraus. Aber wie, so fragte er, könne man dieses Riesenobjekt abmontieren und in die Staaten transportieren lassen?

Der Schotte wußte, wie man so etwas macht. Er gab ihm die Adresse eines altrenommierten Bauunternehmers, der sich auf derartige Arbeiten verstand. Der Mann aus Iowa händigte ihm einen offenen Scheck auf die Londoner Filiale seiner amerikanischen Bank ein, Furguson quittierte ordnungsgemäß auf einem Briefbogen des Hotels, und die beiden Herren schieden als die besten Freunde.

Ohne eine Minute zu verlieren, kassierte Furguson das Geld auf der Bank ein, während sich der Amerikaner mit dem Bauunternehmer in Verbindung setzte. Dort hielt man die Sache zunächst für einen faulen Witz. Wie konnte jemand so dumm sein, tatsächlich auf eine derart phantastische Lügengeschichte hereinzufallen? Aber der Amerikaner zeigte seine Quittung und den Scheckabschnitt vor. Man riet ihm, sich schleunigst an Scotland Yard zu wenden. Erst dort ging es dem „Käufer" endlich auf, daß Furguson ihn zum Narren gehalten hatte ... daß er nicht Eigentümer der Nelsonsäule geworden war.

Man hörte nichts mehr von dem Mann aus Iowa, nachdem er aus Scotland Yard abgezogen war; er hütete sich wohl, daheim etwas von seinem Londoner Abenteuer zu erzählen.

Während der ganzen Fremdensaison jenes Jahres scheint Furguson in London gewirkt zu haben, denn bald beschwerte sich ein anderer Amerikaner bei der Polizei, daß man ihm Big Ben für tausend Pfund verkauft habe, daß aber die Firma, die den Abbruch ausführen solle, sich weigere, den Auftrag anzunehmen. Schließlich bat ein dritter überseeischer Besucher die Beamten von Scotland Yard, ihm bei der Suche nach einem Mann zu helfen, dem er zweitausend Pfund Vorschuß auf die Pacht des Buckingham-Palasts ausgehändigt habe. Die Beschreibung des Gesuchten paßte genau auf Furguson, aber er konnte nicht gefunden werden. Ein Zeitungsbericht von einem Touristen, der erklärte, er habe den Londoner Tower gekauft, erwies sich jedoch als journalistische Ente.

Kein Wunder, daß Furguson nach seinen guten Erfahrungen mit amerikanischen Besuchern beschloß, sein Tätigkeitsfeld in das Land zu verlegen, aus dem sie kamen, und wo es noch eine Menge derer, die nie alle werden, geben mußte. Im Jahre 1925 begann er sein Geschäft in Washington damit, daß er das Weiße Haus einem Viehzüchter aus den Südstaaten auf 99 Jahre vermietete; die erste Jahresmiete von 10 000 Dollar ließ er sich sofort in bar aushändigen. In New York verkaufte und verpachtete er Museen, Parks und Monumente an Besucher aus der Provinz, ohne geschnappt zu werden. Er hatte nun schon ein ganz hübsches Vermögen zusammengebracht und dachte daran, sich aus dem Geschäftsleben zurückzuziehen; aber ehrgeizig, wie er war, wollte er seine Laufbahn mit einem eindrucksvollen Coup krönen und abschließen – dem Verkauf der Freiheitsstatue im New Yorker Hafen.

Bewaffnet mit gefälschten Ausweisen begab sich Furguson – der nach den Berichten aller, die ihn kannten, über ein höchst charmantes Wesen und tadellose Umgangsformen verfügte – auf die Suche nach einem Opfer. Ein Australier aus Sydney biß an. Einem Besucher von den Antipoden mag die Geschichte, die Furguson auftischte, plausibel geklungen haben: der Hafen sollte vergrößert und verbessert werden, und die alte Statue sei dabei im Wege; aber anstatt sie zu verschrotten, hätten die Behörden beschlossen, sie meistbietend an einen Interessenten zu verkaufen, der in der Lage sei, sie andernorts an prominenter Stelle zu placieren.

Mehrere Tage lang verhandelten Käufer und Verkäufer; der Australier hatte Schwierigkeiten bei der Flüssigmachung der geforderten Anzahlung von 100 000 Dollar. Furguson ließ sein Opfer nicht aus den Augen, um sicher zu sein, daß der Mann sich nicht mit anderen Leuten über das Projekt unterhielte. Aber während dieser Wartezeit machte Furguson den Fehler, eine seiner Grundregeln, die er sich selbst auferlegt hatte, zu übertreten: er ließ sich Arm in Arm mit dem Australier fotografieren – natürlich mit der Freiheitsstatue im Hintergrund.

Die Überweisung des Geldes dauerte länger, als Furguson erwartet hatte, und er wurde ungeduldig. Der Australier konnte sich diese Nervosität seines Geschäftsfreundes nicht erklären und schöpfte Verdacht. Er ging mit dem Foto zur Polizei und fragte, ob man dort etwas über Furguson wisse. Man wußte eine Menge über ihn. Die Polizei war entzückt darüber, nun endlich eine Spur zu haben, die sie zu dem großen Verkäufer und Verpächter von New Yorker Wahrzeichen und Sehenswürdigkeiten führte – zu dem Mann, der ihr bisher stets entwischt war.

Die Kriminalbeamten ließen sich von dem Australier zu seinem nächsten Rendezvous mit Furguson mitnehmen und verhafteten ihn. Nach fünf Jahren im Gefängnis wurde er 1930 entlassen und ließ sich in Los Angeles nieder, wo er bis zu seinem Tod im Jahre 1938 angenehm und im Wohlstand lebte – von welchen Schwindeleien, das entzieht sich der Kenntnis des Chronisten.

So wenig wir über Arthur Furguson wissen, so viel ist über einen gewissen Viktor Lustig bekannt, der 1947 im Alter von 57 Jahren im „Medical Center" für Strafgefangene in Springfield, Missouri, an Lungenentzündung starb. Man hatte den Schwerkranken aus dem Zuchthaus von Alcatraz, wo er die letzten elf Jahre verbracht hatte, auf die Krankenstation überführt, um sein Leben zu retten, so daß er die neun Jahre, die er dem Staat noch schuldig war, hätte absitzen können. Aber es gelang nicht. Auf dem Totenschein stand in der Rubrik „Früherer Beruf" zu lesen: „Apprentice Salesman" – Verkäuferlehrling. Etwas Passenderes war dem Bürobeamten, der diese Eintragung machte, nicht eingefallen, um die einstige Tätigkeit des Mannes zu beschreiben, dem es gelungen war, den Eiffelturm zu verkaufen ... und zwar gleich zweimal.

Er war in der kleinen böhmischen Stadt Hostinné an der Elbe im Jahre 1890 auf die Welt gekommen. Sein Vater, ein hochangesehener Kaufmann, versah dort lange Zeit hindurch das Amt des Bürgermeisters. Wie die anderen Kinder des Grenzgebiets wuchs Viktor Lustig zweisprachig mit Deutsch und Tschechisch auf, und in dem Dresdner Internat, wo er seine Schulzeit verbrachte, eignete er sich außerdem gute Kenntnisse im Englischen, Französischen und Italienischen an. Eigentlich waren Sprachen das einzige Wissensgebiet, das ihn interessierte und auf dem er Fortschritte machte – im übrigen war er ein ungewöhnlich fauler Schüler. Sofort nach dem Abitur ließ er sich von seinem Vater nach Paris schicken, angeblich, um an der Sorbonne zu studieren.

Sein Monatsscheck traf zunächst pünktlich ein, aber Viktor Lustig war alles andere als ein Student. Und doch studierte er: nämlich die Kunst des Spielens. Systematisch bereitete er sich für diesen Beruf als Erwerbsquelle vor, denn er wußte, daß sein Vater eines Tages die Wahrheit erfahren und seine Zahlungen einstellen würde – was denn auch bald genug geschah. Aber Viktor konnte sich bereits ganz gut mit Bridge, Poker und Billard, das er hervorragend spielte, durchbringen. Allerdings – er war nur einer von vielen Berufsspielern; Paris war in jenen Jahren kurz vor dem ersten Weltkrieg voll davon, und ihre Opfer wurden gewitzter. Auch daß sich der junge Mann einen Adelstitel zugelegt hatte und nun Graf Viktor Lustig nannte, half nicht lange; so fand er, daß es an der Zeit sei, sich auf ein reicheres Jagdgebiet zu verlegen: die großen Ozeandampfer, wo die vermögenden Reisenden sich auf der Überfahrt langweilten – leichte Beute für einen erfahrenen und geschickten Berufsspieler.

Der nächste Schritt, zum Falschspieler, folgte nahezu automatisch. Auf der vierten Überfahrt glaubte „Graf" Lustig, schon alle die besten Tricks zu kennen; aber seine Selbstsicherheit war nicht von langer Dauer. Denn nun traf er einen Kollegen, den berüchtigten Nicky Arnstein, dessen Fähigkeit, die Karten seinen Befehlen gehorchen zu lassen, geradezu unheimlich war; überdies hatte er einen sechsten Sinn dafür, geeignete Opfer zu finden und mit unfehlbarer Sicherheit zu entscheiden, welche von den zahllosen Methoden des „Hochnehmens" in jedem Einzelfall die aussichtsreichste war. Lustig wurde Arnsteins begeisterter Schüler, und Arnstein war froh, einen Partner gefunden zu haben, der wie der Prototyp aller vornehmen Mitteleuropäer aussah. Die beiden Gauner „bearbeiteten" die Ozeandampfer gemeinsam, und Lustig erwarb sich dabei viel psychologische Erfahrung in der Kunst, Opfer auszuwählen, zur Strecke – das heißt zum Spieltisch – zu bringen und auszuweiden.

Dann kam der Krieg von 1914, und mit den Luxusreisen zwischen Europa und Amerika war es aus. Lustig verbrachte die Kriegsjahre in Paris und lebte von ehrlicher Arbeit, aber nach dem Waffenstillstand ließ er sich in den Vereinigten Staaten nieder. Arnstein half ihm als guter Freund, sich eine neue Existenz zu schaffen, indem er ihn bei ein paar größeren Coups mitmachen ließ; der letzte endete damit, daß Lustig in den Besitz von Staatsobligationen im Wert von 25 000 Dollar gelangte, und sein erfindungsreicher Kopf arbeitete bald eine Idee aus, wie man diese Wertpapiere Junge werfen lassen könnte.

In einer kleinen Stadt in Kansas lebte ein Bankier mit Namen Green. Er war der Besitzer einer schlechtgehenden Farm, die er am liebsten losgeworden wäre. Eines Tages im Jahre 1924 meldete sich bei ihm ein europäisch aussehender Gentleman mit graugestreiften Hosen und Wildledergamaschen, der sich als Graf Lustig vorstellte. Er sei, erklärte der Graf, ein früherer österreichischer Gutsbesitzer, der infolge der Revolution von 1918 aus seiner Heimat ausgewandert sei und nun ein hübsches Stück Farmland im Mittelwesten suche. Mr. Greens Grundbesitz sei ihm als gute Kapitalanlage empfohlen worden; er habe seinen Familienschmuck verkauft und dafür Obligationen erworben, mit denen er den Ankauf der Farm tätigen wolle, wenn sie ihm gefalle.

Mr. Green zeigte sie ihm, und der Graf schien befriedigter zu sein, als der Bankier zu erhoffen gewagt hatte. „Ich glaube, man kann etwas daraus machen", meinte der Graf. In Mr. Greens Büro zog er ein Paket aus der Manteltasche und öffnete es. Die Augen des Bankiers weiteten sich, als er Obligationen im Wert von 25 000 Dollar sah. „Ist das genug für Ihre Farm?" fragte der Graf unschuldig – jeder Zoll ein europäischer Aristokrat, der sich mit Geld nicht so recht auskennt.

Wäre Mr. Green ein ehrlicher Mann gewesen, so hätte er antworten müssen, daß diese Summe den Wert des abgewirtschafteten Gutes um das Dreifache übersteige. Aber er nickte nur, hielt den Mund – und war dem Hochstapler schon auf den Leim gegangen. Der Graf steckte das Paket wieder in die Tasche. „Ich brauche natürlich auch Betriebskapital", sagte er. „Glücklicherweise habe ich noch weitere Obligationen für 25 000 Dollar. Kann ich dafür Bargeld bekommen?" Mr. Green versicherte ihm, daß nichts leichter sei; schließlich sei er selbst Bankier.

Man kam überein, daß Green und ein anderer Direktor seiner Bank in Lustigs Hotelzimmer kommen und das Bargeld und den Kaufvertrag mitbringen sollten, und daß man dann den Abschluß des Geschäfts mit dem Grafen „in traditioneller österreichischer Manier begießen" werde.

Die beiden Herren erschienen. Lustig hatte für Alkohol gesorgt, und man begoß das Geschäft „in traditioneller österreichischer Manier". Es ging recht vergnügt zu; beinahe hätten die Herren vergessen, zu welchem Zweck sie zusammengekommen waren. Dann fiel es Mr. Green wieder ein; er zählte die Dollarnoten auf den Tisch und erhielt dafür das Paket, das er ja bereits kannte, sowie ein zweites, das ebenso aussah – und nun mußte ja auch der Kaufvertrag unterzeichnet werden. Mr. Green hätte gern die Pakete aufgemacht und die Obligationen nachgezählt, aber vielleicht wäre dann dieser europäische Adlige gekränkt gewesen, und das schöne Geschäft wäre flöten gegangen. So gab es noch eine Runde, man schüttelte sich die Hände, und die beiden Herren zogen in äußerst heiterer Stimmung ab.

Als sie ein paar Stunden später wieder nüchtern waren und feststellten, daß die Pakete nur alte Zeitungen enthielten, fuhren sie eiligst zurück zu Lustigs Hotel. Natürlich war er bereits verschwunden. Aber das war keineswegs das Ende der Episode. Lustig hatte bei seiner Rückkehr nach New York seine Spur nicht vorsichtig genug verwischt. Die Bankiers aus Kansas, die eine Blamage fürchteten, waren nicht auf die Polizei gegangen, sondern beauftragten einen New Yorker Anwalt damit, den Grafen aufzutreiben. Es war Lustigs

Schuld, daß er sich zu sicher fühlte und in seiner Wohnung saß, als der Anwalt mit einem Privatdetektiv eindrang. Mit vorgehaltenem Revolver zwangen sie ihn, seine Sachen zu packen und mit ihnen zum Bahnhof zu kommen. Man wollte ihn zurückbefördern zum Schauplatz seiner Gaunerei, um ihn dort vor Gericht zu stellen; welche Strafe ihn erwartete, darüber machte der Anwalt nur düstere Andeutungen.

Viktor Lustig bekam es mit der Angst zu tun; aber es war eben diese Angst, die ihn zu einer der größten Leistungen seiner Laufbahn anspornte. Äußerlich war er die Ruhe selbst, während er mit den beiden revolverbewaffneten Männern allein im Abteil saß. Er begann von diesem und jenem zu reden; schließlich mußte man sich ja irgendwie die Zeit vertreiben. Auf Umwegen kam er auf seine eigene Missetat zu sprechen ... auf die Lächerlichkeit, der Mr. Green und sein Partner anheim fallen würden, wenn die Sache in Kansas ruchbar würde ... Man hatte versucht, den Grafen zu betrügen, indem man ihm eine wertlose Farm anhängte, und da war man eben selbst reingefallen ... Und was am schlimmsten war: was würden die Kunden der Bank sagen, wenn sie erfuhren, wie leicht sich die Herren Direktoren im Suff an der Nase herumführen ließen?

Der Anwalt, der zuerst gelangweilt und verächtlich Lustigs Geschwätz angehört hatte – kein Wunder, daß sich der Kerl nun herauszureden versuchte! –, war bald nicht mehr so sicher, daß er seinen Klienten die gerichtliche Verfolgung der Sache anraten könne. Von Chicago aus, wo man umsteigen mußte, telefonierte er mit seinen Auftraggebern. Schließlich kam man überein, den Schwindler laufen zu lassen, wenn er das Geld zurückzahle.

Der Graf schien keineswegs überrascht, als ihm der Anwalt die freudige Nachricht brachte. „Nun gut", sagte er. „Sie bekommen das Geld zurück. Aber Sie haben mir so viel Scherereien und Unannehmlichkeiten verursacht, indem Sie mich als Gefangenen hierhergebracht haben, daß ich Schadenersatz beanspruchen muß. Sie bekommen 24 000 Dollar zurück, und ich behalte 1000 als Schmerzensgeld."

Der Anwalt lief vor Wut rot an. „Sie sind der größte Halunke, den ich je gesehen habe!" rief er. „Fünfundzwanzig ‚Grands', oder Sie kommen mit nach Kansas!"

„Ist mir recht", sagte Lustig seelenruhig. „Ich komme mit nach Kansas. Dann gibt's eben keine Rückzahlung, aber dafür eine saftige Gerichtsverhandlung."

Am Ende mußte der Anwalt klein beigeben: Lustig war wieder sein eigener Herr und hatte tausend Dollar in der Tasche – sein Andenken an das Abenteuer in Kansas.

Im Lauf seiner Karriere als Vertrauensschwindler bildete sich Lustig zum unerreichten Meister dieser kriminellen Kunst aus. Er war ein Mann mit Methode, der aus jeder neuen Erfahrung, ob gut oder schlecht, sofort eine Lehre zog. Er erlegte sich selbst zehn eiserne Regeln auf, die er bei all seinen Coups befolgte. Diese zehn Gebote lauteten: Sei ein guter Zuhörer; zeige niemals, daß du dich langweilst; warte, bis dein Gesprächspartner seine politischen Ansichten enthüllt, und stimme ihm dann bei; lasse ihn religiöse Themen anschneiden und teile ihm mit, daß du ebenso denkst; fange vorsichtig an, von Liebesgeschichten zu erzählen, aber verfolge das Thema nur, wenn der andere besonderes Interesse zeigt; sprich nicht von Krankheiten, es sei denn, der andere ist fasziniert davon; stelle keine persönlichen Fragen – früher oder später machen die Menschen ja doch immer unverlangte Enthüllungen über ihr Privatleben; protze nicht – deine ganze Persönlichkeit muß deine Wichtigkeit austrahlen; sei niemals schlampig gekleidet; und betrinke dich nie.

Nur ein Mann von starkem Charakter und hoher Willenskraft ist imstande, sich in jeder Lebenslage strikt an derartige Disziplinarregeln zu halten. Graf Lustig gelang es.

Im Frühling 1925 war er wieder in Paris und hatte Geld genug, um im Hôtel Crillon abzusteigen – ein Wettschwindel auf einer Rennbahn in Montreal ermöglichte ihm diesen Luxus, wenn auch um den Preis einer eiligen Abreise aus der Neuen Welt. Er hatte nun seinen eigenen Adlatus, einen kleinen Französisch-Amerikaner mit Namen Collins, genannt „Dapper Dan", der fesche Dan. Dapper Dan war in seiner bisherigen Laufbahn als Gauner nicht über die untersten Stufen hinausgelangt und war nun sehr stolz, mit dem eindrucksvollen Grafen assoziiert zu sein. Lustig pflegte ihn als seinen Privatsekretär vorzustellen.

Eines Tages nippten die beiden an ihren Apéritifs auf den Champs-Elysées, und Lustig blätterte achtlos in seiner Mittagszeitung. Plötzlich ließ er das Blatt sinken und starrte in die Luft – auf jene Stelle, an der die Spitze des Eiffelturms über die Schornsteine der Mietshäuser hinausragte. „Wir werden Alteisenhändler", sagte er leise zu dem überraschten Dan. „Lies das hier!" Eine groß aufgemachte Nachricht in der Zeitung besagte, daß der Eiffelturm dringend der Reparatur bedürftig sei, daß man Hunderttausende von Francs dafür ausgeben müsse – und daß man sich in gewissen Regierungskreisen frage, ob es nicht besser sei, dieses ganze Eisengerüst niederzureißen. „Die Nachricht ist ein Vermögen wert", flüsterte der „Graf".

Dapper Dan glaubte, sein Chef wolle ihn wieder einmal zum besten halten. „Was wollen Sie damit sagen, Graf? Etwa daß wir beide ... daß wir den Eiffelturm ..."

„Genau", sagte Lustig. „Wir brauchen nur ein paar gute Ausweise, gedruckte Briefbogen und so weiter. Und natürlich einen Käufer. Aber der wird nicht schwer zu finden sein."

Eine Woche später trafen sich fünf Pariser Alteisenhändler

im Konferenzraum des Hôtel Crillon: alles Leute, die große Abbruchfirmen leiteten. Sie hatten Briefe vom stellvertretenden Chef der Bauabteilung des Ministère des Postes et Télégraphes erhalten, der sie zu einer Besprechung wegen Vergebung eines Regierungsauftrags bat.

Lustig, gefolgt von Dapper Dan, erschien und stellte sich als Abteilungsleiter des Ministeriums vor. Er ließ die Anwesenden zunächst feierlich versprechen, daß sie die zur Diskussion stehende Angelegenheit als streng vertraulich behandeln würden. Dann verriet er ihnen, daß die Regierung sich tatsächlich entschlossen habe, den Eiffelturm nicht mehr reparieren zu lassen, sondern ihn abzubrechen – und als 7000 Tonnen Alteisen zu verkaufen.

Ein „Ah" des Erstaunens wurde hörbar, aber Lustig begann ruhig die technischen Einzelheiten des Pariser Wahrzeichens aufzuzählen. Sein Ministerium, so endete er schließlich seinen Bericht, habe die anwesenden Herren hergebeten, weil sie allgemein als vertrauenswürdig, seriös und gewissenhaft bekannt seien. Und so fordere er sie denn auf, ihm ihre Angebote zu unterbreiten; das höchste Angebot würde dann automatisch akzeptiert werden. Natürlich sollten sie nicht die Katze im Sack kaufen – und er bat sie, ihn auf einer Tour zur Inspektion des „Objekts" zu begleiten.

Dies war nicht ein bloßer Trick, um die Herren zu beeindrucken; er wollte vielmehr Gelegenheit haben, sie einzeln kennenzulernen – um dann sein eigentliches Opfer auszusuchen. Seine Wahl fiel am Ende der Besichtigung auf Monsieur André Poisson, einen Provinzler aus kleinen Verhältnissen, der sein Geschäft in der Hauptstadt gewiegt und mit einem gut Teil Rücksichtslosigkeit aufgebaut hatte. Lustig war ein guter Psychologe, dem es klar wurde, daß dieser Mann von den höheren Gesellschaftsschichten akzeptiert werden wollte und glaubte, er würde es mit Geld schaffen; aber seine Verlegenheit verriet seine inneren Zweifel. Dem

Hochstapler erschien er als ein Mann, der ständig auf dem „qui vive" war, der nervös nach Anzeichen der Verachtung oder Hintansetzung Ausschau hielt. Monsieur Poisson war Lustigs Mann.

Auf Verlangen des „Abteilungsleiters" wurden ihm die Angebote persönlich am nächsten Morgen in versiegelten Umschlägen im Hotel übergeben. Am Nachmittag suchte Dapper Dan in seiner Rolle als Sekretär Monsieur Poisson in seinem Büro auf, um ihn davon in Kenntnis zu setzen, daß sein Angebot für die 7000 Tonnen Alteisen das höchste sei und er den Vertrag erhalten werde. „Nächste Woche kann ich das Geld flüssig machen", versprach der „Sieger" des Wettbewerbs.

Aber irgend etwas an Poissons Verhalten erweckte Dapper Dans Mißtrauen: der Mann war irgendwie unsicher bei dem großen Geschäft. Wie alle guten Vertrauensschwindler hatte Dan ein feines Gefühl für diese Dinge. Er berichtete Lustig von seinem Eindruck und meinte: „Vielleicht glaubt er nicht, daß wir Regierungsbeamte sind?"

Lustig grinste. „Wir werden's ihm beweisen!" Er ließ Poisson anrufen und ihn bitten, zu einer privaten Besprechung ins Hotel zu kommen: die Sache sei so vertraulich, daß er ihn nicht im Ministerium empfangen könne.

Monsieur Poisson erschien. Er war ganz und gar nicht erstaunt, als der „Ministerialbeamte" begann, von der Unsicherheit seiner eigenen Karriere zu sprechen: jedes Mal, wenn der Premierminister zurücktrete und eine neue Regierung gebildet werde, sei seine Stellung in Gefahr. Überdies sei es schwer, sich bei dieser Teuerung und bei einem verhältnismäßig bescheidenen Gehalt gut zu kleiden, Repräsentationspflichten zu erfüllen und so weiter.

Der Händler verstand. „Ich hatte so etwas erwartet", sagte er und zuckte die Achseln. „Man ist ja schließlich kein Einfaltspinsel, der nicht weiß, wie man sich höheren Beamten gegenüber zu verhalten hat", und er zog ein Bündel Banknoten aus der Tasche. Jeder Zweifel an der Echtheit des „Abteilungsleiters" war geschwunden.

Zwischen diesem Horsd'œuvre und dem Hauptgang vergingen ein paar Tage Pause. Dann kam der Scheck des Monsieur Poisson für den Ankauf von 7000 Tonnen Alteisen, gemeinhin bekannt unter dem Namen Eiffelturm. Der Käufer erhielt ein wunderschönes, kalligraphisch ausgeführtes Dokument auf Regierungspapier, mit den üblichen Stempelmarken versehen. Merkwürdigerweise verriet Graf Lustig, der später so gern seine Lebensgeschichte mit allen Einzelheiten erzählte, niemals, wieviel Geld er tatsächlich für das Pariser Wahrzeichen erhalten hatte.

Kaum hatte Poisson sich verabschiedet – mit dem Versprechen, die Abbrucharbeiten in Kürze zu beginnen –, da waren die beiden Hochstapler schon auf dem Weg zur Banque de France, um den Scheck einzukassieren. Ihr Auto mit den gepackten Koffern hatte bereitgestanden; der Benzintank war gefüllt. In ihren Taschen trugen sie außer dem Geld ihre falschen Pässe. Am gleichen Abend fuhren sie über die deutsche Grenze, am nächsten Tag über die österreichische. Sie wohnten einen Monat lang in Wien im besten Hotel und lebten wie die Fürsten. Jeden Tag lasen sie aufmerksam die französischen Zeitungen; aber die Geschichte vom verkauften Eiffelturm erschien nicht. Monsieur Poisson hatte es vorgezogen, sie nicht an die große Glocke zu hängen.

Diese Diskretion seines Opfers ermöglichte es Lustig, ein oder zwei Jahre später die Prozedur genau zu wiederholen, wenn auch natürlich mit anderen Alteisenhändlern. Aber diesmal lief der Betrogene zur Polizei, als er erfuhr, daß der „höhere Beamte" mit seinem Geld verschwunden war. Lustig war ehrlich betrübt über die „Publicity", die ihm und seinem genialen Coup in der Presse gewährt wurde. Er hätte ganz gern den Eiffelturm noch ein paar Mal verkauft.

Es war die Zeit des Charleston, der Prohibition und der Gangster – kurz: die zwanziger Jahre mit ihrer stürmischen Konjunktur –, als Habana und Miami sich zu Spielplätzen für die reichen Amerikaner entwickelten. Für Viktor Lustig waren es Schlachtfelder. Snobs und „Wurzen", Einfaltspinsel und Emporkömmlinge gab es im Überfluß, und sie alle hatten mehr Geld, als gut für sie war. Der Graf (er hielt sich meist an seinen selbstverliehenen Titel, wenn er auch 23 verschiedene Nachnamen verwendete) spielte hier den korrekten, konservativen Europäer, Monokel im Auge, Nelke im Knopfloch, Gamaschen über den Schuhen und einen Spazierstock mit silberner Krücke in der Hand.

Die Opfer oder „Ziele", um den in der höheren Gaunersprache damals üblichen Ausdruck zu verwenden, drängten sich nur so an ihn heran, um eifrig seinen Geschichten aus der Alten Welt zu lauschen – und noch eifriger seine Andeutungen über fette Gewinne aus geschickt aufgezogenen Projekten aufzugreifen. Sie verfolgten ihn mit ihren Angeboten, mitzumachen; sie drängten ihm geradezu ihr Geld auf, das er in irgendeinem komplizierten Börsenmanöver oder einem unfehlbaren System am Spieltisch vervielfachen sollte. Es war oft nicht leicht, den gierigen Augen gewisser Mütter zu entgehen, die gar zu gern solch einen charmanten Grafen für ihre Töchter eingefangen hätten; aber er achtete streng darauf, Berufs- und Privatleben nicht miteinander zu verquicken, obwohl er alles andere als ein Verächter weiblicher Reize war.

Gelegentlich machte er jedoch eine Ausnahme und angelte mit einem Mädchen nach einem „Ziel", wie im Fall der hübschen angehenden Schauspielerin von 18 Jahren, deren Ehrgeiz sich als stärker erwies als ihre moralischen Grundsätze, als er ihr enthüllte, er sei ein Broadway-Regisseur. Sie ging mit ihm nach Habana. Sie war selbst schuld daran, daß er sie als Köder mißbrauchte.

Man sah die beiden zusammen auf Parties, auf der Promenade, im Spielkasino. Aber es wäre falsch, zu berichten, daß er Augen nur für sie hatte; tatsächlich suchte er nach einem geeigneten „Ziel". Er brauchte nicht lange zu warten. Ein dicker, wohlhabender Fabrikant landwirtschaftlicher Maschinen sprach ihn an, sobald er gehört hatte, daß die beiden etwas mit dem Theater zu tun hätten. Er war verrückt nach allem, was Bühnenluft atmete, und wollte selber zum „Showman" werden. Auch wenn Lustig gewollt hätte, er hätte ihn nicht abschütteln können. Es war ein Kinderspiel, dem Mann das Fell über die Ohren zu ziehen. Lustig machte es höchst elegant.

Er bereite die Inszenierung eines Musicals vor, erzählte er, aber die Sache koste 70 000 Dollar, und er habe erst 20 000 beisammen. Lustigs hübsche Begleiterin, der er natürlich die gleiche Story schon vorher erzählt hatte, nickte bestätigend. Allerdings, so fuhr der „Regisseur" fort, keiner der Geldgeber dürfe mehr als 49 % der Gesamtsumme beitragen, da er sich selbst das Recht, über die Einzelheiten der Show zu bestimmen, vorbehalten müsse. Geldgeber seien oft nette Leute, aber vom Theater verstünden sie meistens nicht viel ...

Der Maschinenfabrikant lachte. „Ich verstehe etwas davon, aber einem Mann wie Ihnen würde ich nie dreinzureden versuchen", sagte er. „Also kurz, Sie brauchen zunächst einmal jemand, der 34 000 Dollar auf den Tisch legt – stimmt's? Dieser Mann bin ich. Einverstanden?"

Lustig machte Einwände. Nein, er könne unmöglich Geld von einem so guten Bekannten annehmen. Wenn nun die Show ein Reinfall würde? Dann zum Teufel mit dem Geld, meinte der Mann mit dem Theaterfimmel – wenn er nur eine Weile die magische Luft der Kulissen atmen dürfe ...

Schließlich gab der „Regisseur" nach. In vierzehn Tagen werde er den Fabrikanten in dessen Heim in Rhode Island besuchen. Diese Zwischenzeit war erforderlich, damit Lustig das Mädchen loswerden konnte. Er erklärte ihr, er könne sie nicht auf diese Geschäftsreise mitnehmen, sondern würde sie bei seiner Rückkehr nach New York im Theater treffen. Dann werde man alles Nähere über ihre Rolle in dem Musical besprechen.

Der Fabrikant war überglücklich, als sein guter Bekannter ihn tatsächlich in Rhode Island besuchte. „Nun werde ich Ihnen zeigen, wie man so was im Showbusiness macht", sagte Lustig, öffnete seine Aktenmappe und legte sechsunddreißig 1000-Dollar-Noten auf den Tisch (daß sie gefälscht waren, sah man nicht auf den ersten Blick). „Ich habe noch etwas Geld aufgetrieben, und das ist nun mein Anteil. Und jetzt legen Sie den Ihren daneben." Der Mann holte 34 Tausender aus dem Geldschrank. Lustig steckte jedes der beiden Häufchen Scheine in einen Umschlag, schrieb Namen und Summe darauf und steckte die Umschläge in seine Aktenmappe. „Jetzt kommen Sie mit auf mein Hotelzimmer, da zeige ich Ihnen die Unterlagen, und wir unterschreiben die Verträge – natürlich bei einem Glas Bourbon. Ich habe vom Portier eine Flasche bekommen ..."

Im Hotel legte Lustig die Aktenmappe in den Kleiderschrank. Man unterschrieb die Verträge, sah sich die Voranschläge der kommenden „Broadway-Show" an, und man trank die Flasche Bourbon leer. „Gehen wir in die Bar hinunter", schlug Lustig vor, „bestimmt kriegen wir da noch eine Flasche!" Sie bekamen eine – Prohibition hin, Prohibition her – und tranken weiter. Plötzlich kam der Page und rief Lustig zum Telefon: „Ferngespräch aus New York!" Das sei der Agent wegen der Besetzung der Rollen, meinte Lustig. „Gleich komme ich wieder!"

Er kam nicht wieder. Nach einer halben Stunde wurde der

Geldgeber nervös und ging auf Lustigs Zimmer hinauf. Es war leer. Er öffnete den Kleiderschrank: die Aktenmappe war verschwunden. Der betrogene und enttäuschte Theaterfreund rief die Polizei an. Ein Kriminalbeamter fuhr schleunigst zum Bahnhof und schaute sich die Leute auf der Plattform an. Lustig sah ihn – er hatte ein feines Gefühl dafür, wer ein Kriminaler war – und verzichtete darauf, die Einfahrt des nächsten Zuges abzuwarten. Er drückte sich. In einer leeren Seitenstraße stand ein Auto, dessen Besitzer vergessen hatte, den Zündungsschlüssel abzuziehen. Lustig erreichte die kanadische Grenze.

Drüben fühlte er sich sicher. Aber bald merkte er, daß man ihn aufgespürt hatte: der wütende Fabrikant hatte ihm Privatdetektive auf die Fersen gehetzt. Lustig entwischte, doch nun war ihm der Boden der Neuen Welt zu heiß unter den Füßen geworden. Von Montreal aus fuhr er mit dem nächsten Schiff und einem seiner zahlreichen gefälschten Pässe zurück nach Europa.

Im darauffolgenden Winter war er schon wieder in Amerika: in Palm Beach unter den Millionären und ihren Parasiten. Er hatte sich einen alten Rolls-Royce gekauft und einen japanischen Fahrer engagiert. Wie üblich auf diesen Tummelplätzen der Neureichen erregte der tadellos gekleidete Graf mit seinen altfränkisch-höflichen Manieren die Aufmerksamkeit der Snobs; er brauchte nur zu warten, bis ein gutes „Ziel" auftauchte.

Es erschien in Gestalt eines früheren Mechanikers namens Hermann Loller, der im ersten Weltkrieg ein Vermögen an Regierungsaufträgen verdient hatte und nun eine Autofabrik besaß. Er traf in Palm Beach an Bord seiner Luxusjacht ein und gab viel Geld aus, obwohl ihm die Detroiter Konkurrenz der großen Konzerne schwer zu schaffen machte. Innerhalb weniger Tage wußte Lustig alles über ihn. Loller erschien ihm als das ideale Opfer für den Trick mit der „rumänischen Schachtel", wie man dieses Gerät unter den Vertrauensschwindlern zu nennen pflegte. Der Graf führte stets ein Exemplar in seinem Gepäck mit. Es war einfach eine Maschine zum Banknotenfabrizieren.

Lustig freundete sich mit Loller an und verriet ihm eines Tages, daß er nach dem Verlust seiner Güter in der Revolution von 1918 (eine Fabel, die in Amerika nie ihre Wirkung verfehlte) auf eine Methode gestoßen sei, wie man sich glänzend durchbringen könne. Er ließ ein paar Tage verstreichen, ohne Lollers dringenden Bitten, ihm sein Geheimnis zu verraten, nachzugeben. Dann vertraute er ihm unter dem Siegel der Verschwiegenheit an, was es war: die Vervielfältigung von Geldscheinen.

Nun wollte das „Ziel" natürlich sehen, wie man das mache. Der Graf lud ihn zu sich ins Hotel ein, um ihm die Reproduktion einer Tausend-Dollar-Note vorzuführen. Die Demonstration wurde eingeleitet von einer langen Geschichte über den Erfinder des Gerätes, und wie es in den Besitz des Grafen gelangt sei.

Der Trick mit der „rumänischen Schachtel" ist fast so alt wie die Banknote selbst; aber wenige Hochstapler erhoben ihn je zur Höhe einer solchen Kunst wie Graf Lustig. Als das Opfer sein Zimmer betrat, wurden die Vorhänge zugezogen und die Tür verschlossen, ehe der Graf aus seinem Koffer ein wunderschön ausgestattetes Lackkästchen holte – es war eines einer ganzen Reihe, die er sich von einem New Yorker Kunsttischler nach genauen Angaben hatte herstellen lassen. Es war etwa 30 Zentimeter lang und 20 Zentimeter breit und hatte einige mysteriöse Zifferblätter und Metallknöpfe. Am wichtigsten waren jedoch zwei Schlitze – breit genug, um eine Tausend-Dollar-Note aufzunehmen.

Nach ein paar Minuten des Zeiger-Einstellens und Knopfdrehens nahm der Graf einen Tausend-Dollar-Schein aus seiner Brieftasche und forderte Mr. Loller auf, ihn genau auf seine Echtheit zu prüfen. Dann holte er ein leeres Stück Banknotenpapier vom gleichen Format hervor. Banknote und Papier wurden in einen der Schlitze gesteckt, wieder wurden Knöpfe gedreht und Zeiger eingestellt. In diesem Kästchen, so erläuterte der Graf, spiele sich nun ein komplizierter chemischer Vorgang ab; die ursprüngliche Banknote werde jedoch keine Spur davon aufweisen, daß sie ihr genaues Ebenbild auf das leere Stück Papier übertragen habe. Der Prozeß nehme allerdings sechs Stunden in Anspruch.

Die beiden Herren verließen Lustigs Hotelzimmer, das sorgfältig versperrt wurde, und begaben sich auf Lollers Jacht. Die Wartezeit wurde mit Trinken, Schwimmen und einem langen Sonnenbad verbracht. Am Abend kehrte man ins Hotel zurück.

Lustig manipulierte wieder an dem Kästchen herum, betätigte einen kleinen Hebel – und siehe da, aus dem Schlitz tauchten zwei völlig identische Tausend-Dollar-Scheine auf! Das „Ziel" konnte seinen Augen kaum trauen. Lustig gab ihm die Noten und schlug vor, er solle sie auf zwei verschiedene Banken tragen und einwechseln: „Sie werden sehen, daß man sie ohne weiteres akzeptiert. Aber tragen Sie sie nicht zur gleichen Bank – sonst merkt jemand, daß sie beide dieselbe Nummer haben!" Lustig, der sich die Dienste eines geschickten Fälschers gesichert hatte, arbeitete stets mit echten Noten, die nur eine minimale Änderung benötigten, um identische Nummern aufzuweisen, wie etwa das Umzeichnen von zwei Dreiern in Achter.

Nun ging alles wie am Schnürchen. Das Opfer bestand darauf, dem Grafen das wunderbare Kästchen abzukaufen, um damit seine derzeitigen finanziellen Schwierigkeiten zu lösen. Äußerst zögernd gab der Besitzer schließlich nach und erklärte sich bereit, die Kleinigkeit von 25 000 Dollar dafür anzunehmen – mehr konnte Loller auch beim besten Willen nicht auftreiben. Er zahlte natürlich in bar.

Auf seiner Jacht probierte er die Geldmaschine nach den genauen Anweisungen des Grafen aus; aber sie gab nichts her außer der Banknote, die er hineingesteckt hatte. Er brach das Kästchen auseinander und fand lediglich ein einfaches Getriebe mit ein paar Gummiwalzen – und ein Häufchen leerer Papierstücke von der Größe einer Tausend-Dollar-Banknote. Als der wütende Loller den Grafen in seinem Hotel suchte, war er natürlich längst abgereist ... unter Mitnahme der echten Scheine. Loller konnte nicht einmal zur Polizei gehen – was hätte man dort zu seiner Geschichte vom Kauf einer Banknoten-Fälschungsmaschine gesagt!

Der Graf und der Gangsterkönig

Oberflächlich gesehen, steht Viktor Lustig vor unseren Augen als der typische Hochstapler, der zu allem fähig war – außer zu ehrlicher Arbeit. Tatsächlich arbeitete er jedoch systematisch und sorgfältig, wenn auch nicht zu ehrlichen Zwecken; und mit all der Mühe, die er im Lauf der Jahre auf seine Coups verwendete, hätte er zweifellos ein hübsches Vermögen auch im bürgerlichen Leben zusammengebracht. Aber er war allergisch gegen jede Form konventioneller Arbeit; Projekte, die sich in den Rahmen der gesetzlichen Bestimmungen gefügt hätten, waren ihm zuwider. Die Psychologen werden wahrscheinlich mutmaßen, daß irgendein Kindheitserlebnis diesen hochbegabten Menschen auf die schiefe Bahn brachte; hätte es ein Analytiker fertiggebracht, ihn auf seine Couch zu legen, so hätten sich aus Lustigs Unterbewußtsein vielleicht wertvolle Aufschlüsse ergeben über die Mentalität des berufsmäßigen Vertrauensschwindlers – jenes weitverbreiteten Typs der Verbrecherwelt, zu dem so viele Menschen von überdurchschnittlicher Intelligenz gehören.

Man muß den ungewöhnlichen Mut bewundern, mit dem

Lustig sein Leben aufs Spiel setzte, indem er als sein „Ziel" keinen anderen als den größten Gangster der amerikanischen Prohibitionsära wählte – Al Capone. Trotz all seiner Geschicklichkeit und Geistesgegenwart riskierte der „Graf" ein elendes Ende in irgendeiner dunklen Seitenstraße von Chicago, wie ein Sieb durchlöchert von den Kugeln einer Maschinenpistole. Statt dessen erhielt er ein ansehnliches Geschenk.

Es ist charakteristisch für Viktor Lustig, daß ihn die bloße Existenz jenes brutalen, allmächtigen Königs des illegalen Alkoholgeschäfts unwiderstehlich zu einem seiner frechsten Coups anreizte. In Momenten ruhiger Überlegung muß er sich gesagt haben, daß es heller Wahnsinn war, zu versuchen, Al Capone hereinzulegen; und doch wußte er, daß er es sich nie verzeihen würde, wenn er es nicht probiert hätte.

So erschien er denn eines schönen Tages vor der Hawthorne Inn, dem Chicagoer Hauptquartier Al Capones. Man brauchte bloß ruhig dazustehen und sich das berüchtigte Haus mit seinen stahlvergitterten Fenstern anzusehen, um die Aufmerksamkeit der „Leibgarde" des Gangsterkönigs zu erregen. Lustig wurde gefragt, warum zum Teufel er da herumlungere. Noch hätte er sich mit einer gemurmelten Ausrede aus dem Staub machen können, aber sein Entschluß stand fest. Er wolle Mr. Capone sprechen, sagte er ruhig. In welcher Angelegenheit? Einer Privatangelegenheit. Name? Graf Viktor Lustig. (Irgendein Deckname, so empfand er, wäre der großen Sache unwürdig gewesen.)

Es war seine unerschütterliche Ruhe und sein eindrucksvolles Wesen – um nicht zu sagen seine Hochnäsigkeit –, die ihm tatsächlich den Zutritt zum Allerheiligsten Al Capones verschafften, wenn auch nach dem üblichen Abtasten nach versteckten Waffen. Wie schade, daß kein Fotograf dabei war, um die Szene dieses historischen Treffens im Bild für die Nachwelt festzuhalten! Zwei der größten Halunken ihrer Zeit saßen sich gegenüber: smart, elegant und intelligent der eine, – roh, bauernschlau und muskulös der andere. Sofort spürte Lustig, daß er auf Capone durch seine gepflegte Sprache, seine tadellose Kleidung, seine überlegene Manier Eindruck machte. Er begann zu improvisieren, und er machte es gut. Er erläuterte dem Gangster ein kompliziertes und reichlich phantastisches Projekt für eine Börsenspekulation; jede Summe, die man ihm anvertraue, würde er mit Hilfe von Wall Street innerhalb von sechzig Tagen garantiert verdoppeln.

„Was ist das Minimum?" fragte Al Capone, als Lustig geendet hatte.

„Fünfzigtausend", antwortete Lustig, ohne mit der Wimper zu zucken.

Capone zog eine Schublade seines Schreibtischs auf und zählte fünfzig „Grands" auf das Löschpapier. „Sie haben genug von mir gehört", sagte er, „um zu wissen, daß ich mein Geld nicht aus dem Fenster werfe. Wenn ich ein Geschäft anfange, verstehe ich keinen Spaß, Herr Graf. Passen Sie auf!" Er drückte auf einen Knopf. Ein Rechteck der Wandtäfelung glitt zur Seite und enthüllte einen unangenehm aussehenden Mann mit dem Finger am Abzugshahn einer Maschinenpistole. „Wir verstehen uns, nicht wahr?"

„Gewiß, wir verstehen uns", sagte Lustig lächelnd und verbeugte sich leicht. Capone schob ihm das Geld zu. „Sechzig Tage!" sagte er: es war ein Befehl und eine Warnung. Die „Audienz" war zu Ende.

Es war schon eine gewaltige Leistung, Al Capones Geld in der Tasche zu haben; aber es konnte sich leicht als Pyrrhussieg erweisen. Was nun? Mit dem Geld einfach zu verschwinden, konnte ihm Kopf und Kragen kosten; Capone wußte, wie man Leute aufstöbert. Überdies wäre solch ein uneleganter Schwindel gegen Lustigs Berufsprinzipien gewesen. Er war kein gewöhnlicher Dieb. Aber was konnte er mit den fünfzig „Grands" anfangen? Zunächst legte er sie sicherheitshalber auf eine Chicagoer Bank.

Dann fuhr er nach New York – sehr zum Leidwesen einer jungen Dame namens Mandy, die sein Hotelzimmer in Chicago mit ihm geteilt hatte; aber auf derart wichtigen Geschäftsreisen konnte er sich nicht mit einer Begleiterin belasten. Die nackte Wahrheit war, daß er sich das ganze Börsenmanöver, das er Al Capone vorgelegt hatte, aus den Fingern gesogen hatte. Er versuchte nicht einmal, es durchzuführen – es konnte ihn Capones Geld kosten, und er war fest entschlossen, nicht einen Cent davon anzurühren. Er hatte andere Pläne.

Zwei Monate später war er noch immer in New York. Eine weitere Woche ließ er verstreichen; dann fuhr er nach Chicago und ließ sich in „Speakeasies" – illegalen Schnapsausschänken – sehen, in denen Al Capones Leute zu verkehren pflegten. Bald würde der Boß von seinem Auftauchen erfahren. Und so war es auch; eines Abends teilte ihm der Barmixer eines Speakeasy mit, daß „Nitty" nach Lustig gefragt habe. Nitty war Capones persönlicher Gerichtsvollzieher, wenn man es so nennen durfte: der Mann, dessen Aufgabe es war, Schulden einzutreiben, meist mit entsichertem Revolver. Nun wußte Lustig, daß die Zeit zum Handeln gekommen war.

Er fuhr an der Hawthorne Inn vor und verlangte, zu Mr. Capone geführt zu werden. Man tastete ihn wie üblich ab und führte ihn zum Boß. Der große Gangster war in wütender Stimmung. „Zum Teufel, wo stecken Sie? Die sechzig Tage sind längst vorbei!" brüllte er ihn an.

Lustig setzte sein betrübtestes Gesicht auf. „Es tut mir wahnsinnig leid, Mr. Capone", sagte er schuldbewußt. „Ich hatte ein paar unvorhergesehene Schwierigkeiten. Das Projekt hat nicht geklappt ..."

Capone lief rot an. „Wollen Sie damit sagen, daß Sie mein Geld verpulvert haben?! Mensch –"

Der Gangster streckte bereits die Hand aus, um auf den lebensgefährlichen Knopf auf seinem Schreibtisch zu drükken. Seelenruhig nahm Lustig aus seiner Brusttasche einen Umschlag, öffnete ihn und zählte fünfzig Tausend-Dollar-Scheine auf den Schreibtisch. „Es ist mir wirklich enorm peinlich, Mr. Capone", sagte er traurig, „daß ich keinen Gewinn für Sie erzielen konnte. Wenigstens kann ich Ihnen nun Ihr Geld zurückgeben."

Capones Blick, mit dem er die Scheine aufhob, drückte grenzenloses Erstaunen aus. Er schaute wieder auf Lustig, der in tadelloser Haltung, wenn auch sichtlich deprimiert, vor ihm stand. Der Gangsterkönig hatte erwartet, der Graf würde weinerlich und erbärmlich vor ihm erscheinen, ihm ein langes Klagelied vorsingen, wie er die Fünfzigtausend verloren habe, und hoch und heilig schwören, er werde das Geld bis auf den letzten Cent zurückzahlen, wenn man ihm nur ein paar Wochen Frist gewähre. Statt dessen stand vor Capone ein ehrlicher Mann, der die ihm anvertraute Summe ordnungsgemäß wieder auf den Tisch gelegt hatte.

„Die Sache schmerzt mich sehr, Mr. Capone", fuhr der Graf fort. „Ich hätte wirklich gern ein Geschäft mit Ihnen gemacht und Ihnen ein wenig Gewinn verschafft ... und mir selber auch. Glauben Sie mir, ich hab's nötig." Und er wandte sich zum Gehen – so langsam wie möglich. Der große Augenblick war gekommen. Würde Capone die Erwartungen des Grafen erfüllen?

„Warten Sie", sagte der Gangsterboß. „Sie sind ein ehrlicher Kerl, verdammt noch mal. Sie sind also in der Klemme?"

„Wenn ich die Wahrheit sagen soll – ja, allerdings."

Capone nahm die Banknoten in die Hand, ließ sie zwischen Daumen und Zeigefinger hindurchflitzen und nahm ein paar heraus, die er Lustig entgegenhielt. „Da sind fünf. Hilft Ihnen das?"

„Und wie!" rief der Graf und grinste. Mit all der Würde, die er in diesem Augenblick des Triumphs aufbieten konnte, nahm er das Geld. „Sie sind ein Gentleman, Mr. Capone. Ich danke Ihnen aufrichtig." Er verbeugte sich elegant und ging zur Tür.

Der Plan war glänzend geglückt. Viktor Lustig hatte dem Gangsterboß fünftausend Dollar abgenommen ... und war am Leben geblieben.

Noch einmal davongekommen

Mittlerweile hatte die amerikanische Polizei schon eine ziemlich dicke Akte in Sachen Viktor Lustig zusammengetragen. Er war mehrere Male verhaftet worden, aber bisher hatten nie genügend Beweise gegen ihn vorgelegen, um eine Verurteilung zu erwirken – vor allem, weil die Opfer sich immer wieder weigerten auszusagen, wie Lustig sie hereingelegt hatte. Dann hörte man ein paar Jahre lang nichts mehr von ihm, auch nicht unter einem seiner zahlreichen Decknamen. Hatte er ein neues Blatt umgewandt, war er ein nützliches Mitglied der menschlichen Gesellschaft geworden? Oder hatte er sein Aktionsfeld wieder nach Europa verlegt? Allmählich vergaß die Kriminalpolizei, daß irgendwo auf den Regalen noch eine verstaubte Lustig-Akte lag.

Im Jahre 1934 berief der Geheimdienst des amerikanischen Schatzamts sechzehn seiner erfahrensten Beamten nach Washington, um sie als Spezialorganisation unter Leitung von Robert Godby zusammenzufassen. Godby war Fachmann auf dem Gebiet der Falschgeldbekämpfung. Gefälschte 100-Dollar-Scheine waren in beängstigender Menge in den ganzen Vereinigten Staaten aufgetaucht – im Wert von schätzungsweise 100 000 Dollar im Monat. Die Banknoten waren so gut nachgemacht, daß die Banken in der Provinz selten Verdacht schöpften; erst wenn die Scheine in den Bankzentralen oder im Schatzamt nachgeprüft wurden, stellte man fest, daß sie nicht echt waren.

Ein Vergleich dieser neuen „Blüten" mit früher aufgetauchten ließ vermuten, daß sie das Werk eines gewissen William Watts seien, eines ehemaligen Pharmazeuten, der eine Zeitlang die Etikette bekannter Whiskymarken für Al Capones Schnapsbrennereien gefälscht hatte. Man wußte nicht, wo sich Watts zur Zeit aufhielt; er war immer ein scheuer Einzelgänger gewesen, der wenig Freunde hatte und sein mit Fälschungen verdientes Geld nicht in auffälliger Weise ausgab. Nur eine Person hatte früher mit ihm in engerem Kontakt gestanden – Viktor Lustig. Es war zwar höchst unwahrscheinlich, daß sich der Graf mit einem so riskanten Geschäft wie der Fälschung von Banknoten abgab; aber wenn man ihn finden konnte, so mochte er die Detektive vielleicht unabsichtlich auf die Spur von Watts führen.

Und so begann die Suche nach Lustig. Eine Zeitlang blieb sie erfolglos. Dann aber bekam die Pittsburger Polizei heraus, daß er in Verbindung mit einer „Madam" stand, wie man die Damen, die ein „übelbeleumundetes Haus" führen, in Amerika nennt. Lustig und die Dame hatten sich anscheinend gezankt. Dann fand die New Yorker Sittenpolizei „Madam", die sich inzwischen zur Leiterin eines „feinen" derartigen Etablissements unweit der Park Avenue aufgeschwungen hatte. Ihr Telefon wurde „angezapft", ihr Haus bewacht.

Ein paar Wochen lang geschah nichts, was auf Lustigs Spur hätte führen können. Dann rief eines Tages ein Mr. Frank an und sagte, er werde das Haus besuchen. Sein gerade noch wahrnehmbarer mitteleuropäischer Akzent ließ den Abhörbeamten die Ohren spitzen.

Und tatsächlich – der Mann, der vor „Madams" Etablissement erschien, war Lustig. Aber sein Instinkt mußte ihn gewarnt haben, daß man ihn beobachte; er verschwand schnellstens in eine Seitenstraße, wo sein Wagen, mit dem Fahrer am Steuer, auf ihn wartete. Ehe die Beamten es sich versehen hatten, war er entwischt.

Schon ein paar Tage später jedoch half ihnen der Zufall. Sie sahen seinen Wagen, als er gerade vor einem Laden hielt, und holten ihn heraus. „Womit kann ich Ihnen dienen, meine Herren?" fragte er, seelenruhig wie immer.

Man nahm ihn ins Kreuzverhör, das einen Tag und eine Nacht lang fortgesetzt wurde. Alle Beteiligten amüsierten sich, als er ihnen mit seinem kabarettistischen Talent Anekdoten aus seinem Leben erzählte. Nur was die Kriminalbeamten hören wollten, erfuhren sie nicht; jedes Mal, wenn sie von falschen Banknoten oder William Watts zu sprechen begannen, erklärte er, er wisse nicht, wovon sie redeten. Schließlich gab er wenigstens zu, Watts gekannt zu haben, aber er habe keine Ahnung, was aus ihm geworden sei, außer daß er vielleicht in der Gegend des Hudson River wohne.

Godbys Agenten schlugen ihm ein „Gentleman's Agreement" vor. Ohne ihm etwas Konkretes zu garantieren, versicherten sie ihn der Dankbarkeit des amerikanischen Schatzamts, wenn er ihnen helfe, Watts und die Druckplatten der gefälschten Dollarnoten zu finden. Lustig antwortete, er werde sehen, was er tun könne, aber er brauche die Hilfe eines Mittelsmannes, den er selbst auswählen müsse. Dieser Mann stellte sich als kein anderer als Dapper Dan Collins heraus, sein alter Mitarbeiter, der auf Lustigs Verlangen zum Polizeihauptquartier kam. Man ließ die beiden unbelauscht miteinander reden, und Collins versprach, in ein paar Stunden wiederzukommen.

Er kam tatsächlich und holte aus der Westentasche einen kleinen Schlüssel. „Damit können Sie ein Fach der Gepäckaufbewahrung in der Untergrundstation Times Square aufsperren", erklärte er den Beamten. In dem Fach fand man ein Paket mit drei Sätzen Druckplatten für Falschgeld und „Blüten" im Nominalwert von 50 000 Dollar. Als das Paket auf die Polizei gebracht wurde, fragte Lustig höflich: „Kann ich jetzt gehen?"

Trotz seiner empörten Proteste behielt man ihn aber dort. Man brachte ihn nach Manhattan ins Untersuchungsgefängnis – denn die Platten erwiesen sich keineswegs als die, mit denen die ausgezeichnet gefälschten Scheine gedruckt worden waren, sondern als verpfuschte! Der Graf hatte die Agenten des Schatzamts hinters Licht zu führen versucht, in der Hoffnung, man werde ihn laufen lassen. Aber seltsam: während er im Gefängnis war, tauchten immer weniger falsche Banknoten auf. Watts war also gewarnt worden, und nun bestand kein Zweifel mehr, daß Lustig mit ihm zusammengearbeitet hatte.

Eines Nachmittags sah man an der Fassade des Untersuchungsgefängnisses einen Fensterputzer arbeiten. Er stand hoch oben auf einem Mauervorsprung und rieb eifrig an einer Fensterscheibe. Die Vorübergehenden widmeten dem Mann wenig Aufmerksamkeit. Es war Lustig, dem es gelungen war, durch Bestechung in den Waschraum zu gelangen; eine Drahtschere hatte er sich auch irgendwie verschafft, und damit hatte er das Drahtgitter vor dem Fenster durchgeschnitten.

Lange rieb der „Fensterputzer" mit einem großen weißen Tuch an der Scheibe herum; von Zeit zu Zeit blickte er hinunter auf die Straße. Plötzlich entfaltete sich das Tuch. Es war eine aneinandergeknotete Kette von Bettüchern, deren oberes Ende am Fensterrahmen festgemacht war. Innerhalb weniger Sekunden war er hinuntergeglitten und landete auf dem Bürgersteig. Ein paar Leute blieben stehen und starrten ihn an, aber ehe sie sich noch von ihrem Erstaunen erholen konnten, verbeugte sich der Graf vor ihnen wie ein Zirkusartist nach seiner „Nummer" und entschwand um die Ecke.

Lustigs unverschämte Flucht erregte nicht nur eine Sensation in der Presse, sondern verursachte auch einen Skandal, in dem der Verwaltung des Schatzamts unangenehme Fragen gestellt wurden. Henry Morgenthau, damals Staatssekretär für das Schatzamt, zog Mr. Godby zur Rechenschaft, und der Gouverneur des Staates New York, Lehman, verabfolgte der Polizei eine „Zigarre".

Nun suchte man im ganzen Land nach Lustig und Watts, aber drei Monate lang war keine Spur von ihnen zu finden. Schließlich glaubte einer der Geheimagenten des Schatzamts eine Spur gefunden zu haben, die nach Pittsburg führte. Das halbe Aufgebot von Mr. Godbys Leuten strömten nun dort zusammen, Polizeibeamte kamen ihnen zu Hilfe, und nach einer kurzen, intensiven Suche spürte man Lustig auf: er war in einem kleinen Hotel unter dem Namen Robert Miller abgestiegen. Es war die 48. Verhaftung des Grafen.

Er spielte die entrüstete Unschuld. „Sie sind bei mir an den Unrichtigen geraten, meine Herren", beteuerte er immer wieder. „Diese ganzen Geschichten von einem Mr. Watts und falschen Banknoten – was habe *ich* denn damit zu tun?" Es half ihm nichts; man brachte ihn unter stärkstem Schutz nach New York zurück.

Aber wo war William Watts? Lustig blieb dabei, daß er nichts wisse. Die Schatzamt-Agenten kamen nicht weiter. Endlich hörten sie, daß in einem großen Mietshaus in Union City, am Ufer des Hudson, ein Mann wohne, der sich Mr. Ramsey nannte, dessen Beschreibung aber mit der von William Watts übereinstimmte. Sechs Beamte brachen eines frühen Morgens die Tür seines Zimmers auf. Ein kleiner, bebrillter Mann saß am Fenster vor einem Tisch, der mit Kupferplatten beladen war. Aus den Schränken holte man zahllose Bündel gefälschter Dollarscheine.

„Ramsey" war natürlich Watts. Er hatte sich die ganze Zeit seit Lustigs Verhaftung nicht gerührt und es ängstlich vermieden, sich bei Tageslicht auf der Straße zu zeigen. Der Graf hatte wirklich nicht genau gewußt, wo Watts wohnte, außer daß es am Hudson war. Dapper Dan hatte jeweils von Watts Bescheid bekommen, wo neue Ladungen von „Blüten" deponiert worden waren, und sie abgeholt, um sie zu Lustig zu tragen – dem Mann, der sie in Umlauf brachte!

Im Dezember 1935 begann der Prozeß gegen Lustig und Watts in New York. Sie hatten nicht weniger als 1 340 000 falsche Banknoten im Umlauf gebracht. Watts leugnete nichts; das Spiel war ohnehin verloren. Er sagte die Wahrheit aus über seine Arbeit und seine Verbindung mit Lustig, „dem besten Verteiler von falschen Banknoten, den es je gab", wie er ihn in aufrichtiger Anerkennung nannte.

Selbst dieses etwas zweischneidige Lob heiterte den Grafen nicht auf. Er war in melancholischer Stimmung; mehr noch, er hatte sich in der Haft geändert. Seine Ruhe und Überlegenheit, seine Spannkraft und sein europäischer Charme waren dahin. Auf der Anklagebank saß ein vorzeitig gealterter Mann in den Vierzigerjahren, ohne Sorgfalt gekleidet, der zumeist mit düsterem Blick zu Boden starrte. Am dritten Verhandlungstag stand er auf und erklärte, ohne seinen Verteidiger vorher zu verständigen, daß er sich schuldig bekenne.

Viktor Lustig hatte den schwersten Fehler seiner Laufbahn begangen, indem er sich auf ein Projekt eingelassen hatte, zu dem er sich nicht eignete – trotz seiner Geschicklichkeit beim Ausgeben der falschen Scheine. Der Mann, der imstande war, den Eiffelturm zu verkaufen, der sich in der Oberschicht der internationalen Gesellschaft zu Hause gefühlt und in diesen Sphären mit Witz und Eleganz seine Raubzüge durchgeführt hatte, war zu tief gesunken in der Hierarchie des Verbrechertums. Er war zum bloßen Kompagnon eines Geldfälschers geworden, und das mußte ihm zum Verhängnis werden. Der große Einzelgänger war außerstande, als Mitglied eines Teams mit all den strikten Vorsichtsmaßregeln zu arbeiten, die er sich selbst auferlegt und die ihn so lange vor dem Zugriff des Gesetzes geschützt hatten.

Das Gericht ließ ihn die volle Strafe für seine Missetaten absitzen – oder vielmehr für die letzte, die Verteilung gefälschter Banknoten; keines seines früheren Abenteuer wurde während der Verhandlung auch nur erwähnt. Er wurde zu zwanzig Jahren Zuchthaus verurteilt, Watts zu fünfzehn.

In Alcatraz, wo er seine letzten Lebensjahre verbrachte, traf er ein paar alte Bekannte aus den frohen Tagen von einst. Einer davon arbeitete in der Wäscherei des Zuchthauses; sein Name war Al Capone.

10 ADMIRAL DRAKES 70000 ERBEN

Oscar Merril Hartzell

„Sagenhafte Reichtümer"

Verglichen mit dem größten politischen Hochstapler aller Zeiten, der Ende Januar 1933 die Macht über siebzig Millionen Deutsche an sich riß, war der Mann, der um die gleiche Zeit wegen seines Betrugs an nur 70 000 Personen aus England deportiert wurde, sozusagen ein Niemand. Aber sein Fall schien den britischen Behörden wichtig genug, um sich energisch damit zu beschäftigen.

Taktvoll wie immer vermied es die *Times*, irgendwelche Namen zu nennen, als sie im Februar 1933 unter der Überschrift „Sagenhafte Reichtümer in England" folgendes berichtete:

> „Hinter einem Deportationsbeschluß des Innenministers, der mit sofortiger Wirkung durchgeführt wurde und einen ‚unerwünschten Ausländer' betraf, verbirgt sich die Geschichte der Bemühungen der britischen und amerikanischen Behörden, die Ausbeutung von Bürgern der Vereinigten Staaten durch Personen, die von England aus tätig sind, zu verhindern ...
> Beträchtliche Geldsummen wurden unter Einwohnern der Vereinigten Staaten, vor allem im Mittelwesten, gesammelt unter dem Vorwand, Prozesse um sagenhafte Reichtümer anzustrengen, die angeblich vor langer Zeit von bekannten historischen Persönlichkeiten hinterlassen wurden. Der Köder, der dabei angeboten wurde, war das Versprechen von Ausschüttungen, die bis zu 7000 Dollar für nur 1 Dollar Einzahlung betragen sollten – falls der betreffende Anspruch gesetzlich anerkannt werde.
> Einer bestimmten Person und deren Agenten gelang es, Geld für die Verfolgung von Ansprüchen auf die sogenannte Erbschaft des Sir Francis Drake zu sammeln. Wie das amerikanische Generalkonsulat in London mit-

teilt, trafen dort im Lauf der letzten fünfzig Jahre Tausende von Anfragen bezüglich dieser Erbschaft ein. Die Antwort lautete stets, daß von einem derartigen Vermögen nichts bekannt sei."

Aufmerksame Leser der *Times* erinnerten sich wohl an die ein paar Tage vor diesem Artikel veröffentlichte Notiz über die Deportation eines amerikanischen Staatsangehörigen, Oscar Merril Hartzell, aus Großbritannien. Er hatte in England als „Geschäftsmann" gelebt – wenn auch die Art seines Geschäfts etwas ungewöhnlich genannt werden muß.

Hartzell war zu Beginn der neunziger Jahre als Farmerssohn in Madison County, Iowa, zur Welt gekommen und verbrachte nach seiner Schulzeit einige Jahre mit Farmarbeit. Aber er war überzeugt davon, daß er vom Schicksal zu größeren Dingen ausersehen sei. Im Jahre 1913 ließ er sich in der Hauptstadt von Iowa, Des Moines, nieder und begann sich ein wenig umzusehen. Der aufgeweckte Zwanzigjährige mit den guten Manieren wurde in den höheren Gesellschaftskreisen der Stadt gern gesehen, obwohl man wußte, daß er nur einen kleinen Posten als kaufmännischer Angestellter hatte. Doch gerade der Umstand, daß er immer knapp bei Kasse war, schützte ihn davor, eines der Opfer einer gewissen Mrs. Sudie B. Whiteaker zu werden.

Im Licht seiner späteren Unternehmungen betrachtet, erscheint uns Oscar Merril Hartzell als einer der genialsten Vertrauensschwindler; der einzige Fleck auf seiner Ganoverehre ist der Umstand, daß er die Idee zu seinem Meisterstreich gestohlen hatte – eben von jener Mrs. Whiteaker, die sie ihrerseits den Annalen der Hochstapelei entnahm. Diese gut aussehende und tüchtige Witwe erschwindelte 65 000 Dollar durch den Verkauf von „Anteilen" an einer Erbschaft, die ihr angeblich zustand und deren Auszahlung sie gerichtlich durchsetzen wollte: der Hinterlassenschaft des Sir Francis Drake, Admirals der Königin Elisabeth I. von England.

Mehrere hundert sonst durchaus vernünftige Bürger des Staates Iowa fielen auf Sudies Märchen herein, aber als die versprochene Ausschüttung zu lange dauerte, gingen ein paar der mißtrauisch gewordenen Opfer zur Polizei, und die tüchtige Witwe wanderte ins Gefängnis.

Der junge Hartzell erlebte die Affäre Whiteaker aus nächster Nähe mit. Es schien ihm, daß die Schwindlerin – so gut auch die Grundidee war – ihr Projekt etwas dilettantisch durchgeführt habe. Immer wieder kehrten seine Gedanken zu jener Erbschaft des Admirals zurück, und im Jahre 1921 war er so weit, daß er glaubte, das gleiche Unternehmen erfolgreich starten zu können – aber nach weit gründlicherer Planung und Vorbereitung und in ungleich größerem Maßstab. Vor allem reiste er nach London und ließ sich dort nieder, denn von hier aus sollte die „Fernlenkung" der Aktion vorgenommen werden.

Aus den Handelsadreßbüchern des amerikanischen Mittelwestens suchte er sich seine Leute zusammen, denen er persönliche Briefe sandte – hauptsächlich Geschäftsleute und Angehörige der freien Berufe. Sie alle hatten etwas Gemeinsames: nämlich, daß sie Drake hießen oder mit Personen dieses Namens blutsverwandt waren. In den Briefen teilte er mit, daß er im Verlauf seiner historischen Nachforschungen als Geschichtswissenschaftler eine höchst erstaunliche Entdeckung gemacht habe – Sir Francis Drake habe einen unehelichen Sohn gehabt. Um einen öffentlichen Skandal zu vermeiden, habe man dieses Kind versteckt und später im Gefängnis gehalten; als jungen Mann habe man ihn dann endlich entlassen, nachdem er einen feierlichen Eid geschworen hatte, den Namen seines Vaters geheimzuhalten. Er habe dann geheiratet und Kinder gezeugt. Ein direkter Nachkomme dieses Sohnes des Admirals sei noch am Leben und somit der rechtliche Erbe des Drake'schen Vermögens, das inzwischen auf einen Wert von 22 Milliarden Dollar angewachsen sei. Er, Hartzell, wisse, wer dieser Erbe sei, der den Wunsch geäußert habe, sich die Hinterlassenschaft seiner Vorfahren bei den Gerichten zu erkämpfen. Dieser Prozeß, so fuhr Hartzells Brief fort, werde natürlich eine Menge Geld verschlingen, wenn auch nur einen lächerlichen Teil des gigantischen Vermögens, das am Ende der juristischen Aktion auf den Erben warte. Der Name des Erben dürfe vorläufig nicht enthüllt werden, da „die englischen Geheimgerichte" jedes Mittel anwenden würden, um ihn daran zu hindern, sein Recht durchzusetzen. Der Erbe habe jedoch Hartzell zu seinem Repräsentanten ernannt und ihn mit der Durchführung der Aktion beauftragt.

Beiträge zum „Kampffonds", schrieb Hartzell, würden im Verhältnis von 500 zu 1 zurückgezahlt werden. Drakes Erbe stipulierte nur die eine Bedingung, daß diese Beiträge ausschließlich von Personen namens Drake oder mit Drake-Blut in ihren Adern angenommen werden sollten. Die „Spender", wie Hartzell sie nannte, müßten zudem ein Dokument unterzeichnen, durch das sie sich zur „Verschwiegenheit und Nichtstörung (non-disturbance)" verpflichteten. Jeder Spender, der diese Verpflichtung ignoriere, werde seinen Beitrag einbüßen und jedes Anspruchs verlustig gehen.

England vor dem Bankrott?

Das Unternehmen war von Anfang an erfolgreicher, als es Hartzell zu hoffen gewagt hatte. Er wurde geradezu überschwemmt mit Angeboten von Beitragsleistungen für den „Kampffonds" – nicht nur von Personen, denen er geschrieben hatte, sondern auch von vielen anderen, die von der Sache lediglich gehört hatten (ein Bruch der Schweigepflicht, gegen den Hartzell nichts einzuwenden hatte!), und die hofften, als Spender zugelassen zu werden. Es war unmöglich, mit dieser Flut von Korrespondenz von London aus fertigzuwerden, und so entschloß sich Hartzell, im ganzen Mittelwesten Agenten zu ernennen, die Anfragen beantworten, Spender registrieren und Geld einkassieren sollten. Er wählte diese Agenten – insgesamt etwa 15 in 9 Staaten – aus den Reihen derer, die auf sein Rundschreiben geantwortet und selbst ihre Beiträge geleistet hatten. Zweifellos glaubten diese Leute aufrichtig an die Drake-Erbschaft. Aber weder Agenten noch einfache Spender dachten daran, sich zu fragen, wieso es nach mehr als drei Jahrhunderten nur einen einzigen legalen Erben unter all den vielen Nachkommen Drakes gäbe.

Über ein Dutzend Jahre lang führte Hartzell sein „Geschäft" von London aus, und in dieser ganzen Zeit sah ihn keines seiner Opfer mit eigenen Augen – die Soldaten an der Front bekommen ja ihren Feldherrn in seinem entfernten Hauptquartier auch nie zu sehen. Das eingehende Geld – selten weniger als 2500 Dollar in der Woche – wurde von den Agenten auf dem Weg über eine amerikanische Bank, die Filialen im Ausland hatte, nach London überwiesen. Natürlich durften die Agenten einen Prozentsatz des Geldes als „Spesenvergütung" einbehalten. Hartzell sandte ihnen regelmäßig detaillierte Bulletins über den Fortgang der Aktion, meistens per Kabel. Man braucht nicht zu betonen, daß diese Berichte völlig aus der Luft gegriffen waren, denn selbstverständlich wandte sich Hartzell niemals in Sachen der illusorischen Drake-Erbschaff an die britischen Behörden – er war froh, daß *sie* sich nicht an *ihn* wandten, um ihn als Ausländer zu fragen, was er eigentlich treibe. Abgesehen von der „Arbeit" des Bulletinschreibens und der Korrespondenz mit den Agenten war er Herr seiner Zeit, und er verbrachte sie so angenehm wie möglich. Allerdings achtete er darauf, keine Aufmerksamkeit durch auffälliges Geldausgeben zu erregen.

Nur einmal geriet er selbst in eine „Affäre", die eine gewisse Ähnlichkeit mit der legendären des Admirals Drake hatte. Er hatte ein Verhältnis mit einem Mädchen aus guter englischer Familie angefangen, und eines Tages merkte ihr Vater, daß sie schwanger war. Er suchte Hartzell in dessen luxuriöser Londoner Wohnung auf, schwang eine Reitpeitsche und verlangte Genugtuung. Eine Heirat mit dem Mädchen kam nicht in Frage, denn Hartzell hatte bereits eine Frau in Amerika, von der er sich nach kurzer Ehe getrennt hatte; sie weigerte sich jedoch, in eine Scheidung einzuwilligen. Eine Weile drohte Hartzell ein öffentlicher Skandal, den er angesichts des delikaten „Geschäfts", dem er nachging, nicht riskieren konnte – und was hätten wohl die „Erben" des Admirals in Amerika gesagt, wenn er wegen Bruch eines Eheversprechens vor dem Richter gestanden hätte? Sie durften nichts erfahren von seinem unmoralischen Verhalten und anrüchigen Privatleben.

Aber geschickt, wie Hartzell war, verstand er es, die Angelegenheit beizulegen – der Vater des Mädchens versprach, alles zu vergeben und zu vergessen als Gegenleistung für die „Erlaubnis", 1500 Dollar zum Kampffonds beizutragen, obwohl in seinen Adern kein Drake-Blut rollte ...

Das brachte Hartzell auf eine Idee. Er berichtete stolz seinen Agenten, daß es ihm endlich gelungen sei, Drakes Nachkommen und Erben zu erweichen – er habe nun seine Bedingung, daß nur Leute namens Drake oder mit Verwandten dieses Namens teilnehmen dürften, fallenlassen. Jetzt könne jeder, der wolle, zum Kampffonds beitragen! Hartzell stellte diese neue Entwicklung als großen Sieg dar, und nun hatten die Agenten alle Hände voll zu tun, das Geld in Empfang zu nehmen und weiterzuleiten.

Das Unternehmen nahm immer größeren Umfang an; es schien, als wolle der ganze amerikanische Mittelwesten teilhaben an den Milliarden des elisabethanischen Admirals. Häuser und Farmen wurden mit Hypotheken belastet, ja sogar verkauft, und Steuern blieben unbezahlt, so daß die Opfer

Hartzells recht viel in dieser Schimäre investieren konnten. Die Gläubigen, die sich an ihre Schweigepflicht hielten, wagten über den Fortgang der Angelegenheit nur im eigenen Kreis zu sprechen – auf Meetings, die von den Agenten einberufen wurden, und auf denen eine Atmosphäre herrschte wie bei einer religiösen Feier. Sogar Massenversammlungen von Spendern mit Tausenden von Teilnehmern fanden statt. Hartzells Bulletins wurden geradezu feierlich vorgelesen; er wußte die Lage immer so darzustellen, daß man den Eindruck gewann, der Enderfolg – oder zumindest ein Vergleich mit den britischen Stellen – sei schon zum Greifen nahe. Er kabelte zum Beispiel, daß ihm die britische Regierung gewisse Angebote gemacht hätte, die er aber zurückgewiesen habe, da die betreffende Summe lächerlich gering sei; oder er habe in irgendeiner Dorfkirche endlich die Geburtsurkunde des illegitimen Sohnes von Admiral Drake entdeckt – samt einer unmißverständlichen Andeutung; daß die Mutter des Knaben keine andere gewesen sei als Königin Elisabeth selbst! Dann wiederum hatte er die besonders erfreuliche Nachricht zu vermelden, daß sich nun herausgestellt habe, die Erbschaft sei wesentlich mehr wert, als er geschätzt hatte, nämlich 400 Milliarden Dollar! Der einzelne Spender werde daher einen erheblich höheren Gewinnsatz einstreichen können ...

Hartzells Einbildungskraft ließ ihn nie im Stich, und seine Jünger in Amerika schmückten die Drake-Fabel noch weiter mit Hilfe ihrer eigenen Phantasie aus: irgendein Artikel in einem Wirtschaftsblatt, irgendeine harmlose Nachricht in der Morgenzeitung, irgendeine neue politische oder finanzielle Entwicklung – alles wurde eifrig ausgelegt als jüngstes Anzeichen kommender Dinge in Sachen des Drake-Erbes. Als zum Beispiel einmal das Pfund Sterling gegenüber dem Dollar schwächer notierte, deuteten Agenten und Spender dies als Omen für Englands bevorstehenden Bankrott als Folge der von Hartzell nun endlich erzwungenen Auszahlung der Drake-Milliarden. Die verzweifelte Hartnäckigkeit der britischen Behörden, mit der sie versuchten, den Anspruch abzuweisen, war natürlich auf Englands Angst vor solch einem katastrophalen Aderlaß zurückzuführen. Auf diese Angst spielte Hartzell immer wieder in seinen gekabelten Bulletins an, denn irgendwie mußte er ja erklären, warum er nach all den Jahren noch nicht am Ziel angelangt war. Selbst die große amerikanische Wirtschaftskrise von 1929 hatte angeblich etwas mit dem Fall zu tun – Herbert Hoover versuche, England vor dem Untergang zu schützen, und lasse lieber Amerika selbst vor die Hunde gehen!

Merkwürdigerweise war der geniale Hochstapler, der insgesamt etwa 70 000 „Erben" an der Nase herumführte, selbst nicht immun gegen Leichtgläubigkeit. Denn lange Zeit hindurch stattete er, wie man später erfuhr, dreimal wöchentlich einer gewissen Miss St. John Montague Besuche in ihrem Heim in Kensington ab. Diese Dame war eine bekannte Wahrsagerin, die ihre Hellseherkünste mittels einer Kristallkugel betrieb. War Hartzell ein wenig nervös geworden aus Besorgnis, was ihm wohl bevorstehe? Miss Montague ließ sich hohe Honorare dafür zahlen, daß sie ihn beruhigte, er könne sein „Geschäft" noch eine ganze Weile wie bisher weiterbetreiben.

Aber schließlich muß er wohl eingesehen haben, daß die Sache nicht unbegrenzt weitergehen konnte. Es war ratsam, sich auf ein plötzliches Verschwinden – natürlich mit dem ganzen eingeheimsten Geld – vorzubereiten. Und so wurde er selbst zum Propheten und sagte seinen Anhängern im Sommer 1932 voraus: am 1. Juli 1933 werde der Drake-Anspruch endgültig anerkannt werden. Das war das Datum, das er sich selbst für den Schlußpunkt seines Schwindels gesetzt hatte. Aber es kam nicht dazu.

Hartzell hatte es vermieden, die Dienste der amerikanischen Post in Anspruch zu nehmen. Das hatte seinen guten Grund. Er schickte seine Telegramme durch die Privatgesellschaft, die den transatlantischen Kabelverkehr durchführte, und alle Gelder waren von der Bank an ihn überwiesen worden. Nur die „Verpflichtungen", die von den Spendern unterschrieben werden mußten, wurden mit Briefpost befördert. Hartzell war daher sicher, daß ihm die amerikanischen Gesetze, die sich auf den Mißbrauch der Post zu unlauteren Zwecken bezogen, nichts anhaben konnten. Im übrigen – woher sollten die Inspektoren der Post irgend etwas von dem ganzen Unternehmen wissen?

Aber sie wußten etwas davon, und zwar schon von Anfang an; nur fanden sie keinen Zeugen, der bereit war, ihnen über Hartzells Projekt Auskunft zu geben. Kein Spender wollte riskieren, wegen Bruchs seiner Schweigepflicht gegenüber Außenseitern von der Liste der „Erben" gestrichen zu werden und damit seinen Einsatz zu verlieren; untereinander sprachen die Opfer zwar ausgiebig über die Sache, aber einem Postinspektor gegenüber hielt man natürlich den Mund. So gab es über zehn Jahre lang weder Anzeigen gegen Hartzell noch Zeugenaussagen.

Erst 1932 hatten die amerikanischen Behörden genügend Beweismaterial zusammengetragen, um Anklage gegen einige seiner Agenten wegen Mißbrauch der Post zu unlauteren Zwecken zu erheben. Nun, da die Post auf dem Kriegspfad gegen Hartzell war, erfuhr auch das breite Publikum zum ersten Mal von der Drake-Erbschaft. Die Polizei ging in der Sache noch einen Schritt weiter und verlangte vom Außenministerium, daß es mit Hilfe der britischen Behörden die zwangsweise Rückkehr Hartzells in die Vereinigten Staaten durchsetzen sollte.

Hartzell verteidigte sich mit bewundernswertem Elan. Er forderte jeden seiner Spender auf, sofort an sein Kongreßmitglied, an den Generalstaatsanwalt und an den Präsidenten der Vereinigten Staaten zu schreiben und gesetzlichen Schutz für den Mann zu verlangen, der dem Vaterland so viele Milliarden Dollar verschaffen werde. Spender, die dieser Aufforderung nicht Folge leisteten, würden – so lautete Hartzells fürchterliche Drohung – aus der Liste gestrichen werden und aller Rechte verlustig gehen.

Diese Briefe – zumindest mehrere Tausende – wurden tatsächlich geschrieben, aber das Außenministerium war bereits entschlossen, sich jenen ungewöhnlichen Bürger der Vereinigten Staaten zu holen und näher anzusehen. Zu Beginn des Jahres 1933 gab England dieser verständlichen Bitte statt und wies Oscar Merril Hartzell aus. Wie üblich, brachte man den Ausgewiesenen an Bord eines Schiffes zur Fahrt in sein Heimatland.

Bei seiner Ankunft in New York wartete bereits die Kriminalpolizei auf ihn. Man steckte ihn ins Gefängnis in seinem Heimatstaat Iowa. Nun hatte man ihn; aber damit begannen erst die Probleme. Wie konnte man Anklage gegen einen Mann erheben, gegen den kein Zeuge aussagen wollte und von dem sich keiner geschädigt fühlte?

Hartzell hatte natürlich sein Geld in England gelassen, und so mußten seine Anhänger neue Anstrengungen machen, um eine wirksame Verteidigung zu ermöglichen. Aus dem Gefängnis ließ er sie wissen, daß seine Deportation der klarste Beweis für Englands Angst vor dem Sieg des Rechts sei – der letzte Versuch, der Gerechtigkeit in den Arm zu fallen. Aber der 1. Juli käme unaufhaltsam näher, und dann würde es keine Gnade für das schnöde Albion geben!

Er bekam nicht nur Geld genug für seine Verteidigung (das heißt zur Bezahlung der teuersten Anwälte des Landes), sondern darüber hinaus für alle Erleichterungen und Annehmlichkeiten, die das Gesetz einem Untersuchungsgefangenen gestattet. Aber die Staatsanwaltschaft war auch nicht müßig. Ein Fachmann wurde nach London geschickt, um im Public Record Office, wo die Staatsdokumente aufbewahrt werden, das Testament des Admirals Drake einzusehen. Das Dokument, abgefaßt in Englisch und Gerichtslatein, war in einem Punkt klar genug: Drake hatte keinen Nachkommen hinterlassen, weder ehelich noch unehelich, und was zu erben war, erbten seine Witwe und sein Bruder. Diese beiden wurden später zu Prozeßgegnern, aber nie war von irgendeinem Sprößling des Admirals die Rede.

Und doch hatte Hartzells Märchen derart festen Fuß gefaßt, daß es sogar in England Stimmen gab, die die Rechtmäßigkeit seiner Ausweisung bezweifelten. Im Mai 1933 wurde der Innenminister im Unterhaus aufgefordert, über seine Gründe für die Deportation Rechenschaft abzulegen und Bericht zu erstatten über die „Ergebnisse seiner Untersuchung des Hartzell'schen Anspruchs auf eine Hinterlassenschaft des Sir Francis Drake oder seiner Familie".

Die Antwort des Innenministers lautete: „Im vergangenen Februar entschloß ich mich, den Deportationsbefehl gegen Oscar Merril Hartzell zu erlassen, da er hier keiner normalen Beschäftigung nachging und vorgab, Verhandlungen zwecks Freigabe der sogenannten Drake-Erbschaft zu führen, so daß sein weiteres Verweilen in Großbritannien nicht im öffentlichen Interesse lag. Soweit der Regierung Seiner Majestät bekannt ist, existiert keine Hinterlassenschaft des Sir Francis Drake, über die noch nicht verfügt worden ist." Und in Klammern, wie üblich, fügte Hansard – der offizielle Parlamentsbericht – hinzu: „Gelächter".

Aber vielleicht war der Amerikaner in England doch einer „Beschäftigung" nachgegangen, abgesehen von seinem Unternehmen Drake? Bei der Gerichtsverhandlung gegen ihn wurde der Brief einer Dame aus England vorgelesen.

Er lautete: „Ich kenne Hartzell recht gut. Er hat mich um den Großteil meiner Juwelen beschwindelt. Das war kurz nachdem ihn der König bei einer Privatinvestitur zum Herzog von Buckland ernannt hatte ..."

Unerschütterlicher Glaube

Nahezu zwei Jahre – bis zum Januar 1935 – dauerte die Vorbereitung des Prozesses gegen Hartzell, und selbst dann fiel es der Staatsanwaltschaft nicht leicht, ihm und acht seiner Agenten, die mit ihm auf der Anklagebank saßen, eine verbrecherische Absicht nachzuweisen. Ganz ernsthaft diskutierten die Fachleute die Frage, ob es nicht zumindest theoretisch möglich sei, daß Sir Francis Drake einen unehelichen Sohn und eine noch nicht ausgeschüttete Erbschaft hinterlassen habe. Man ließ eigens aus London einen Staatsrechtler vor das Gericht in Iowa kommen, um über sein Sondergebiet, das englische Verjährungsgesetz, auszusagen: dieses Gesetz war vom Parlament in der Regierungszeit Jakobs I. erlassen worden und bestimmte die Frist, nach deren Ablauf bestimmte Ansprüche nicht mehr geltend gemacht werden können. Nach Ansicht dieses Spezialisten war das Verjährungsgesetz auch auf den Fall einer Drake-Hinterlassenschaft – falls es sie überhaupt gäbe – anwendbar, und das Vermögen – wenn es existierte – würde der Krone gehören und nicht Mr. Hartzells 70 000 Klienten.

Eine Anzahl von Spendern war unter Strafandrohung als Zeugen vorgeladen worden; sie mußten unter Eid aussagen, daß sie große Summen eingezahlt, aber nichts dafür erhalten hätten. Kaum hatten diese Zeugen ihre Aussagen beendet, da wurden sie von Hartzells Verteidigern zurückgerufen, um über seinen Charakter Auskunft zu geben. Obwohl keiner von ihnen Hartzell je zuvor gesehen hatte, erklärten sie ausnahmslos, sie seien begeistert von der Art und Weise, in der er ihre Interessen im Kampf um das Drake-Erbe vertreten habe. Ihr Glaube an die Sache blieb unerschüttert: der Mythos, den der Mann, der sie beschwindelte, in die Welt gesetzt hatte, erwies sich als stärker als die nüchterne Wahrheit, daß sie ihr Geld unwiederbringlich verloren hatten.

Nicht die Opfer waren es, die es der Justiz ermöglichten, Hartzell der verdienten Strafe zuzuführen – sondern die amerikanische Post. Daß die von den Spendern unterschriebenen „Verpflichtungen" als Briefe an die Agenten gesandt wurden, ermöglichte seine Verurteilung: er hatte „veranlaßt, daß postalische Sendungen zu betrügerischen Zwecken befördert" wurden. Das war alles, was man ihm zur Last legen konnte; aber es genügte für die Verhängung einer Höchststrafe von zehn Jahren Gefängnis. Die angeklagten Agenten kamen mit kürzeren Freiheitsstrafen davon.

Aber noch während des Prozesses und lange danach erhielten die in Freiheit befindlichen Agenten Hartzells neue Einzahlungen für den Kampffonds in Sachen der Drake-Erbschaft! Über ein Jahr nach Hartzells Deportation wurden wiederum im britischen Unterhaus Fragen gestellt: war der Innenminister informiert worden, daß Anmeldungen für die sogenannte Drake-Aktion noch immer vorgenommen wurden, und welche Schritte werde er unternehmen, um die Öffentlichkeit vor solchen Schwindelprojekten zu schützen? Über eine halbe Million Pfund sei auf diese Weise ergaunert worden. Der Innenminister versprach, jeder neuen Information in dieser Angelegenheit nachzugehen.

Die erwähnte „kleine Anfrage" im britischen Unterhaus deutet darauf hin, daß Hartzell sich auch in England des Vertrauens zahlreicher „Erben" des Admirals erfreute. Sicher ist jedenfalls, daß trotz seiner Bloßstellung vor Gericht, trotz seiner Verurteilung als Hochstapler die Dummen nicht alle wurden. Ein Vierteljahr nach der Urteilsverkündung meldete ein Mann der Polizei in Chicago, seine alte Mutter habe gerade ihre gesamten Ersparnisse – 3500 Dollar – dem Drake-Fonds überwiesen. Ein Polizeiinspektor ging der Sache nach und entdeckte, daß einige der Agenten Hartzells noch immer ihr Geschäft weiterführten; nur waren sie jetzt vorsichtiger geworden und machten überhaupt keinen Gebrauch von den Diensten der Postbehörde – die „Verpflichtung" fand nur mündlich statt, und das Geld mußte persönlich oder durch Boten überbracht werden.

Hartzells Märchen wollte nicht sterben, obwohl er selbst nun hinter Gittern saß; es belebte sich sogar neu durch ein Gerücht, das sich schnell im Mittelwesten verbreitete: daß einer der großen Rundfunksender die unmittelbar bevorstehende Anerkennung des Drake-Anspruchs gemeldet habe. Der Sender wurde mit Anfragen überschüttet und mußte ein Rundschreiben verschicken, das dieses Gerücht energisch dementierte. In den Südstaaten zirkulierte ein anderes: in den Docks von Galveston sei ein Schiff mit der ersten Ladung Gold aus England eingetroffen. Ein Postinspektor holte eine Anzahl von Spendern aus Galveston zusammen, führte sie zu den Docks und zeigte ihnen, daß sich im Schiffsraum nur Ölrohre befanden, aber kein Gold. Die unverbesserlichen Wundergläubigen zuckten nur die Achseln – das Ganze war natürlich nur ein Trick der Regierung, und das Gold war bei Nacht und Nebel ausgeladen worden ... Aber bald werde die Wahrheit ans Licht kommen, die gehässigen Postinspektoren und Regierungsbeamten und Richter würden eingesperrt, Hartzell aber im Triumph befreit werden. Unter vielen seiner Anhänger hielt sich hartnäckig der Glaube, er sei gar nicht im Gefängnis, sondern in einem geheimen Versteck, sicher vor den gedungenen Mördern der britischen Regierung, die ihn aus der Welt schaffen wollten, um England vor dem Ruin zu retten.

Anderthalb Jahre, nachdem Hartzell seine Strafe angetreten hatte, durchsuchte die Polizei das Haus seines Hauptagenten in Chicago. Sie entdeckte, daß innerhalb dieser 18 Monate etwa 350 000 Dollar eingezahlt worden waren, und daß noch immer Beiträge zum Kampffonds einliefen – bis zu 750 Dollar täglich.

Oscar Merril Hartzell saß drei viertel seiner Strafzeit ab. Was er später anfing, wo und wie er lebte, das hat sich nie feststellen lassen; er war erst 50 Jahre alt, als er wieder zum freien Mann wurde, und er hatte, was man wohl „geschäftliche Erfahrung" nennen könnte – sowie zweifellos ein ansehnliches Vermögen, das auf irgendeinem Bankkonto auf ihn gewartet haben dürfte. Mag sein, daß er seinen Namen änderte und von nun an ein makelloses Leben als gesetzestreuer Bürger führte. Vielleicht lebt er noch heute. Aber die Geschichte von den Erben des Admirals ist nicht nur die eines brillanten Hochstaplers; ihr eigentlicher „Held" ist das Gespenst der Leichtgläubigkeit und Geldgier der Menschen, ein Gespenst, das weder Vernunft noch Realität aus den Hirnen zu bannen vermag.

11 „PST! – ADELSTITEL GEFÄLLIG?"

John Maundy Gregory

Fünf Minuten vor dem Polizeirichter

Oberinspektor Arthur Askew von Scotland Yard hatte noch nie den Namen Arthur John Peter Michael Maundy Gregory gehört, als er eines Tages im Februar 1933 von seiner Dienststelle den Auftrag erhielt, sich vom Polizeigericht Bow Street eine Vorladung dieses Mannes ausstellen zu lassen; es handelte sich um den Verdacht einer Übertretung des Gesetzes „gegen den Mißbrauch von Titeln (1925)". Auch von diesem obskuren Gesetz hatte der Oberinspektor noch nichts gehört – jedenfalls war es ihm in seiner kriminalistischen Praxis noch nicht untergekommen.

Er erhielt die Vorladung und begab sich damit zur angegebenen Adresse – Hyde Park Terrace Nr. 10 –, um sie Mr. Gregory auszuhändigen. Ein hochnäsiger Butler öffnete ihm. Nein, der Herr sei nicht zu Hause, und es sei unmöglich, vorauszusagen, wann er heimkommen werde. Mr. Gregory sei ein höchst beschäftigter Mann, der keine feste Tageseinteilung habe, fügte der Butler hinzu.

Mr. Gregory war auch nicht zu Hause (zumindest nicht für unwillkommene Besucher), als der Inspektor, unter Begleitung eines stämmigen Polizeisergeanten, am nächsten Morgen nochmals mit der Vorladung kam. Die beiden Beamten teilten jedoch dem Butler mit, sie würden so lange warten, bis Mr. Gregory zu sprechen sei, und machten es sich in der luxuriös ausgestatteten Diele bequem.

Nach etwa einer Stunde erschien der Herr des Hauses. Er war ein gepflegt aussehender Herr Mitte der Fünfzig, dessen lächelndes, rundes Gesicht eine Atmosphäre von

Wohlleben ausstrahlte. Das Haar über der massigen Stirn befand sich auf dem Rückzug. Die Backen waren rosig. Er hatte eine leicht gekrümmte Nase, einen energischen Mund und kalte Augen – wie die eines Mannes, der gewohnt war zu befehlen – hinter einem randlosen Kneifer. Er war etwas beleibt, aber äußerst sorgfältig gekleidet: Gehrock, gestreifte Hosen, Stehkragen mit schwarzseidenem Plastron, in dem eine goldene Nadel mit einem Brillanten steckte.

„Ich bitte vielmals um Entschuldigung, Herr Oberinspektor, daß ich Sie warten ließ", sagte er mit seiner sonoren, angenehmen Stimme. „Was kann ich für Sie tun?"

Der Kriminalbeamte überreichte ihm die Vorladung. Gregory überflog sie, ohne eine Miene zu verziehen. „Und wenn ich mich weigere, in Bow Street zu erscheinen?" fragte er lächelnd.

„Dann müßte ich mit einem Haftbefehl wiederkommen, Sir."

Gregorys Lächeln wurde noch breiter: „Dann komme ich also wohl lieber aus freien Stücken, nicht wahr?" meinte er mit der Selbstsicherheit eines Mannes, der von so einer Lappalie nicht das geringste zu befürchten hat.

Gregory zeigte die gleiche ruhige Haltung, als er vor dem Polizeirichter in Bow Street stand. Keiner der Anwesenden im Gerichtssaal wäre auf den Gedanken gekommen, daß in dieser Stunde die imposante Laufbahn des Mr. Gregory ihr Ende erreicht hatte. Er lächelte sogar noch, als er sah, daß die Anklagebehörde ihren höchsten Beamten in diesen kleinen Verhandlungssaal entsandt hatte: Sir Thomas Inskip, den Generalstaatsanwalt, der nur in den seltensten Fällen auf einem simplen Polizeigericht zu sehen war.

Ein wenig erblaßte Gregory allerdings, als Sir Thomas den unmittelbaren Anlaß darlegte, der den Angeklagten vor Gericht gebracht hatte. Ein pensionierter Marineoffizier, Lieutenant-Commander Edward Whaney Billyard Leake, hatte den Besuch eines gewissen Mr. Moffatt „in einer Privatangelegenheit höchst vertraulicher Art" erhalten. Dieser Moffatt erklärte dem Offizier, daß er nur ein Mittelsmann sei und von einer „einflußreichen Persönlichkeit", nämlich Mr. John Maundy Gregory, der „gewisse Dinge erledigen" könne, geschickt worden sei. Moffatt schlug ein Treffen zwischen diesem Herrn und Leake vor.

Man traf sich im Carlton Hotel bei einem ausgiebigen Lunch, und die „vertrauliche Privatangelegenheit" erwies sich als das Angebot einer „Knighthood" – der Erhebung in den Ritterstand mit dem Recht, sich „Sir" zu nennen – gegen Zahlung einer Summe von 10 000 Pfund, damals 120 000 Mark. Was Gregory nicht wußte, war der bedauerliche Umstand, daß der pensionierte Offizier keineswegs in der Lage gewesen wäre, diese Summe aufzubringen (die laut Gregory „gewisse Türen öffnen" würde), selbst wenn er noch so gern Sir Edward geworden wäre. Trotzdem lehnte Leake nicht von vornherein ab; er wollte gern wissen, wie so etwas gemacht wurde, und ließ sich Einzelheiten erläutern.

Gregory, der sich als Herausgeber der *Whitehall Gazette* vorgestellt hatte, deutete an, daß man in gewissen Kreisen – darunter den „höchsten im Land" – den Lieutenant-Commander als außerordentlich verdienten Mann betrachte, der eines Adelstitels würdig sei. Er, Gregory, könne die Sache „arrangieren" ...

Leake glaubte ihm kein Wort. Er begab sich vielmehr nach Scotland Yard. Gregory war an den Falschen geraten.

Der Generalstaatsanwalt faßte diesen Sachverhalt in wenige Sätze zusammen und endete mit der Erklärung, daß die Anklage gegen Gregory auf dem Gesetz von 1925 beruhe, das die Forderung und Aushändigung von Geld für Bemühungen, jemanden einen Adelstitel zu verschaffen, zum strafbaren Vergehen machte.

Gregory beantwortete die Frage des Polizeirichters, ob er sich schuldig bekenne, mit nein. Sein Anwalt, Norman Birkett – später Lord Birkett – beantragte eine Vertagung des Falles, weil er noch nicht genügend Zeit gehabt hatte, die Akten zu studieren. Der Richter war einverstanden. Die ganze Verhandlung hatte nur etwa fünf Minuten gedauert.

Ein paar Tage später wurde der Fall wiederaufgenommen. Die Verhandlung begann mit der überraschenden Erklärung des Verteidigers Birkett, sein Mandant habe nach reiflicher Überlegung den Entschluß gefaßt, sich schuldig zu bekennen.

Was hatte Maundy Gregory dazu veranlaßt? Der Versuch, Adelstitel zu „verkaufen", wurde nicht als schwere Straftat betrachtet; das Gesetz sah eine Höchststrafe von drei Monaten Gefängnis und 50 Pfund vor. Wenn Gregory bereits vor dem Polizeigericht abgeurteilt wurde, so konnte Gregory auf eine milde Strafe rechnen, da er ansonsten unbescholten war. Bestand er aber auf seinem „nicht schuldig", so würde der Staatsanwalt sich gezwungen sehen, eine Menge Beweismaterial heranzuschaffen, Zeugen vorzuladen und vielleicht weitere für Gregory belastende Fälle aufzuwühlen, so daß der Polizeirichter keine andere Wahl hatte, als Gregory vor das Geschworenengericht im Old Bailey zu schicken. Dort würde die Sache dann in aller Ausführlichkeit verhandelt werden – was für ein Fressen für Fleet Street! –, und am Ende würde die Strafe schwerer ausfallen, wenn es dem Staatsanwalt gelänge, die Schuld Gregorys in weiteren Fällen nachzuweisen.

Aber es gab noch andere Gründe, warum sein Verteidiger ihm riet, sich schuldig zu bekennen. Tatsächlich hatte Gregory in den Tagen zwischen seinem ersten und zweiten Erscheinen in Bow Street unter stärkstem Druck gestanden. Oberinspektor Askew sagte als Zeuge aus, Scotland Yard habe bereits ein umfangreiches Aktenbündel mit Aussagen von Leuten, denen Gregory Adelstitel gegen Zahlung versprochen hatte, gesammelt, und die Polizei wußte von einer Reihe von Fällen, in denen Zahlung tatsächlich erfolgt war. Diese Kreise hatten das größte Interesse daran, daß sich Gregory so schnell und unauffällig wie möglich aburteilen ließ und von der Bildfläche verschwand.

Der Richter sah keinen Anlaß, dem Antrag des Verteidigers zu entsprechen und es bei einer Geldstrafe bewenden zu lassen. Er verurteilte Gregory zu zwei Monaten Gefängnis, fünfzig Pfund Geldstrafe und den Gerichtskosten.

Wie viele Persönlichkeiten mögen wohl erleichtert aufgeatmet haben, als die Verhandlung zu Ende ging, ohne daß weitere Namen der „Kunden" Gregorys gefallen waren?

Der Angeklagte verriet nichts über seine Gefühle, als der Richter das Urteil verkündete. Er machte schnell kehrt und stieg die Stufen hinab zur Zelle des Polizeigerichts. Bald darauf schloß sich hinter ihm die Tür des Gefangenenautos, das ihn zur Strafanstalt Wormwood Scrubs brachte.

Schauspieler, Impresario, Privatdetektiv

Fünf Vornamen sind ein bißchen viel; einen Menschen, der als einfacher, anspruchsloser Bürger durchs Leben wandern möchte, kann solch eine Überfülle an Initialen in Verlegenheit setzen. Aber für Arthur John Peter Michael Maundy Gregory waren sie ein fünffacher Ansporn, etwas Besonderes zu leisten. Warum der Reverend Francis Maundy Gregory, Pfarrer der St.-Michaels-Kirche in Southampton, seinen Sohn im Juli 1877 dieser Tauforgie unterzog, ist nicht bekannt; hätte er geahnt, wie sich die Sache psychologisch auf seinen Sprößling auswirken würde, so hätte er sich wohl eines Besseren besonnen.

Mrs. Gregory, die Gattin des Pfarrers, war eine entfernte Kusine von Lord Lyveden, der damals unter dem Namen Percy Vernon als Schauspieler gut bekannt war. Diese beiden Welten – die des Adels und die der Bühne – dürften auf den jungen John Maundy beträchtliche Anziehungskraft ausgeübt haben; welch ein Gegensatz zu dem bescheidenen, ja kärglichen Haushalt des Pfarrers! John Maundy besuchte das Gymnasium und durfte nach dem Abitur 1895 nach Oxford übersiedeln. Aber noch vor Abschluß seiner Studien mußte er vier Jahre später nach Southampton zurückkehren, da sein Vater plötzlich gestorben war und die Familie sich den Luxus seines Oxforder Studentenlebens nicht mehr leisten konnte. In aller Eile mußte er sich nach einer Stellung umsehen.

Er fand einen Posten als Hilfslehrer an einer Privatschule in der Nähe von Winchester. Seine Schüler bildeten das erste Publikum, an dem er seine unbestreitbaren schauspielerischen Talente ausprobieren konnte. Wenn ein Junge etwa eine Frage stellte, die der Lehrer selbst nicht beantworten konnte, so setzte er eine ungehaltene Miene auf und rief: „Na hör' mal, soll ich vielleicht meine Zeit mit derart dummen Fragen vergeuden? Du weißt die Antwort doch genauso gut wie ich!" – und das war die reine Wahrheit.

Sein Lehrergehalt war winzig, und er borgte sich immer wieder Geld von Freunden aus. Aber das war eine entwürdigende Situation, und um ein paar Shillinge extra zu verdienen, ließ er sich als Salonkomiker für Privat- und Kindergesellschaften engagieren. Er hatte Erfolg, und dies bestärkte den jungen Mann in der Überzeugung, daß er zum Schauspieler geboren sei. Er gab seinen Lehrerberuf auf und fand auf kurze Zeit einen Posten als Manager eines Theaters in Southampton. Schließlich setzte er frech eine kleine Anzeige in das Bühnenjournal *The Era:*

> *Mr. J. Maundy Gregory*
> frei für Charakter- und
> Komikerrollen, Bühnen-
> und Tournee-Management

Darunter stand seine Londoner Adresse, denn er war im Januar 1902 in die Hauptstadt umgezogen. Hier gab es Dutzende von Theatern, die alle gut zu gehen schienen, und zahllose Agenten und Impresarios, die Ensembles für Provinztourneen zusammenstellen.

Und die Provinz war es auch, die Gregory Gelegenheit bot, sein Talent unter Beweis zu stellen.

Etwa ein Jahr lang spielte er auf Tournee kleine Rollen. Er machte seine Sache gut, und doch war er enttäuscht. Er hatte davon geträumt, seinen Namen in Riesenbuchstaben, von Scheinwerfern bestrahlt, am Piccadilly Circus zu sehen, und mußte erfahren, wie lang und schwer der Weg nach oben war in der Welt des Theaters. So entschied er sich dafür, einen Abstecher zum Erfolg zu versuchen – als Impresario. Er etablierte sich als Agent für Schauspieler und arrangierte Tourneen. Ein paar Jahre später war er bereits Theatermanager im Londoner Westend; eines der von ihm gepachteten Theater war das Waldorf, und hier lernte er die Frau kennen, die während der nächsten 25 Jahre in seinem Leben eine Hauptrolle spielen sollte.

Es war im Jahre 1907, als Gregory die Bekanntschaft des Komponisten Frederick Rosse machte, der die Bühnenmusik zu einer neuen Inszenierung im Waldorf beigesteuert hatte. Rosse hatte soeben die bekannte und beliebte Schauspielerin Vivienne Pierpont geheiratet, eine ungewöhnlich schöne Frau. Bald sah man die drei überall zusammen, und in Theaterkreisen nannte man sie „die Unzertrennlichen". Zwei Jahre erzielten sie gemeinsam eine Reihe von Erfolgen.

Aber 1909 traf Gregory eine Katastrophe. Er hatte im Waldorf seine bisher kostspieligste Show inszeniert, ein Musical mit einem Dutzend Haupt- und Charakterrollen und sechzig Sängern und Tänzern; Frederick Rosse hatte die musikalische Leitung. Die Premiere wurde zum Riesenerfolg, und es schien, als könne Gregory innerhalb einer Laufzeit von mehreren Monaten seine Kosten einspielen und darüber hinaus ein schönes Stück Geld verdienen. Aber dann gab es Besetzungsschwierigkeiten, und als schließlich der Hauptdarsteller wegen anderweitiger Verpflichtungen ausfiel und kein zugkräftiger Ersatz gefunden werden konnte, mußte die Laufzeit enden, ehe Gregory sein investiertes Geld zurückbekommen hatte.

Das war ein schwerer Schlag für sein Impresario-Unternehmen. Er zahlte die Schauspieler, Musiker, Sänger und Tänzer aus; was ihm blieb, war ein Berg von Schulden. Er mußte seine elegante Wohnung am Marble Arch aufgeben; seine Freunde, die Rosses, boten ihm an, er könne bei ihnen wohnen, und er akzeptierte dankbar.

Was ihn bewog, die neue Laufbahn einzuschlagen, die er nach seinem Rückzug aus der Theaterwelt begann, ist schwer zu sagen; jedenfalls sprach er nie darüber zu seinen Freunden. Er gründete eine Agentur für die Vermittlung von Privatdetektiven, vor allem an große Hotels, die eine diskrete Überwachung ihrer internationalen Gäste für ratsam hielten. Zweifellos war auch Gregory selbst gelegentlich als Detektiv tätig. Bei Kriegsausbruch 1914 war seine Agentur noch in vollem Betrieb, aber er bot seine Dienste nun der Regierung an: er habe eine Menge Erfahrung bei der Beobachtung verdächtiger Ausländer gesammelt und mehrere Spitzel und Spione entlarvt. Wenn man ihm glauben darf, so erhielt er daraufhin einen Posten bei M. I. 5, der britischen Spionageabwehr. „Das war meine erste Bekanntschaft mit Whitehall", pflegte er später zu sagen.

Lloyd Georges Titelskandal

Was Maundy Gregory wirklich in den ersten drei Kriegsjahren trieb, hat sich nie feststellen lassen. Was er selbst darüber erzählte, dürfte zumindest etwas übertrieben sein: daß er der Chef einer ganzen Abteilung des Geheimdienstes mit Tausenden von Agenten gewesen sei, mit Verbindungen zu den höchsten Kreisen in England, den alliierten und neutralen Ländern – ja daß er es fertiggebracht habe, seine Leute an wichtigsten Stellen Deutschlands und Österreich-Ungarns zu placieren. Gregorys Story wirkt besonders unwahrscheinlich angesichts des Umstands, daß man diesen einflußreichen und unabkömmlichen Mann 1917 einberief und ihn als „Gemeinen" erst bei der Reserve des „Household Battalion" und dann im Depot des irischen Garderegiments in Caterham, südlich von London, dienen ließ; dort verbrachte er die letzten zehn Kriegsmonate. Wahrscheinlich hatte er nichts weiter getan, als seine Detektivarbeit in den Hotels fortzuführen und den Behörden gelegentlich Informationen über verdächtige Typen zukommen zu lassen. Für seine eigene künftige Laufbahn war es jedoch von größter Wichtigkeit, daß er bei dieser Arbeit eine Reihe von Fürsten und Prinzen im Exil kennenlernte, die während der Kriegszeit in England lebten.

Ein paar Monate nach dem Waffenstillstand wurde Gregory aus dem Heeresdienst entlassen. Er war nun ein Mann Anfang der Vierzig. Was sollte er beginnen? Etwas Geld hatte er sich aus seiner Detektivarbeit erspart, aber er spürte wenig Neigung, dieses Geschäft wiederaufzubauen. Ein Mann wie er war zu Größerem bestimmt. Am Theater hatte er sich die Finger verbrannt; aber nach wie vor war er eng befreundet mit Frederick Rosse und dessen Frau.

Kein anderer als Lloyd George war es, der ihm das Stichwort für seine neue Rolle lieferte. Während seiner Zeit als Premierminister von 1916 an hatte der große Waliser die häßliche Tradition eingeführt, Adelstitel zu „verkaufen", um Geld für seinen politischen Fonds zusammenzutragen. Der Premierminister Großbritanniens hat nämlich das Privileg, dem Herrscher mindestens zweimal jährlich Listen von Personen vorzulegen, die wegen ihrer Verdienste in den Ritterstand erhoben, zu Lords ernannt oder mit allerhand Orden ausgezeichnet werden sollen. Lloyd Georges Biograph, Kenneth O. Morgan, schreibt darüber:

„Der schamlose Verkauf von Titeln – die finanzielle Basis des ‚Lloyd-George-Fonds' – schien Englands öffentliches Leben mitten in die Korruption der schlechten alten Zeit zu Beginn des 19. Jahrhunderts zurückzuführen. Für Lloyd George war der Gedanke nichts Ungewöhnliches: ein Jahrhundert lang hatte sich der Nonkonformismus in Wales (d. h. die religiöse Unabhängigkeit von der anglikanischen Kirche) mit Hilfe reicher Emporkömmlinge am Leben erhalten ... Wenige Waliser kritisierten Lloyd Georges Titelverkauf: sie verachteten ohnedies alle englischen Titel. Leider war England nicht Wales, und in England machte man dem Premierminister den Vorwurf, daß er das Niveau des öffentlichen Lebens dadurch gesenkt habe."

Obwohl die „Verdienste", die eines Titels oder Ordens wert waren, je nach persönlicher Auffassung der jeweiligen Premiers und Minister beliebig ausgelegt wurden, so war doch der Verkauf dieser Ehrungen zugunsten eines parteipolitischen Fonds etwas Neues. Was zum Beispiel Winston Churchill davon hielt, geht aus einem Brief hervor, den sein Sekretär im Jahre 1918, als Churchill Munitionsminister war, an Lloyd Georges Sekretär schrieb: „Mr. Churchill möchte Sie wissen lassen, daß er am vergangenen Samstag zu seiner größten Überraschung von einem Bekannten – der es hätte besser wissen müssen! – die Anfrage erhielt, ob er einem gewissen Mr. X. gegen Zahlung von 5000 Pfund den Baronstitel verschaffen könne. Natürlich wurde dieser Mittelsmann hinausgeworfen – und Mr. Churchill meint, man solle diesen Vorfall im Gedächtnis behalten, falls je wieder der Gedanke auftauchen sollte, Mr. X. irgendwie auszuzeichnen ..."

Aber Lloyd George dachte ganz anders über diese Dinge,

was man ihm allgemein sehr übelnahm. In seinem Buch „Der Abstieg und Sturz Lloyd Georges" schrieb Lord Beaverbrook: „Zweifellos fügte der Verkauf von Titeln zugunsten seines politischen Fonds dem Prestige Lloyd Georges schweren Schaden zu und reduzierte sein Ansehen im Parlament und in den Wahlkreisen." Die Sache wuchs sich 1922 zu einem Riesenskandal aus, als sich herausstellte, daß Lloyd George für die Verleihung von insgesamt über 400 Lord- und Rittertiteln verantwortlich gewesen war, größtenteils gegen Bezahlung.

Aber im Jahre 1919, als Maundy Gregory sich überlegte, welche Laufbahn er nun einschlagen sollte, wußte man in der breiten Öffentlichkeit noch wenig über diese Praxis; nur gelegentlich hatte es eine „kleine Anfrage" darüber im Unterhaus gegeben. In jenen Kreisen, wo potentielle Spender für Lloyd Georges politischen Fonds zu finden waren, wußte man allerdings ganz gut Bescheid; und man wußte auch, daß es diskrete Agenten gab, die sich mit diesen delikaten Angelegenheiten befaßten. Und so kam Gregory auf den Gedanken, sich selber zu solch einem Agenten zu ernennen!

An Interessenten war ja wohl kein Mangel; und Gregory mit seiner überlegenen Art, seiner Überredungskunst und – last not least – seiner Erfahrung auf dem Gebiet theatralischer Effekte war der ideale Verkäufer dieser begehrten Ware.

Sein erster Schritt war die Einrichtung eines Büros in Parliament Street, einen Katzensprung entfernt vom Unterhaus und gerade gegenüber dem Eingang zur Downing Street, wo im Haus Nr. 10 der Premierminister seine Amtswohnung hat. Die Idee, gerade hier ein Büro zu mieten, stammte wahrscheinlich aus dem Kopf der Mrs. Rosse, mit der Gregory nun enger befreundet war als je zuvor.

Nach den Berichten von Besuchern dieses Büros können wir uns ein Bild von Gregorys Inszenierungskunst machen. Ein Empfangsdiener – in einer Uniform, die der seiner Kollegen in den Ministerien verdammt ähnlich sah – führte den Ankömmling in einen Vorraum, dessen viktorianische bunte Fensterscheiben dazu beitrugen, eine Atmosphäre geheimnisvoller Erwartung zu schaffen. Hier wurde der Besucher von zwei höflichen, aber unnahbaren Sekretärinnen empfangen, deren eigentliche Aufgabe es war, dem Chef im Nebenzimmer durch ein Signalsystem von farbigen Lämpchen mitzuteilen, welcher Art die Person war, die ihn zu sprechen wünschte.

Dieses Nebenzimmer, Gregorys Allerheiligstes, war höchst luxuriös und kostspielig ausgestattet. Es war mit dicken Teppichen belegt, holzgetäfelt und schummrig beleuchtet. Beim Eintritt sah man Mr. Gregory auf einem großen, mit rotem Leder gepolsterten Stuhl mit hoher Rückenlehne in der entferntesten Ecke des Raumes thronen; vor ihm stand ein riesiger Schreibtisch voller Telefonapparate und gerahmter, signierter Porträtfotos hoher und höchster Herrschaften. Gregory konnte ebenfalls mit seinen Sekretärinnen durch farbige Lichtsignale und elektrische Summer kommunizieren, und weitere bunte Lämpchen waren am Fensterrahmen angebracht: man konnte sie von einer bestimmten Ecke des Parliament Square aus beobachten, und die Signale dienten der Verbindung mit Spießgesellen, die nicht im Büro gesehen werden sollten.

Gregorys Raum hatte mindestens eine Geheimtür – vielleicht sogar zwei –, so daß verschämte Besucher direkt über die Hintertreppe kommen oder gehen konnten. Auch Gregory selbst benützte diesen Weg; unten auf der Straße wartete bereits ein altmodisches Taxi auf ihn, dessen Karosserie ein bräunliches imitiertes Korbmuster hatte. Er zahlte dem Fahrer ein Gehalt wie einem Privatschofför. Seinen Freunden erklärte Gregory diese seltsame Marotte mit der Begründung, daß er überall unerwünschte Aufmerksamkeit erregen würde, wenn er in einem Daimler oder Rolls angefahren käme, während keiner auf ein altes Taxi achte. In Wirklichkeit war es eine gute Methode, ohne teuren Privatwagen auszukommen – und ein wirksames Mittel, die streng vertrauliche Art seiner Tätigkeit zu betonen.

Ein Mann von solchem Stand mußte natürlich kultivierte und erlesene Steckenpferde haben. Gregory sammelte Kunstgegenstände und versuchte sich als Kenner auszugeben. Sein Geschmack verriet allerdings, daß es damit nicht weit her war. Er sammelte zahllose Figurinen und Plastiken des schönen griechischen Gottes Narziß, der erotische Befriedigung darin fand, sein eigenes Spiegelbild zu betrachten. Gregory gab sich gern als Bibliophilen aus; er zahlte absurd hohe Preise für Erstausgaben, sammelte aber auch unwichtige Bücher nur wegen ihrer schönen Einbände. Was seinen literarischen Geschmack betraf, so waren seine Lieblingsautoren T. E. Lawrence – „Lawrence von Arabien" – und einige obskure Romanschriftsteller mit leicht homosexuellem Einschlag.

Noch viel eindrucksvoller als seine Sammlung von Plastiken und Erstausgaben war der riesige Stammbaum, der in Gregorys Privatbüro hing. Er hatte sich dieses 1,20 Meter lange Dokument vom „College of Heralds", Englands genealogischen Fachleuten, herstellen lassen. Darauf wurden Gregorys Vorfahren bis ins 14. Jahrhundert zurück verfolgt. Es ist natürlich ergiebiger, wenn man sich bei solch einer genealogischen Arbeit nicht auf die direkten Vorfahren beschränkt, sondern in jeder Generation entweder männliche oder weibliche Zweige verfolgt, je nachdem, wo interessante Vorfahren zu finden sind. Auf diese Weise brachte Gregory es fertig, durch seinen Stammbaum nachzuweisen, daß in seinen Adern das Blut von nicht weniger als acht englischen Königen floß – ganz zu schweigen von dem zahlloser Prinzen, Herzöge und Grafen. Sogar der Geist Wilhelms des Eroberers schien irgendwo in der nebligen Vergangenheit dieser erstaunlichen Familie herumzuspuken . . .

Neben dem Stammbaum hing ein Wappen, das Gregory auf Grund der genealogischen Enthüllungen vom „College of Heralds" hatte ausarbeiten lassen. Es zeigte mehr und eindrucksvollere heraldische Symbole als das irgendeiner hocharistokratischen britischen Familie – mit Ausnahme der Windsors.

Prominente Gäste im Ambassador Club

Das Heim, das Gregory mehrere Jahre lang mit dem Ehepaar Rosse teilte, war nicht annähernd so imposant wie sein Büro. Es war ein ziemlich häßliches Haus namens Abbey Lodge in dem ruhigen Wohnviertel St. John's Wood. Heute ist Abbey Lodge – mit einer später errichteten rückwärtigen Halle – das Aufnahmestudio einer großen internationalen Schallplattengesellschaft.

Vivienne Pierpont hatte inzwischen ihre Bühnenlaufbahn aufgegeben und führte nun ihren bürgerlichen Namen, Edith Marion Rosse. Aber zu Weihnachten 1923 trennte sich das Ehepaar. Frederick Rosse verließ Abbey Lodge, um nie wiederzukehren (Freunde des Paares behaupteten sogar, er habe sie nie wiedergesehen). Uneingeweihte mochten den Eindruck gewonnen haben, daß Maundy Gregory und Edith – die mit Fünfzig noch eine recht attraktive Frau war – ein Verhältnis hatten; aber das scheint nicht der Fall gewesen zu sein. Gregory zeigte nie irgendwelches sexuelles Interesse an Frauen, und warum Frederick Rosse seine Lebensgefährtin verließ, hat sich nie feststellen lassen. Tatsache ist jedoch, daß Gregory und Mrs. Rosse weiter beisammenwohnten, bis der Tod sie 1932 trennte. Nach außen hin schienen die beiden „Lebensgefährten" zu sein.

Das wichtigste Werkzeug, mit dem Gregory arbeitete, war eine Monatsschrift, die er im Sommer 1919 in seinem Büro in der Parliament Street herauszugeben begann. Sie hieß *The Whitehall Gazette and St. James's Review*, und das Exemplar kostete zwei Shilling und Sixpence (damals etwa 2 Mark 50 Pfennig) – ein außerordentlich hoher Preis für eine Zeitschrift; aber nur sehr wenige Leser kauften sie. Die *Gazette* wurde gratis verteilt an Personen und Adressen, die für Gregorys Geschäft des Titelverkaufs am wertvollsten waren: alle guten Londoner Klubs erhielten Freiexemplare; Regierungsstellen, ausländische Diplomaten, Mitglieder des Unter- und Oberhauses bekamen sie – und natürlich wohlhabende Leute, die für Gregory als „Kunden" in Betracht kamen. Die Zeitschrift wurde auf dickem, ebenso teuer wie vornehm aussehendem Papier gedruckt und war geschickt so aufgemacht, daß sie den Eindruck eines exklusiven Organs für einen exklusiven Kreis erweckte ... mit einem deutlichen Anstrich offiziöser Unterstützung.

Welche Art Lektüre bot Gregory seinen Lesern? Da war zunächst ein monatlicher Kalender kommender Ereignisse bei Hof und im diplomatischen Leben der Hauptstadt, Porträtzeichnungen prominenter Persönlichkeiten, Klatsch aus Whitehall sowie Artikel über Theater, Sport, Klubs und Finanzwesen. Viele Beiträge erschienen unter Decknamen wie „Aurelius" oder „Carfax", andere waren überhaupt nicht gezeichnet. Das ganze Blatt sollte Leuten gefallen, die sich gern mit internen Informationen über Dinge „hinter den Kulissen" brüsten und damit bei ihren Freunden Eindruck schinden wollen. Jener Hauch eines offiziösen redaktionellen Einflusses war besonders wichtig; der Leser sollte das Gefühl haben, daß man ihm hier einen vertraulichen Einblick gewährte, daß er hinter sonst verschlossene Türen geführt wurde von Berichterstattern, die sich in den Kreisen bewegten, wo Geschichte gemacht wurde.

Die Zeitschrift hatte nur wenige Anzeigen; sie war zweifellos ein Verlustgeschäft. Aber sie war gar nicht dazu bestimmt, ihrem Herausgeber Geld einzubringen – Gregory hatte sein Auge auf kostbarerer Beute. Abgesehen von den politischen Leitartikeln, die er meist selber schrieb und die einer einfachen konservativen und antibolschewistischen Linie folgten (der russische Expremier Kerensky gehörte eine Zeitlang ebenfalls zu den Mitarbeitern), enthielt das Blatt vor allem Berichte, die unmittelbar Gregorys Zwecken dienten. Persönlichkeiten, die ihm als „Kunden" geeignet erschienen, wurden lobend erwähnt, oder er machte sie gar zum Gegenstand eines biographischen Artikels. Um der *Gazette* jedoch ein wenig Würze zu verleihen, hatte Gregory auch eine reichlich gepfefferte Spalte mit dem Titel „Unbeliebte Prominente" eingeführt; zu diesen Zeitgenossen, denen er seine Gunst vorenthielt, gehörten die enthronten Herrscher von Bulgarien und Ägypten, amerikanische Liberale, Mustapha Kemal, Herr von Papen und eine Reihe kommunistischer Politiker – kurz, Leute, denen er ohnedies keine Titel verkaufen konnte.

Dagegen erhielten Mussolini und Hitler von Anfang ihrer Karrieren an seine großzügige Unterstützung, ebenso manche Exfürsten wie König Georg von Griechenland (der 1924 nach London kam), Fürst Danilo von Montenegro, König Alfons von Spanien. Gregorys freundliche Worte über diese Herrscher im Exil wirkten sich in Form zahlreicher Orden für ihn aus, die er im Gespräch gern aufzuzählen pflegte.

Die *Gazette* mochte ein Zuschußunternehmen sein, aber sein „Ambassador Club" brachte ihm zumindest eine Zeitlang viel Geld ein. Er gründete ihn vor allem, um sich die bestmögliche Kulisse für die Besprechungen mit seinen Kunden zu schaffen. In den ersten Jahren seines Titelgeschäfts pflegte er Interessenten ins Carlton Hotel zum Lunch einzuladen, aber ein eigener Klub eignete sich natürlich besser für diese streng vertraulichen Unterhaltungen.

Das Ambassador nannte sich ein „diplomatisches und gesellschaftliches Zentrum". Gregory engagierte den Maître d'hôtel des Carlton, Peter Mazzina, als Klubmanager. Die Ausstattung war kostspielig; die Kellner erhielten eine eigens entworfene Tracht mit samtenen Kniehosen; die Küche hatte in London kaum ihresgleichen, und man aß vom teuersten Porzellan. Ein besonderer Trick war, daß die Gäste beim Bezahlen der Rechnung funkelnagelneue Banknoten und blitzende Silbermünzen als Wechselgeld herausbekamen – jeden Tag schickte Gregory einen Boten zum königlichen Münzamt, um jungfräuliches Geld abzuholen. Eine private Fernsprechleitung führte unmittelbar zum Parlament, da sich die Abgeordneten und Lords an den Klub gewöhnen sollten. Die Preise im Klub und der Jahresbeitrag waren hoch, aber Gregory hatte kein Interesse an minderbemittelten Mitgliedern.

Im letzten Jahr seines Bestehens führte der Ambassador Club wohl mehrere tausend adlige oder anderweitig bekannte Namen in seiner Mitgliederliste. Diese Prominenten hatten sich natürlich nicht von Anfang an zu Gregorys Unternehmen gedrängt, aber es gelang ihm, sie mit einem geschickten Schachzug einzufangen. Bis zum Jahre 1930 war das berühmte Derby-Dinner – ein höchst exklusives gesellschaftliches Ereignis, das jeweils am Vorabend des großen Rennens stattfand – im Carlton abgehalten worden; zu den Gästen gehörten die Hocharistokratie, Minister, Diplomaten und Industrielle, und meistens sah man dort Winston Churchill, Sir Austen Chamberlain und die Herzöge von Marlborough und Sutherland. Irgendwie brachte Gregory es fertig, das Derby-Dinner von 1931 in seinen Ambassador Club zu transferieren, und viele Teilnehmer wurden, da ihnen Essen und Milieu imponierten, Mitglieder des Klubs. Sie zogen ihre Freunde und Verwandten nach sich. Eine Zeitlang gehörten auch der Prinz von Wales (der spätere Herzog von Windsor), der König und Kronprinz von Griechenland und Exkönig Manuel von Portugal zu den Herren, die man als Gäste in Gregorys Unternehmen finden konnte.

So manövrierte Gregory zwischen seinen beiden Angelpunkten, dem Büro in Whitehall und dem Ambassador, mit der *Whitehall Gazette* als Sprachrohr. Wie betrieb er nun sein Geschäft?

Nachdem er sorgfältig die wirtschaftlichen Umstände eines Opfers und dessen potentielles Interesse an der Erwerbung eines Titels ausgekundschaftet hatte, schrieb er ihm meist einen Brief folgenden Wortlauts:

„Sehr geehrter Herr!
Ich bin gebeten worden, mich in einer gesellschaftlichen Angelegenheit streng vertraulicher Art, die für Sie von Interesse sein dürfte, an Sie zu wenden. Bitte haben Sie die Freundlichkeit, mir mitzuteilen, ob ich Sie innerhalb der nächsten Tage in London treffen kann. Ich bedaure, mich brieflich nicht näher auslassen zu können.
Hochachtungsvoll
J. Maundy Gregory
P. S. Sollten Sie wünschen, sich über mich zu erkundigen, so wenden Sie sich bitte an ..."

Der Name im P. S. mußte mit besonderer Sorgfalt gewählt werden; Gregory traf die Entscheidung je nach Position und Umgang des Adressaten. Gelegentlich hielt er es für klüger, den Brief von einem seiner Mittelsmänner schreiben zu lassen – wie etwa von dem erwähnten Mr. Moffatt – und erst in der zweiten Phase der Operation selbst auf den Plan zu treten. Wenn jedoch der Fisch erst einmal angebissen hatte, führte er das entscheidende Gespräch selbst, entweder in der Parliament Street oder bei einem luxuriösen Mahl im Ambassador, wobei das Opfer natürlich Gregorys Gast war.

Wörtliche Aufzeichnungen dieser Gespräche sind verständlicherweise nicht der Nachwelt erhalten geblieben. Während der ersten Jahre seiner Praxis deutete Gregory wohl diskret eine Verbindung mit „Lloyd Georges Liste" an, aber die Ereignisse von 1922 machten das später unmöglich. In jenem Sommer wurde nach Veröffentlichung der Titelempfänger zum Geburtstag des Königs die ganze Methode der Verleihung im Unterhaus debattiert, und Lloyd George mußte viele höchst peinliche Fragen beantworten. Geschickt verstand er es, eine umfassende Untersuchung seines Systems samt Namensnennungen zu verhindern, aber ganz England wußte nun, wie man Lord X. oder Sir Y. wurde, und alles sprach vom Titelskandal. Im Herbst dieses Jahres wurde Lloyd George von Bonar Law als Premierminister abgelöst und eine königliche Kommission für die Reform der Titelverleihung eingesetzt; ihre Vorschläge führten zu dem Gesetz von 1925, das der Korruption und dem Mißbrauch auf diesem Gebiet steuern sollte.

Obwohl der Titelskandal Gregory von nun an mit besonderer Vorsicht zu Werk gehen ließ, scheint seine Praxis darunter nicht gelitten zu haben. Im Gegenteil – selbst die naivsten Untertanen Seiner Majestät wußten nun, daß die königliche Gunst käuflich zu erwerben war: das ersparte Maundy Gregory oft lange Erklärungen. Beim Kognak und Kaffee im Ambassador konnte er nun geradeheraus sagen, daß man seinen Lunchgast in höchsten Kreisen äußerst schätze, und daß weite Kreise es begrüßen würden, wenn der verdiente Name in der nächsten Verleihungsliste erschiene. Allerdings, gewisse verschlossene Türen müßten erst geöffnet werden, wie sein Lieblingsausdruck lautete.

Dies war der Punkt des Gesprächs, an dem zum ersten Mal von Geld die Rede sein mußte. Gregory hatte feste Preise. Ein Lordtitel kostete 50 000 Pfund, die Baronswürde 35 000, aber zum Ritter konnte man schon für 10–12 000 Pfund geschlagen werden. Im allgemeinen hatte Gregory ein feines Gefühl dafür, wieviel sein Opfer anzulegen bereit war; wenn einer sich einen Lordtitel hätte leisten können, aber nur Ritter werden wollte, pflegte Gregory die Stirn in

Falten zu legen und mit ernster Stimme zu sagen: „Darf ich Sie darauf aufmerksam machen, daß Sie mit einem erblichen Titel der Begründer einer Dynastie werden können!"

So unglaublich es klingen mag – in einer Reihe von Fällen gelang es Gregory tatsächlich, die „Ware" für das ihm ausgehändigte Geld zu liefern; zweifellos versuchte er es zumindest, wenn eine gute Aussicht bestand. Wer waren die Männer, die diesem Hochstapler ihre Titel verdankten, und wie verschaffte er sie ihnen? Darüber ließ sich nie etwas Genaueres in Erfahrung bringen. Zur Zeit seines Erscheinens vor dem Polizeirichter in Bow Street herrschte jedoch viel Besorgnis in dieser Beziehung; Gerüchte sprachen von einer ganzen Anzahl von neuen Adligen, die ihre Titel und Würden Gregory verdankten. Natürlich konnten die Zeitungen keine Namen nennen, aber Andeutungen gab es in Hülle und Fülle. Die Betroffenen taten alles, um solche Indiskretionen zu vermeiden, und keiner, der mit Gregory verhandelt hatte, war bereit, als Zeuge aufzutreten – mit Ausnahme von Lieutenant-Commander Leake.

Daß Personen, die durch Gregory zu ihren Titeln gelangt waren, den Mund hielten, war nur selbstverständlich – wer hätte wohl in aller Öffentlichkeit zugegeben, daß er nicht seinem eigenen Verdienst, sondern einem fetten Scheck die Erhebung in den Adelsstand verdankte? Und wer gerupft worden war, ohne die ersehnte Ehrung geliefert zu bekommen, hatte erst recht keinen Grund, seine Eitelkeit, Leichtgläubigkeit und Dummheit einzugestehen: er hätte zum Schaden auch noch den Spott tragen müssen. So glaubte sich Gregory dreizehn Jahre lang sicher vor Entdeckung, und nie verlautete etwas über die Identität weder seiner befriedigten noch seiner unbefriedigten Kunden.

In den Fällen, in denen es ihm gelang, einen Namen auf die Titelliste setzen zu lassen, arbeitete er wohl mit Bestechung; er war durchaus ehrlich, wenn er sagte, „gewisse

Türen müßten geöffnet werden. Aber die Summen, mit denen er die Angeln ölte, waren verhältnismäßig klein, und der Großteil des Geldes, das gezahlt wurde, floß in seine eigene Tasche. Wir wissen auch nicht, wer die Empfänger der Bestechungen waren, aber in einem Erpressungsprozeß gegen einen seiner früheren Helfershelfer wurde festgestellt, daß der Mann versucht hatte, Geld aus einem „Mr. X." herauszuholen mit der Drohung, den Zeitungen einige von Gregory ausgestellte Schecks zu übergeben. Diese Schecks, so hatte der Erpresser angedeutet, würden zeigen, wie sich Gregory für Hilfe bei der Verleihung von Adelstiteln erkenntlich gezeigt habe. Die Namen der Empfänger wurden vor Gericht verschwiegen.

Das Gesetz von 1925 war allerdings ein Schlag für Gregory; es wurde hauptsächlich erlassen, um die über den Titelskandal empörte öffentliche Meinung zu besänftigen. Bisher war Gregorys Geschäft lediglich anrüchig gewesen; nun war es ein strafbares Vergehen. Er fand zwar weiter Kunden, aber es war nicht mehr so leicht wie früher, und sie fingen an, ihm Schwierigkeiten zu bereiten – einer, so erfuhr man, verlangte sein Geld von ihm zurück und drohte, ihn zu verklagen; er tat es aber nicht. In einem anderen Fall wurde Gregory tatsächlich gezwungen, die ihm ausgehändigten 30 000 Pfund in drei Raten zurückzuzahlen, da er dem Kunden keinen Titel verschaffen konnte. Gregory hätte sich bestimmt nicht von dem Geld getrennt, wenn man ihn nicht unter stärksten Druck gesetzt hätte.

Gelegentlich waren ihm die Titelsüchtigen an Gerissenheit überlegen. Einer übergab ihm einen Scheck über 50 000 Pfund, gezeichnet „Lord N.". Gregory runzelte die Stirn. „So werde ich mich nennen, nachdem Sie mir den Titel verschafft haben", erklärte der Kunde. „Dann können Sie den Scheck einkassieren – aber nicht einen Tag eher!"

Da es nun schwerer geworden war, Titel im Inland zu verkaufen, interessierte sich Gregory für kontinentale Länder vielleicht konnte man da ein wenig im trüben fischen. Unter den Persönlichkeiten, an die er sich wandte (wohl ohne ein bestimmtes Ziel im Auge), befand sich ein deutscher Rechtsradikaler, Herr von Alvensleben, von dem es später hieß, er habe seine Hand im Spiel gehabt bei den politischen Manövern, die zu Papens Ernennung zum Reichskanzler führten – und er sei es auch gewesen, der zum ersten Mal Hitler mit Hindenburg in persönliche Verbindung gebracht habe. Er war ein prominentes Mitglied von Papens „Herrenklub" und hatte seine eigene kleine Organisation aufgezogen, den „Bund zum Schutze der abendländischen Kultur", finanziert als antikommunistische Gruppe von Junkern und Industriellen. Gregory stellte sich Alvensleben frech als „Vizepräsident des House of Lords" vor und machte ihn zum Ehrenmitglied des Ambassador Club. Ob Gregory versuchte, sich in deutsche politische Intrigen einzuschalten, ist nicht ganz klar; jedenfalls scheint man ihm seine Behauptungen, was für ein mächtiger Mann er sei, nicht geglaubt zu haben. Aber zumindest hatte er seinen Namen in nationalistischen deutschen Kreisen und bei den Zeitungsredaktionen bekannt gemacht, und zu der Verhandlung in Bow Street erschien einer der führenden deutschen Pressekorrespondenten in London, Dr. Karl Heinz Abshagen, um für seine Blätter über den Prozeß zu berichten.

Im Jahre 1929 waren Gregory und Edith Marion Rosse aus Abbey Lodge ausgezogen und hatten sich in „Nr. 10" niedergelassen. Er hatte ganz London abgesucht nach einem geeigneten Haus mit dieser Nummer, nur um seine Bekannten irrezuführen mit der Bemerkung: „Ich springe mal schnell hinüber nach Nr. 10" – man sollte natürlich glauben, es handle sich um Downing Street Nr. 10, und er ginge ein und aus beim Premier. Und wenn seine Sekretärinnen in Parliament Street die Auskunft erteilten, Mr. Gregory werde bald „von Nr. 10 zurück" erwartet, so sagten sie die Wahrheit, denn er war zu Hause – in Hyde Park Terrace Nr. 10.

Auch hier lebte er mit Edith zusammen. Das Haus war mit großen Kosten modernisiert und eingerichtet worden. Aber kaum hatte er diese Ausgaben hinter sich, da begannen die Einnahmen aus dem Ambassador Club zu sinken. Peter Mazzina, der Manager – und, wie man wissen wollte, Gregorys „boy friend" – hatte übrigens einen schwunghaften Handel mit gestohlenen Waren aufgezogen, wobei er den Klub als Versteck und Lager benützte. Wahrscheinlich war Gregory bei diesem Geschäft ebenfalls beteiligt; seine Lebensführung erforderte große Mittel: abgesehen von „Nr. 10" hatte er eine Wohnung in Brighton und eine Villa mit zwei Segeljachten an der Themse. Geld verschlang auch die *Whitehall Gazette,* und der eine oder andere seiner homosexuellen Freunde scheint ihn erpreßt zu haben.

Glücklicherweise war Edith Rosse wohlhabend. Der von ihr getrennt lebende Gatte schickte ihr Alimente, und aus ihrer Bühnenzeit hatte sie sich etwa 18 000 Pfund erspart. Sie war die Dame des Hauses in Hyde Park Terrace und führte die Wirtschaft. Eigentlich hätte ihr Gregory etwas für ihre Dienste zahlen sollen, zu denen es auch gehörte, daß sie für seine Geschäfte eine eindrucksvolle Folie lieferte. Eine Zeitlang gab er sie seinen Bekannten gegenüber als seine Schwester aus.

Um die Mitte des Jahres 1932 war Gregory in ernsthafte finanzielle Schwierigkeiten geraten. Er hatte mehrere tausend Pfund Schulden, wagte es aber nicht, seinen Lebensstil auf ein bescheidenes Maß zu reduzieren, aus Furcht, seine Kunden mißtrauisch zu machen. Er bat Edith um eine größere Anleihe, aber sie lehnte ab.

An einem heißen Augusttag jenes Jahres rief die nun 59-jährige Edith Rosse kurz nach dem Mittagessen ihre Hausangestellte: sie wolle sich hinlegen, da ihr sehr schlecht sei. Ein Arzt wurde geholt; der Hausarzt war allerdings auf Urlaub, und sein Vertreter war ein ziemlich untüchtiger Mann. Er konstatierte Hitzschlag, verschlimmert durch ein chronisches Nierenleiden. Er verordnete ihr lediglich, im Bett zu bleiben und ein paar Tabletten Aspirin zu schlucken. Gregory, der gerade mit dem Exkönig von Griechenland im Carlton speiste, wurde angerufen und kam sofort.

„Ich fühle mich sehr elend", sagte sie zu ihm. „Vielleicht ist es an der Zeit, daß ich mein Testament mache. Hol dir ein Stück Papier!" Gregory suchte nach einem Stück Papier in seiner Tasche und fand die Menükarte vom Carlton. „Das genügt schon", sagte Edith. „Nun schreibe, was ich dir diktiere: ‚Alles, was ich besitze, falls mir etwas zustößt, hinterlasse ich Mr. J. Maundy Gregory, der darüber so verfügen soll, wie ich es selbst gewünscht hätte.'"

Ediths Unterschrift unter diesem Testament wurde vom Arzt und der Hausangestellten beglaubigt. Angesichts der späteren Ereignisse sind die Umstände, unter denen das Testament angefertigt wurde, von besonderer Bedeutung. Nichts, was an diesem Tag geschah, deutet auf eine verbrecherische Absicht Gregorys hin. Man kann sich nicht gut vorstellen, daß er Edith – wie dies später behauptet wurde – vergiftet haben könnte; sie aß zu Hause, er im Carlton. Er konnte auch nicht voraussehen, daß sie gleich ihr Testament machen wollte, in dem sie ihn als Alleinerben einsetzte. Hätte er ihr Arsen eingegeben (was von seinen Feinden vermutet wurde), so mußte er damit rechnen, daß der Arzt dies sofort erkennen würde – wie konnte er wissen, daß statt des erfahrenen Hausarztes ein inkompetenter Stellvertreter kommen würde?

Was nun folgte, mußte jedoch einen gewissen Verdacht

gegen ihn erwecken. Der Arzt besuchte Edith noch ein paar Tage lang und spritzte ihr Morphium ein. Dann rief Gregory ihn an und teilte ihm mit, Mrs. Rosse mache so gute Fortschritte, daß er nicht mehr zu kommen brauche. Die Patientin selbst war jedoch anderer Meinung; sobald ihr Hausarzt zurückgekommen war, rief sie ihn zu sich. Eine ganze Woche lang kam er täglich ein- bis zweimal. Dann schien auch er mit der Gesundung der Patientin zufrieden zu sein; er ließ sie aufstehen und mit Gregory spazierengehen. Aber der Ausflug ermüdete sie, und die nächste Woche über blieb sie im Bett. Gregory nahm seine Mahlzeiten bei ihr ein.

Dann kam ein plötzlicher Rückfall mit Erbrechen und Diarrhöe. Merkwürdigerweise wurde nun nicht der Hausarzt, sondern der Stellvertreter gerufen – Gregory selbst telefonierte ihn an und teilte ihm mit, Mrs. Rosse wünsche seinen Besuch. Dieser Arzt änderte seine Diagnose mehrere Male, aber schließlich war er vernünftig genug, einen Spezialisten zuzuziehen, der Blutvergiftung infolge ihres chronischen Nierenleidens feststellte. Er sah wenig Hoffnung, daß sich die Patientin erholen werde. Edith Rosse war nun halb bewußtlos; langsam sank sie in ein Koma, aus dem es kein Erwachen mehr für sie gab. In den frühen Morgenstunden des 14. September starb sie, fast vier Wochen nach ihrem ersten Anfall.

Der Totenschein sprach von „natürlichen Ursachen" ihres Ablebens. Hätte Gregory ihr während der letzten vierzehn Tage ihrer Krankheit Gift einflößen wollen, so hätte er kaum die Möglichkeit dazu gehabt. Er kümmerte sich nie um die Zubereitung ihrer Mahlzeiten; die Hausangestellte brachte sie ihr und gab ihr auch die verordneten Medikamente. Diese Angestellte war eine treue ältere Person, über jeden Verdacht erhaben.

Gregory hätte ein noch besserer Schauspieler sein müssen, als er wirklich war, wenn er den Gram, in dem die Besucher des Hauses ihn vorfanden, nur vorgetäuscht hätte. Aber seine nun folgenden Handlungen waren – gelinde gesprochen – eigenartig. Er erklärte dem Begräbnisinstitut, die Verstorbene habe gewünscht, in einem Sarg mit Bleiwänden begraben zu werden, aber der Deckel solle nicht fest zugenagelt werden. Der Begräbnisort sollte irgendein kleiner Friedhof am Themseufer sein, und Gregory fuhr am Oberlauf des Flusses entlang, um einen geeigneten Ort zu finden. Er entschied sich schließlich für den Friedhof des Dorfes Bisham, der unmittelbar am Flußufer lag.

Der Gemeindebeamte, dem Gregory sein Anliegen vortrug (er hatte den Mann mitten aus einer Kartenpartie fortgeholt), wunderte sich, warum eine Londonerin gerade in Bisham begraben werden sollte; der Friedhof war eigentlich nur für Gemeindeglieder gedacht. Eine Gabe von 100 Pfund für den Kirchenfonds ließ ihn die unterbrochene Whistpartie vergessen und sofort die nötigen Dokumente ausfertigen. Gregory machte ihm klar, daß es der letzte Wunsch der Verstorbenen gewesen sei, so nahe wie möglich an der Themse bestattet zu werden, auf der sie beide so viele glückliche Stunden verbracht hätten.

Und noch ein Wunsch Edith Rosses sollte erfüllt werden. Gregory teilte den Totengräbern mit, sie wolle in einem „flachen Grab" ruhen, „mit nicht so viel Erdmasse über sich". Die Totengräber hatten nichts dagegen – der Wunsch der Toten ersparte ihnen viel Arbeit. So war schließlich, als sie die Erde wieder auf den Sarg geschaufelt hatten, der Sargdeckel nicht mehr als 20 cm von der Oberfläche entfernt: wohl das flachste Grab, das jemals in einem englischen Friedhof gegraben worden war.

Das Testament auf der Speisekarte half Gregory über seine dringendsten Geldprobleme hinweg; aber Ediths 18 000 Pfund reichten nicht lange – ein Großteil der Erbschaft war innerhalb weniger Wochen verschwunden. Er mußte wieder Geld verdienen; und so beauftragte er seinen Mittelsmann, sich an Lieutenant-Commander Leake zu wenden. Gregory hatte seinen guten Blick für Menschen verloren und war an den Falschen geraten.

Die Verhandlung in Bow Street im Februar 1933 schaffte einen interessanten Präzedenzfall, denn Gregory, der zu zwei Monaten Haft verurteilt wurde, war der erste Angeklagte, der je wegen Übertretung des Titelgesetzes von 1925 vor dem Richter gestanden hatte. Doch die Strafe, die er erhielt – obwohl sie das Ende seines „Geschäfts" bedeutete – muß ihm als bloßer Nadelstich erschienen sein im Vergleich zu dem Schlag, der ihn nun zu treffen drohte.

Während er im Gefängnis Wormwood Scrubs saß, beschlossen Edith Rosses Bruder und seine Nichte, die sie zu beerben gehofft hatten, etwas in Sachen des Speisekarten-Testaments zu unternehmen. Vor allem glaubten sie nicht an Gregorys Erzählungen vom Verlauf der Krankheit seiner Freundin, ihrem Tod und ihren eigenartigen letzten Wünschen. Ihr Verdacht gegen ihn war so stark, daß sie sich an Scotland Yard wandten. Sie sprachen mit Oberinspektor Askew, der ja bereits im Fall Gregory tätig gewesen war. Askew ging der Sache nach und schrieb einen Bericht, in dem er zu dem Schluß kam, daß die Wiederausgrabung der Leiche und die chemische Analyse ihrer inneren Organe vorgenommen werden solle, zumindest um die Verwandten zu beruhigen.

Aber Gregory hatte Glück. Die diesbezüglichen Verhandlungen der einschlägigen Behörden zogen sich hin. Am

12. April wurde er aus der Haft entlassen – unter voller Anrechnung des üblichen Straferlasses wegen guter Führung – und noch am selben Abend fuhr er nach Frankreich ab. Nicht nur das inzwischen begonnene Konkursverfahren gegen ihn, sondern wohl auch die bevorstehende Exhumierung dürfte ihn zur Eile angespornt haben; es gab genug unangenehme Dinge, denen er aus dem Wege gehen wollte.

Zwei Wochen später fand die Wiederausgrabung satt. Der Gerichtschemiker des Innenministeriums berichtete darüber: „Angesichts der Zeit, die seit dem Tod verging, und des Zustands des Körpers ist es nicht mehr möglich festzustellen, ob er irgendwelche Gifte enthalten hatte, die sich inzwischen zersetzt haben könnten." Dieser „Zustand" der Leiche war darauf zurückzuführen, daß das flache Grab im März von der Themse überflutet worden war. In Bisham erregte dies keine Verwunderung, denn in jedem Frühjahr trat der Fluß über die Ufer, und ein so flaches Grab wie das der Mrs. Rosse mußte natürlich besonders davon betroffen werden; zudem war ja auch der Sargdeckel „auf Wunsch der Verstorbenen" nicht fest zugenagelt worden, das Wasser war in den Sarg gelaufen und hatte die Leiche zum Teil zersetzt. So war es unmöglich geworden, die Todesursache durch chemische Analyse nachträglich festzustellen.

Maundy Gregorys Angelegenheiten wurden langsam und mühselig ohne seine Hilfe abgewickelt; seine Gläubiger gingen nahezu leer aus. Wieder wurde dafür gesorgt, daß die Nennung bekannter Namen unterblieb. Inzwischen hatte sich Gregory im Hotel Vendôme in Paris einquartiert und als „Sir Arthur Gregory" ins Gästebuch eingetragen; nach all seinen Anstrengungen, dem britischen Adel ein wenig neues Blut zuzuführen, hielt er sich wohl nun für berechtigt, sich selbst wenigstens mit einem bescheidenen Rittertitel auszustatten. Der getreue Peter Mazzina versorgte ihn eine Zeitlang mit Geld aus London; nachdem das Ambassador in die

Hände des Konkursverwalters gewandert war, hatte er den „Millionärsklub" und den Grill des Hotel Bristol übernommen. Aber innerhalb weniger Jahre war auch Mazzina kankrott, und nachdem er mit allerhand Unternehmen immer wieder Schiffbruch erlitten hatte und mehrmals mit dem Gesetz in Konflikt geraten war, erhängte er sich im Jahre 1943.

„Sir Arthur" verstand es, in Paris die gleiche Aura von Geheimnis und Vornehmheit um sich zu verbreiten, wie es einst Mr. Gregory mit so großem geschäftlichem Erfolg getan hatte. Nach wie vor war er tadellos gekleidet und trug goldene Manschettenknöpfe, Krawattennadeln und Ringe mit blitzenden Steinen; aber er hatte zu trinken begonnen, seine Nase rötete sich, und er sah älter aus, als er war. Jeden Sonntag ging er zweimal zur Messe in einer katholischen Kirche. Er erwarb sich bald einige neue Freunde in Paris wie auch in Dieppe, wo er häufig zu sehen war. Sein engster Freund war ein Franzose mit Namen Marcel de Roubaix Bulger. Man sah ihn auch oft in Gesellschaft des ehemaligen Chefs des britischen Geheimdienstes, Sir Basil Thompson, der ebenfalls seine Heimat unter unerfreulichen Umständen verlassen hatte.

Es hat sich nie feststellen lassen, wovon Gregory in Frankreich lebte, nachdem die Zahlungen Mazzinas aufgehört hatten, und welche Art von Geschäft er betrieb. Natürlich wäre es schwer gewesen, englische Adelstitel im Ausland zu verkaufen. Und doch muß er Geld verdient haben, denn er hatte in England ein paar Jahre lang ein Bankkonto, auf das er in unregelmäßigen Abständen größere Summen einzahlte und auf das er Schecks ausstellte – ein Umstand, der dem Konkursverwalter irgendwie entgangen zu sein scheint. War Gregory vielleicht wirklich wieder für den britischen Geheimdienst tätig?

Als 1939 der zweite Weltkrieg ausbrach, zog er nach Dieppe, nicht nur weil er dort Freunde hatte, sondern auch, um nötigenfalls schnell nach England heimkehren zu können. Aber er traute sich wohl nicht nach Hause. Gregory und der britische Konsul waren die einzigen Engländer, die im Ort blieben, während die deutschen Kolonnen im Frühjahr 1940 durch Nordfrankreich vorrückten; dann floh Gregory in Richtung Orléans, wobei er seinen Hund – genannt Monsieur le Beau – mitnahm.

Bald geriet er jedoch hinter die deutsche Front, und mit all seinem schauspielerischen Talent konnte er sich nicht als etwas anderes ausgeben als einen Engländer. Die deutschen Besatzungsbehörden brachten ihn in das Internierungslager von Drancy.

Hier waren die Lebensbedingungen zunächst nicht schlecht, wenn auch Gregory den Mangel an Alkohol empfindlich spürte. Seine französischen Freunde durften ihn besuchen, und er erhielt Pakete vom Roten Kreuz. Schließlich brachte man ihn ins Internierungslager von St. Dénis. Hier wurde er 1941 krank, und die deutsche Verwaltung bot ihm die Überführung in ein Zivilkrankenhaus an. Noch immer spielte er die Rolle des stolzen und überheblichen Briten: „*Sie* haben mich eingesperrt", antwortete er dem Lagerkommandanten, „und *Sie* müssen mich jetzt behalten, bis der Krieg vorbei ist – und *wir* werden ihn gewinnen!" Seine einstige Sympathie für Hitler war verflogen.

Sein Gesundheitszustand wurde jedoch schlimmer, und man brachte ihn in das Krankenhaus Val de Grâce in Paris; hier starb er im September 1941 im Alter von 64 Jahren. Er wurde auf dem Friedhof von Ivry bestattet, wo sein Grab noch heute zu sehen ist.

Auch Maundy Gregory hatte sein Testament gemacht: „Alles, was ich in England, Frankreich und andernorts besitze, hinterlasse ich meinem liebsten Freund Marcel de Roubaix Bulger." Andernorts? Er wußte recht gut, daß für Monsieur de Roubaix Bulger nicht anderes übrig blieb, als was Maundy Gregory zur Zeit seines Ablebens auf dem Leib trug; das Bankkonto in England existierte längst nicht mehr. Aber seine letzten Worte zeigen, daß er bis zum Ende der große Poseur blieb – der Mann, der es nicht lassen konnte, die Welt irrezuführen, nicht einmal in der Stunde, da er von ihr Abschied nahm.

QUELLENNACHWEIS

Autor und Verlag möchten denen, die ihnen freundlicherweise Quellenmaterial und Bilder zur Verfügung stellten, ihren Dank aussprechen: Herrn Hans Tasiemka, London, der dem Autor die Benutzung seines reichhaltigen Ausschnittarchivs gestattete; Herrn Dr. K. H. Abshagen, Murnau, der ihm persönliche Erinnerungen mitteilte; dem Verlag John Long Ltd., London, der die Wiedergabe einiger Textstellen aus dem Buch „The Great Swindlers" von Gerald Sparrow (1960) gestattete; dem Verlag Routledge & Kegan Paul Ltd., London, für Genehmigung des Nachdrucks einiger Textstellen aus „The Great Amherst Mystery" von Walter Hubbell (1888); Mr. Maurice Barbanell, Redakteur der Zeitschriften „Psychic News" und „Two Worlds", London, der dem Autor mit Informationen zur Verfügung stand, sowie den folgenden Stellen, die bei der Bildbeschaffung behilflich waren: Associated Newspapers, Mirrorpic, Sunday Pictorial, Radio Times-Hulton Picture Library und Topix, sämtlich in London; dem Süddeutschen Verlag, München, und Ullstein, Berlin.

BILDERNACHWEIS

Zu Kapitel 1:
Cagliostro (Radio Times / Hulton Picture Library)
Kardinal Rohan (Radio Times / Hulton Picture Library)
Cagliostro in Mitau (Ullstein)
Cagliostro bei einer Logenversammlung. Karikatur von Gillray (Radio Times / Hulton Picture Library)

Zu Kapitel 2:
Carabu aus Javasu
Carabus Zahlen und Schriftzeichen

Zu Kapitel 3:
General MacGregor (British Museum)

Zu Kapitel 4:
Wilhelm Voigt, der „Hauptmann von Köpenick"
Wilhelm Voigt nach der Entlassung aus dem Gefängnis (Süddeutscher Verlag)
Wilhelm Voigt (Zeichnung aus dem „Simplicissimus")
Die „Mannschaft des Hauptmanns von Köpenick" (Ullstein)
Prinz Wilhelm von Hohenzollern (Süddeutscher Verlag)
Harry Domela (Süddeutscher Verlag)

Zu Kapitel 5:
Walter Hubbell (British Museum)
Titelblatt von „The Great Amherst Mystery" (British Museum)
William Roy (Mirrorpic)
Das Werkzeug William Roys (Mirrorpic)

Zu Kapitel 6:
Thérèse Humbert (Ullstein)
Madame Hanau (Ullstein)
Thérèse Humbert (Süddeutscher Verlag)
Frédéric Humbert (Ullstein)
Madame Hanau (Süddeutscher Verlag)

Zu Kapitel 8:
Franz Tausend (Süddeutscher Verlag)
Fabrikgebäude, in dem Franz Tausend Gold produzieren wollte (Süddeutscher Verlag)
General Ludendorff (Süddeutscher Verlag)

Zu Kapitel 11:
Edith Marion Rosse (Topix)
Die Exhumierung von Mrs. Rosse (Topix)
Maundy Gregory (Associated Newspapers)

INHALT